NOTA EDITORIAL

La *Revolución Permanente*, obra en la que Trotsky expone de forma explícita su teoría del mismo nombre, en abierta polémica con sus detractores, es más conocida por lo mucho que se la ataca, defiende o deforma, que por una lectura directa del libro. Nudo central del pensamiento teórico de Trotsky, el libro constituye un instrumento indispensable, no sólo para la comprensión cabal de la corriente política que se reclama del nombre del autor, sino para la historiografía de las revoluciones rusas de 1905 y febrero y octubre de 1917. En efecto, el estudio en profundidad de las revoluciones que terminaron por derribar el Imperio de los Zares, y que sacudieron al mundo entero, no puede realizarse a espaldas de la obra que el lector tiene en sus manos. Sean cuales fueren las interpretaciones de la dialéctica histórica de las revoluciones rusas, de acuerdo o en desacuerdo con la específica interpretación de Trotsky, la *Revolución Permanente*, tanto el libro mismo, como la teoría de tal nombre, no pueden ser ignoradas por el estudioso de la historia rusa ni por el teórico de la evolución de las formaciones socioeconómicas.

Pero también, y desde un punto de vista estrictamente historiográfico, el presente libro y la *teoría de la revolución permanente* se hacen imprescindibles a la hora de historiografiar el comportamiento político del partido comunista

7

ruso después de la muerte de Lenin, así como la teoría y la práctica de la Internacional Comunista a partir de 1923. Como se sabe, el autor defiende que la tradición teórica del bolchevismo, que él identifica con la del marxismo, fue deformada, primero, y traicionada, después, por lo que él llama «la escuela de Stalin». Y es que para Trotsky, la teoría de la *revolución permanente* no surge del laboratorio de su cerebro, sino del desarrollo *objetivo* de los acontecimientos rusos.

De la misma manera, el autor afirma que, en lo tocante a la referida teoría, el trotskismo, como cuerpo teórico distinto o contrapuesto al pensamiento de Lenin, no existe. Con ello Trotsky se refiere a que su hipótesis sobre el curso de la revolución rusa no difería de la de Lenin sino en cuestión de matices, aparte, claro está, de las enormes diferencias que, en el plano organizativo, separaron y diferenciaron durante un largo período a ambos revolucionarios, antes de 1917.

Si bien con lo dicho creemos haber cumplido con la presentación del libro, no podemos dejar pasar la oportunidad de explicitar una serie de aclaraciones, nunca antes hechas en ninguna traducción castellana, y que pensamos son de un valor nada despreciable.

En primer lugar, señalar que tanto la obra, como el prólogo, la introducción y el epílogo, fueron escritos en fechas diferentes, hecho cuyo conocimiento resulta imprescindible para entender la diferencia del tono utilizado o el tratamiento dado por Trotsky a algunas de las personalidades con las que polemiza en el libro. Empecemos, pues, aclarando que *La Revolución Permanente* fue escrita, como respuesta a Radek, en octubre de 1928 en Alma-Ata, Siberia Central, lugar en que Trotsky se encontraba deportado por las autoridades stalinistas. Y es imprescindible situar la obra en su contexto histórico para entender la forma utilizada por Trotsky en su redacción, forma inseparable del objetivo explícito e *implícito* buscado con ella por Trotsky.

El 7 de noviembre de 1927, coincidiendo con el X aniversario de la Revolución, la Oposición Conjunta (Trotsky, Kamenev, Zinoviev), fruto de la unificación de dos corrientes oposicionistas, la primera surgida en 1924, y la segunda en

8

1925, se manifiesta por primera vez en público bajo sus propias consignas y distintivos. Días después, miles de bolcheviques son expulsados del Partido (entre ellos los dirigentes de la Oposición Conjunta), con lo que se rompe de hecho el partido bolchevique. A ello se llega después de una larga y desmoralizadora lucha, que hace que los militantes de la Oposición, lo mismo que sus miles de simpatizantes, empiecen a madurar la horrorizante idea de que el partido bolchevique ha dejado paso a una nueva capa social dominante, que manifiesta su poder a través de un nuevo e irreconocible partido. Esa es la idea que lleva al suicidio a Joffe[1] y a otros muchos viejos bolcheviques. Otros, al contrario, capitulan antes de aceptar la posibilidad de que su partido sea otro: el 18 de diciembre Zinoviev y Kamenev reconocen sus errores «antileninistas» ante el partido, lo que generaliza más, si cabe, la desmoralización en otros sectores de la Oposición. El 17 de enero de 1928, Trotsky es deportado a Alma-Ata, y con él parten al destierro miles de oposicionistas, entre los que se encuentran centenares de los mejores y más brillantes cuadros del viejo partido bolchevique. Ahora, a la desmoralización se aúnan las duras condiciones de vida y los malos tratos físicos y psíquicos.

A mediados de febrero, «Pravda» anuncia el inicio del viraje a la izquierda de Stalin y las primeras medidas contra

1. JOFFE, Adolf (llamado Krymski) (1883-1927). Hijo de una gran familia burguesa, fue expulsado de la Universidad por sus actividades socialistas. Estudió en Berlín, Zurich y Viena y regresó a Rusia en la Revolución de 1905. Emigrado en Viena, miembro de la oficina exterior del C.C. Fundó con Trotsky el "Pravda" y se ocupó de organizar la red de distribución en el interior de Rusia. Fue detenido, y liberado al producirse la Revolución de 1917. En julio de 1917 se adhirió al Partido Bolchevique con toda la organización interradios. Fue el jefe de la primera delegación rusa en las negociaciones de Brest-Litovsk y Comisario de Asuntos Exteriores durante unas semanas. Miembro suplente del C.C. en 1917-18. Designado embajador en Berlín y después en China, donde firmó la alianza con el gobierno de Sun Yat-sen. Desde 1924 formó parte de la Oposición de Izquierda y Stalin le mandó como embajador a Viena y a Tokio (1925). Fue rector de la Universidad china en Moscú durante 1926. Amigo personal de Trotsky, al ser éste expulsado del Partido en 1927 Joffé, que se encontraba enfermo de gravedad, se suicidó en señal de protesta el 16 de diciembre del mismo año.

los Kulaks. Entre los deportados, la noticia es recibida esperanzadoramente, y surgen las primeras dudas sobre la posible «sobrevaloración» de la fracción derechista de Bujarin y la exageración del *peligro termidoriano,* denunciado en su momento por Trotsky. Incluso Trotsky, en mayo del 28, envía una circular a sus partidarios en la que no descartaba un bloque con Stalin (el centro) contra Bujarin y Rykov (la derecha), condicionado a la reinstauración de la democracia en el interior del partido. Es en esta circunstancia que la Oposición se divide entre «conciliadores» e «irreconciliables», es decir, entre partidarios de reingresar en el partido para apoyar el viraje a la izquierda, y partidarios de mantener la *fracción* oposicionista, sin perder de vista por ello la posibilidad de un *bloque* con Stalin. Preobrazhenski y Radek se encuentran en el primer grupo, y pronto teorizan sus posiciones.

En agosto-septiembre, Radek redacta un texto criticando la *teoría de la revolución permanente* —teoría inaceptable para la fracción de Stalin—, y lo hace circular entre los oposicionistas. Trotsky lo llega a conocer, y se pone de inmediato a escribir una respuesta, la cual tiene como objeto defender sus posiciones teóricas e impedir, en Radek, una capitulación posible. Incluso a mediados de octubre, cuando no tenía terminado aún el borrador de *La Revolución Permanente,* Trotsky le envía a Radek los viejos trabajos en que el propio Radek defendía como algo indiscutible la citada teoría. Ello explica, en función de la intención subjetiva de Trotsky —impedir la capitulación de Radek y que con ello arrastrara la de otros indecisos—, la forma extraordinariamente polémica del libro, las innumerable citas, los muchos ejemplos y un tono suavizado, en relación al empleado contra Stalin, cuando se refiere a Radek.

Por el contrario, el tono de dureza y la actitud de desprecio manifestada por Trotsky en el epílogo, fechado en Constantinopla el 30 de noviembre de 1929, responde a un hecho para él doloroso: Radek ha capitulado a finales de mayo de 1929.

En cuanto a las diferencias de fechas existentes entre el prólogo y la introducción, éstas no responden, probablemente, a circunstancias dignas de mención.

Para la presente edición hemos utilizado la publicada por Editorial Cenit en 1931. La traducción es de Andrés Nin, lo que da una doble garantía de fidelidad: la que nace de ser él un profundo conocedor de la obra y el pensamiento de Trotsky, y la de su ya conocida seriedad como traductor. Sin desmérito de lo anterior, creemos oportuno advertir al lector que, pese al interés histórico y político de anteriores ediciones, el libro quizá no ha recibido hasta la presente edición un tratamiento editorial detallista y orientado a facilitar su lectura crítica. Creemos pues, que, a pesar de la existencia de numerosas ediciones, la actual puede cubrir el vacío que ha supuesto la inexistencia de un texto en el que, por un lado, hayan sido rectificados los errores y erratas que venían perpetuándose de una a otra, tanto en lo relativo a fechas como, en casos incluso más graves, en la no rectificación de fallos de redacción que a veces llegaban a invertir el sentido de algunos párrafos; y que, por otro, esté acompañado por un tratamiento crítico e informativo destinado a la exacta comprensión de razonamientos que a veces, por la distancia en el tiempo y en las circunstancias, parecen revestir un carácter puramente especulativo cuando, en realidad, respondían a la exposición de hechos e ideas que el autor, polemizando ante todo frente a sus compañeros de partido, daba por conocidos. Por lo demás, la traducción ha sido modernizada ortográficamente.

Hemos conservado, naturalmente, las notas del autor (N. del A.) y del traductor (N. del T.), aunque distinguiéndolas claramente mediante (1) para Trotsky y * para Nin, ya que tanto en la edición de Cenit, como en las demás versiones castellanas, algunas notas se encuentran confundidas. Por nuestra parte, las notas editoriales las hemos diferenciado mediante una numeración sin paréntesis.

El carácter esencialmente polémico del libro, en el que los personajes citados juegan un papel fundamental en el razonamiento de Trotsky, nos ha llevado a biografiarlos a pie de página, pues si bien los hechos y personajes citados son importantes en la historia del movimiento obrero, muchos de ellos quedan ya muy alejados del lector de hoy, y son por lo tanto difíciles de encuadrar en la argumentación de Trotsky. Por otra parte, hemos agregado alrededor de 90 notas a pie de página, que pensamos facilitarán la lectura del libro y orientarán al lector en relación a las referencias, citas, acontecimientos, etcétera, que tan abundantemente introduce Trotsky en su discurso.

Por último, quisiéramos llamar la atención del lector sobre el exhaustivo índice de nombres, obras y conceptos, que ayudará en gran medida al manejo de la obra, lo mismo que sobre el apéndice biográfico, en el cual biografiamos *in extenso* a los personajes que juegan un papel central en la polémica.

LA REVOLUCIÓN
PERMANENTE

PRÓLOGO

Prinkipo, marzo de 1930

DOS CONCEPCIONES

Hoy, cuando me dispongo a entregar este libro a la imprenta en varias versiones extranjeras, todo el sector consciente de la clase obrera internacional, y en cierto sentido toda la humanidad «civilizada», presta una especial atención, aguzando el oído, al eco ·de esa gran transformación económica que se está operando en la mayor parte del territorio de lo que fue imperio de los zares. Y lo que suscita mayor interés es el problema de la colectivización del campo.[1]

1. En abril de 1929, luego de una declaración del CC en la que se denuncia el peligro derechista y se identifica al Kulak como el agente social de una posible contrarrevolución, se inicia el *viraje a la izquierda* de la fracción de Stalin, en abierta ruptura con la fracción bujarinista, que optaba por hacer mayores concesiones al campesinado· semiinsurrecto. En octubre, coincidiendo con el duodécimo aniversario de la revolución, la fracción de Stalin aprieta a fondo el acelerador de la colectivización, y cuatro meses después han sido expropiadas más de 13 millones de propiedades agrarias (el 50 % del total), afectando con ello a casi 20 millones de familias campesinas. La magnitud de esta "segunda revolución" puede apreciarse comparando sus' resultados con las previsiones iniciales del Primer plan quinquenal, elaborado en el mismo mes de abril de 1929, que establecía la colectivización del 20 % de las propiedades agrarias para 1933. La respuesta del campesinado a la colectivización forzosa y a los métodos represivos que se hicieron necesarios para implementarla, no se hizo esperar: sólo en los primeros meses fueron sacrificados 15 millones de bueyes y vacas, 40 millones de ovejas y cabras, 7 mi-

17

No tiene nada de extraño; es aquí precisamente donde la ruptura con el pasado presenta un carácter más elocuente. Ahora bien; no es posible juzgar acertadamente la obra de la colectivización sin arrancar de una concepción de la revolución socialista en general. De aquí deduciremos nuevas y más elevadas pruebas de que en el campo teórico del marxismo no hay nada indiferente para la acción. Las divergencias más lejanas y, al parecer, «abstractas». si se reflexiona a fondo sobre ellas, tarde o temprano se manifiestan siempre en la práctica, y ésta no perdona el menor error teórico.

La colectivización de las haciendas campesinas es, evidentemente, una parte necesaria y primordial de la transformación socialista de la sociedad. Sin embargo, las proporciones y el empuje de la colectivización no sólo se hallan determinados por la voluntad de un Gobierno, sino que dependen en última instancia de los factores económicos: de la altura a que se halle el nivel económico del país, de las relaciones entre la industria y la agricultura, y, por consiguiente. de l s recursos técnicos de esta última.

La industrialización es el resorte propulsor de toda la cultura moderna, y, por ello, la única base concebible del socialismo. En las condiciones de la Unión Soviética, la industrialización implica, ante todo, el reforzamiento de la base del proletariado como clase gobernante. Al mismo tiempo, crea las premisas materiales y técnicas para la colectivización de la agricultura. El ritmo de estos dos pro-

llones de cerdos y 4 millones de caballos. (Ver: Isaac Deutscher, *El profeta desarmado*, último cap. *El profeta desterrado*, primer cap. Ediciones Era, México, 1971. Igualmente, León Trotsky, *La revolución traicionada*, cap. El desarrollo económico y los zigzags de la dirección.)

Una idea de lo que trajo como consecuencia el viraje izquierdista de Stalin, la podemos obtener comparando los datos económicos del pasado y el presente: en 1928 se disponía de 74 millones de toneladas de cereales almacenados y de 67 millones de cabezas de ganado bovino, cifras qu sólo son alcanzadas nuevamente en 1950 y 1959 respectivamente. Pero la población ha aumentado en más de 30 millones en el mismo período. Un detalladísimo e interesante estudio sobre el tema puede encontrarse en Ernest Mandel, *Tratado de Economía Marxista*, Tomo II, capítulo XV, Editorial Era, México, 1971.

cesos guarda una relación íntima de interdependencia. El proletariado está interesado en que ambos procesos adquieran el impulso máximo, pues es ésta la mejor defensa que la nueva sociedad que se está edificando puede encontrar contra el peligro exterior, al propio tiempo que echa los cimientos para la elevación sistemática del nivel material de vida de las clases trabajadoras.

No obstante, el desarróllo asequible se ve limitado por el nivel material y cultural del país, por las relaciones recíprocas entre la ciudad y el campo y por las necesidades inaplazables de las masas, las cuales sólo *hasta un cierto límite*, pueden sacrificar su día de hoy en aras del de mañana. El ritmo máximo, es decir, el mejor, el más ventajoso, es no sólo él que imprime un rápido desarrollo a la indústria y a la colectivización en un momento dado, sino el que garantiza asimismo la consistencia necesaria del régimen social de la dictadura proletaria, lo cual quiere decir, ante todo, el robustecimiento de la alianza de los obreros y campesinos, preparando de este modo la posibilidad de triunfos ulteriorés.

Desde este punto de vista, tiene una importancia decisiva el criterio histórico general que adopte la dirección del partido y del Estado para orientar sistemáticamente el desarrollo económico. Caben en esto dos variantes fundamentales. Una es ir —con el rumbo que dejamos caracterizado— hacia la consolidación económica de la dictadura del proletariado en un solo país hasta que la revolución proletaria internacional consiga nuevos triunfos: es el punto de vista de la oposición de izquierdas. Otra es encerrarse en la edificación de una sociedad socialista nacional aislada «dentro de un plazo histórico rapidísimo»: es la posición oficial de los dirigentes de hoy.

Son dos concepciones completamente distintas, y en fin de cuentas contradictorias, del socialismo. De ellas se desprenden dos estrategias y dos tácticas radicalmente diversas.

No podemos detenernos nuevamente a examinar dentro de los estrechos límites de este prefacio, el problema de la edificación del socialismo en un solo país. A este tema hemos consagrado ya varios trabajos, entre los cuales se destaca la *Crítica al Programa de la Internacional Comunista*. Nos limitaremos a tocar aquí los elementos más esenciales de la cuestión.

Recordemos, ante todo, que Stalin formuló por vez primera la teoría del socialismo en un solo país en el otoño de 1924, en abierta contradicción, no sólo con todas las tradiciones del marxismo y de la escuela de Lenin, sino también con los criterios sostenidos por el propio Stalin en la primavera del mismo año.[2]

2. El 20 de diciembre de 1924, en polémica contra la teoría de la revolución permanente, Stalin publicó en Pravda un artículo titulado "La revolución de Octubre y la táctica de los comunistas rusos", reeditado luego como prefacio de su libro "Camino de Octubre", que llegó a manos del público en enero de 1925. En el artículo al que hacemos referencia, Stalin desarrolla por primera vez su concepción de que "la victoria del socialismo en un solo país es perfectamente posible y probable". (Obras Completas, vol. VI, págs. 327-365. Editorial Fundamentos, Buenos Aires, 1956.)

Sólo unos meses antes, en abril-mayo del mismo año, y bajo el título genérico de "Fundamentos del Leninismo", Stalin había publicado en Pravda una serie de artículos, en uno de los cuales se interrogaba: "¿Se puede cumplir esta tarea, se puede lograr la victoria del socialismo en un país, sin los esfuerzos conjuntos del proletariado en varios países avanzados? No, no se puede. Para derribar a la burguesía bastan los esfuerzos de un país; esto lo ha demostrado la historia de nuestra revolución. Pero para llegar a la victoria final del socialismo, para organizar la producción socialista, son insuficientes los esfuerzos de un solo país, particularmente de un país campesino como Rusia; por eso se requieren los esfuerzos de los proletarios de varios países avanzados". (Pravda, 30 de abril de 1924.)

Posteriormente, el 25 de enero de 1926, en *Cuestiones del Leninismo*, Stalin, comentando su formulación expresada en *Fundamentos...*, se corregiría a sí mismo afirmando que ante "...la posibilidad de edificar la sociedad socialista completa con las fuerzas de nuestro país y sin ayuda externa, la... formulación resultó ser ya insuficiente a todas luces y, por tanto, inexacta". (Obras Completas, vol. VIII, págs. 14-97. Ediciones en Lenguas Extranjeras, Moscú, 1953.)

Marx, por su parte, analizó en el *Manifiesto* la pérdida de la base nacional de la industria bajo el capitalismo, señalando en numerosos pasajes el corsé que significaba, para la expansión y el desarrollo de la industria, las estrechas fronteras nacionales. (Ver: C. Marx, *El Manifiesto*, cap. Burgueses y Proletarios.)

En cuanto a la "escuela de Lenin", mencionada por Trotsky, es sabido que Lenin fundó la III Internacional (entre otras razones) en lucha precisamente contra las concepciones nacionalistas de la social-

Este viraje de espaldas al marxismo de la «escuela» de Stalin, ante los problemas de la edificación socialista, no es menos completo y radical en el terreno de los principios de lo que fue, por ejemplo, la ruptura de la socialdemocracia alemana con el marxismo ante las cuestiones de la guerra y del patriotismo en el otoño de 1914 [3]; es decir, diez años justos antes del cambio de frente operado por Stalin. Y la comparación no es casual, ni mucho menos. El «error» de Stalin tiene exactamente el mismo nombre que el de la socialdemocracia alemana; se llama *socialismo nacionalista*.[4]

El marxismo parte del concepto de la economía mundial, no como una amalgama de partículas nacionales, sino como una potente realidad con vida propia, creada por la división internacional del trabajo y el mercado mundial, que impera en los tiempos que corremos sobre los mercados nacionales.

Las fuerzas productivas de la sociedad capitalista rebasan desde hace mucho tiempo las fronteras nacionales. La guerra imperialista fue una de las manifestaciones de este

---

democracia de la época. Por otra parte, existen innumerables pasajes, en la obra de Lenin, en la que éste rechaza toda posibilidad de una sociedad socialista aislada de la revolución mundial. Pueden consultarse, a tales efectos, sus escritos posteriores a 1917. Para un resumen coherente del pensamiento de la "escuela de Lenin", en relación a la revolución internacional y el Estado soviético, pueden consultarse igualmente las Tesis y Resoluciones de los cuatro primeros congresos de la III Internacional.

3. En agosto de 1914, el Partido Socialdemócrata alemán, que disponía de 110 representantes en el parlamento, votó a favor de los créditos de guerra, lo que equivalió a un *sí* a la guerra. Sólo una pequeña minoría (Rosa Luxemburg, K. Liebknecht, C. Zetkin, G. Ledebour, F. Mehring) se mantuvo fiel al internacionalismo, dando su apoyo a la declaración de Zimmerwald.

La actitud de la mayoría socialdemócrata alemana aceleró la cohesión de la corriente internacionalista, lo que llevaría a la fundación de una nueva internacional, la tercera, en 1919.

4. Por *socialismo nacionalista* (socialpatriotismo u otras variantes que irán apareciendo a lo largo del texto) hemos de entender, en el lenguaje de los socialistas internacionalistas, aquella corriente socialista que apoya a su propia burguesía nacional, o, en el caso de Stalin, al que hace alusión Trotsky, que apoya a su propio gobierno, en contradicción con las posiciones de los internacionalistas. La III Internacional fue fundada, entre otros motivos, en oposición a tales concepciones.

hecho. La sociedad socialista ha de representar ya de por sí, desde el punto de vista de la técnica de la producción, una etapa de progreso respecto al capitalismo. Proponerse por fin la edificación de una sociedad socialista nacional y cerrada, equivaldría, a pesar de todo los éxitos temporales, a retrotraer las fuerzas productivas deteniendo incluso la marcha del capitalismo. Intentar, a despecho de las condiciones geográficas, culturales e históricas del desarrollo del país, que forma parte de la colectividad mundial, realizar la proporcionalidad intrínseca de todas las ramas de la economía en los mercados nacionales, equivaldría a perseguir una utopía reaccionaria. Si los profetas y secuaces de esta teoría participan, sin embargo, de la lucha revolucionaria internacional —no queremos prejuzgar con qué éxito—, es porque, dejándose llevar de su inveterado eclecticismo, combinan mecánicamente el internacionalismo abstracto con el nacionalsocialismo reaccionario y utópico. El programa de la Internacional Comunista, aprobado en el VI Congreso, es la expresión más acabada de este eclecticismo.[5]

Para demostrar en toda su evidencia uno de los errores teóricos más importantes en que se basa la concepción nacionalsocialista, nada mejor que citar el discurso de Stalin —recientemente publicado— sobre los problemas internos del comunismo norteamericano (6). «Sería erróneo —dice Stalin replicando a una de las fracciones comunistas— no tener en cuenta las peculiaridades específicas del capitalismo norteamericano. El partido comunista no debe perderlas de vista en su actuación. Pero sería aún más equivocado basar la actuación del partido comunista en estos rasgos específicos, pues la base para la actuación de todo partido, incluyendo al norteamericano, está en los *rasgos generales* del capita-

5. El VI Congreso de la Internacional comunista se celebró en julio-agosto de 1928. Durante la primavera y el verano de ese año, Trotsky escribió, desde Alma-Ata, donde se encontraba deportado por Stalin, una voluminosa crítica del programa de la Internacional, que ha llegado a nosotros bajo el título de *La internacional comunista después de Lenin*.

(6) Este discurso, pronunciado el 6 de mayo de 1929, no se publicó hasta principios de 1930, en circunstancias que venían a darle una especie de carácter programático. (N. del. A.)

lismo, *iguales* en su esencia *en todos los países*, y no en la fisonomía especial que presente en cada país. *En esto se basa precisamente el internacionalismo de los partidos comunistas.* Los rasgos específicos no son más que un *complemento* de los rasgos generales. (*Bolchevik,** núm. 1 de 1930, página 8. Somos nosotros quienes subrayamos.)

Desde el punto de vista de la claridad, estas líneas no dejan nada que desear. Stalin, bajo una apariencia de fundamentación económica del internacionalismo, nos da en realidad la fundamentación del socialismo nacionalista. No es cierto que la economía mundial represente en sí una simple suma de factores nacionales de tipo idéntico. No es cierto que los rasgos específicos no sean «más que un *complemento* de los rasgos generales», algo así como las verrugas en el rostro. En realidad, las particularidades nacionales representan en sí una combinación de los rasgos fundamentales de la economía mundial. Esta peculiaridad puede tener una importancia decisiva para la estrategia revolucionaria durante un largo período. Baste recordar el hecho de que el proletariado de un país retrógrado haya llegado al Poder muchos años antes que el de los países más avanzados. Esta sola lección histórica basta para demostrar que, a pesar de la afirmación de Stalin, es absolutamente erróneo orientar la actuación de los partidos comunistas sobre unos cuantos «rasgos *generales*»; esto es, sobre el tipo abstracto del capitalismo nacional. Es radicalmente falso que estribe en esto el internacionalismo de los partidos comunistas. En lo que en realidad se basa es en la inconsistencia de los Estados nacionales, que hace mucho tiempo que han caducado, para convertirse en un freno puesto al desarrollo de las fuerzas productivas. El capitalismo nacional no puede, no ya transformarse, sino ni siquiera concebirse más que como parte integrante de la economía mundial.

Las peculiaridades económicas de los diversos países no tienen un carácter secundario, ni mucho menos: bastará comparar a Inglaterra y la India, a los Estados Unidos y el

---

* *El Bolchevique,* órgano teórico quincenal del Partido Comunista de la URSS. (N. del T.)

Brasil. Pero los rasgos específicos de la economía nacional, por grandes que sean, forman parte integrante, y en proporción cada día mayor, de una realidad superior que se llama economía mundial, en la cual tiene su fundamento, en última instancia, el internacionalismo de los partidos comunistas.

La idea de las peculiaridades nacionales como simple «complemento» del tipo general, formulada por Stalin, se halla en flagrante contradicción —y lógica— con la concepción —mejor dicho, con la incomprensión— stalinista de la ley del desarrollo no uniforme del capitalismo.[7] Es, como se sabe, una ley que el propio Stalin proclamó fundamental, primordial y universal. Guiado por esa ley, que él convierte en una abstracción, intenta descubrir todos los enigmas de la existencia. Y, cosa curiosa, no se da cuenta de que *aquellas peculiaridades nacionales son precisamente el producto más general, y aquel en que, por decirlo así, se resume todo, del desarrollo histórico desigual.* Bastaba con comprender acertadamente esta desigualdad, tomarla en toda su magnitud, haciéndola extensiva asimismo al pasado precapitalista. El desarrollo más rápido o más lento de las fuerzas productivas; el carácter más o menos amplio o reducido de épocas históricas enteras, por ejemplo, de la Edad Media, el régimen gremial, el despotismo ilustrado, el parlamentarismo; la desigualdad de desarrollo de las distintas ramas de la economía, de las distintas clases, de las distintas instituciones sociales, de los distintos aspectos de la cultura, todo esto forma la base de las «peculiaridades» nacionales. La pecu-

---

7. El propio Stalin, en su folleto, ya citado, *Fundamentos del Leninismo*, afirmaba que "...el desarrollo desigual y a saltos de los distintos países capitalistas en el imperialismo... no sólo conduce a la posibilidad, sino también a la necesidad del triunfo del proletariado en uno u otro país". Lo que está en contradicción con su consejo, emitido años después, a los comunistas norteamericanos.

Posteriormente, comentando las frases arriba citadas, Stalin diría, en *Cuestiones del Leninismo*, que el desarrollo desigual y a saltos combate la teoría de los socialdemócratas, "que consideran como una utopía la toma del poder por el proletariado en un solo país, si no va acompañada al mismo tiempo de la revolución victoriosa en otros países".

24

liaridad del tipo social-ñacionalista está en cristalizar la desigualdad de su formación.

La Revolución de Octubre es la manifestación más grandiosa de esa falta de uniformidad del proceso histórico. La teoría de la revolución permanente al *pronosticar* la Revolución de Octubre, se apoyaba precisamente en esa ley de la falta de ritmo uniforme del desarrollo histórico; pero no concebida en su forma abstracta, sino en su encarnación material, proyectada sobre las peculiaridades sociales y políticas de Rusia.

Stalin se valió de esta ley, no para predecir oportunamente la conquista del Poder por el proletariado en un país retrógrado, sino para luego, *a posteriori*, en 1924, imponer al proletariado ya triunfante la misión de levantar una sociedad socialista nacional. Pero la ley a que aludimos era la menos indicada para esto, pues lejos de sustituir o anular las leyes de la economía mundial, está supeditada a ellas.

A la par que rinde un culto fetichista a la aludida ley, Stalin la declara base suficiente para fundamentar el socialismo nacionalista, pero no como un producto típico, es decir, común a todos los países, sino como algo exclusivo, mesiánico, puramente ruso. Según él, sólo en Rusia se puede levantar una sociedad socialista autónoma. Con ello, exalta las peculiaridades nacionales de Rusia no sólo por encima de los «rasgos generales» de toda nación capitalista, sino por encima de la propia economía mundial considerada en su conjunto. Aquí es donde se nos revela la falsedad de toda la concepción stalinista. Las características peculiares de la U.R.S.S. son tan poderosas, que permiten edificar el país socialista de fronteras adentro, independientemente de lo que pueda suceder en el resto de la humanidad. Las peculiaridades de los demás países, los que no están marcados con el sello del mesianismo, no son, en cambio, más que un simple «complemento» de los rasgos generales, una especie de verruga en la fisonomía de la cara. Sería erróneo —nos enseña Stalin— «fundar la actuación de los partidos comunistas en estos rasgos específicos». Y esta máxima que se aplica al partido norteamericano, al británico, al sudafricano y al servio, no es aplicable, por lo visto, al ruso, cuya actuación se basa, no en los «rasgos generales», sino precisamente en las «peculiaridades» propias del país.[8] Queda así aplicada la estrategia doble de la Internacional Comunista: mientras que en la Unión de Repúblicas Socialistas Soviéticas el proletariado se consagra a «liquidar las clases» y a edificar el socialismo, al proletariado de todos los demás países, volviéndose de espaldas a las condiciones nacionales, se le obliga a emprender acciones simultáneas a fecha fija —1.º de agosto, 6 de marzo, etc.—. Y así, el nacionalismo mesiánico viene a completarse con un internacionalismo burocrático-abstracto. Este dualismo informa todo el Programa de la Internacional Comunista, privándolo en absoluto de valor normativo.

Si tomamos a Inglaterra y a la India como los dos polos opuestos o los dos tipos extremos del capitalismo, no tendremos más remedio que reconocer que el internacionalismo del proletariado británico e indio no se basa, ni mucho menos, en una analogía de condiciones, objetivos y métodos, sino en vínculos inquebrantables de *recíproca interdependencia*. Para que el movimiento de emancipación de la India pueda triunfar, es menester que estalle un movimiento revolucionario en Inglaterra, y viceversa. Ni en la India ni en Inglaterra es posible levantar una sociedad socialista cerrada. Ambas tienen que articularse como partes de un todo superior a ellas. En esto y sólo en esto reside el fundamento inconmovible del internacionalismo marxista.

No hace mucho, el 8 de marzo de 1930, la *Pravda* tornaba a exponer la desdichada teoría de Stalin para deducir que «el socialismo, como formación económica social», es decir, como un determinado régimen de relaciones de producción, se podía realizar plenamente adaptada «a las proporciones nacionales de la U.R.S.S.». Otra cosa sería el «triunfo definitivo del socialismo entendido a modo de garantía contra la intervención capitalista», pues esto «exige efectivamente

---

8. En su folleto "Balance de los trabajos de la XIV Conferencia del PC (b) de Rusia", Stalin afirma textualmente: "...se dan en nuestro país... todas las premisas necesarias para edificar la sociedad socialista completa, venciendo todas y cada una de las dificultades internas, pues podemos y debemos vencerlas con nuestras propias fuerzas". (Obras..., vol. VII.)

26

el triunfo de la revolución proletaria en algunos países avanzados».[9]

¡Qué bajo ha tenido que caer la mentalidad teórica del partido leninista para que, desde las columnas de su órgano central en la Prensa, se pueda exponer esta lamentable glosa escolástica con aires de adoctrinamiento! Si admitimos por un momento la posibilidad de llegar a realizar el socialismo, como sistema social definido, dentro de las fronteras nacionales de la U.R.S.S., estaríamos ante el triunfo definitivo, pues, ¿qué intervención cabría después de esto? El régimen socialista presupone una técnica, una cultura y una gran solidaridad por parte de la población. Como hay que suponer que en la U.R.S.S., en el momento en que esté acabada la edificación socialista, habrá por lo menos doscientos, y seguramente hasta doscientos cincuenta millones de habitantes, de países se atrevería a arrostrar una intervención en condines, una intervención? ¿Qué país capitalista o qué coalición de países se atrevería a arrostrar una intervención en condiciones semejantes? Unicamente la U.R.S.S. podría pensar en intervenir. Pero no es probable que se le plantease la necesidad de hacerlo. El ejemplo de un país retrógrado que, entregado a sus solas fuerzas, se bastó para edificar en unos cuantos «quinquenios» una potente sociedad socialista, sería un golpe mortal asestado al capitalismo mundial y reduciría al mínimo, por no decir que a cero, las costas de la revolución proletaria internacional. He aquí por qué la concepción de Stalin conduce, en sustancia, a la liquidación de la Internacional Comunista. En efecto, ¿qué significación histórica puede tener este organismo, si el porvenir del socialismo mundial depende en última instancia... del plan económico de la U.R.S.S.? Siendo así, la Internacional Comunista, y con ella la célebre «Sociedad de Amigos de Rusia», no tiene más misión que salvaguardar la edificación del socialismo contra la intervención, es decir, que su papel se reduce, en puridad, a montar la guardia en las fronteras.[10]

9. El artículo de Pravda, citado por Trotsky, reproduce literalmente la fórmula de Stalin, escrita por él en *Cuestiones...* cuatro años antes.
10. El séptimo y último congreso de la Internacional Comunista se celebró en 1935. En él se aprobó oficialmente la política de "frentes

El artículo a que aludimos refuerza la clara visión de las ideas stalinistas con argumentos económicos novísimos: «...Precisamente ahora —dice la *Pravda*—, en que las condiciones de producción basadas en el socialismo penetran cada vez con más fuerza, no sólo en la industria, sino en la agricultura, por medio del incremento que van tomando los «sovjoses»,* por el pujante movimiento de los «koljoses»,** cuantitativa y cualitativamente arrollador, y por la liquidación de los «kulaks» *** como clase, gracias a la colectivización llevada a fondo, se evidencia de un modo irrefutable la lamentable bancarrota del derrotismo trotskista-zinovievista, que, en el fondo, no significa otra cosa —como ha dicho Stalin— que la «negación menchevista de la legitimidad de la Revolución de Octubre». (*Pravda,* 8 de marzo de 1930.)

Estas líneas son verdaderamente notables, y no sólo por lo desenvuelto del tono, bajo el que se disimula una completa desorientación mental. El autor, del brazo de Stalin, acusa al llamado «trotskismo» de negar «la legitimidad de la Revolución de Octubre». Pero es el caso que el que esto escribe, guiándose precisamente por su concepción, es decir, por la teoría de la revolución permanente, *predijo la inevitabilidad de la Revolución de Octubre* trece años antes de

<hr/>

populares", es decir, de alianza de los partidos obreros con partidos burgueses. Desde mucho antes (1928, fecha del VI Congreso), la Internacional impulsó las Sociedades de Amigos de la URSS, las cuales tenían como misión atraer a simpatizantes liberales y socialdemócratas, con la finalidad de dificultar las actitudes hostiles a la URSS. Con la política frente-populista, los Partidos Comunistas llevaron hasta las últimas consecuencias dicha orientación, supeditando su política nacional a los intereses del gobierno soviético, que eran así identificados con los intereses de la revolución mundial.

Por último, en 1943, y sin necesidad de convocar un nuevo Congreso, Stalin disolvió la Internacional Comunista, arguyendo la necesidad de la unidad antifascista durante la guerra. Este gesto de buena voluntad hacia las democracias burguesas, fue bruscamente interrumpido en 1947 con ocasión del inicio de la guerra fría, creándose el Cominform (Buró de Información Comunista), que fue dil suelto en 1956.

* Haciendas soviéticas, explotadas directamente por el Estado. (N. del T.)

** Explotaciones colectivas. (N. del T.)

*** Campesinos acomodados. (N. del T.)

que se realizara. ¿Y Stalin? Ya había estallado la Revolución de Febrero, faltaban siete u ocho meses para la de Octubre, y todavía se comportaba como un vulgar demócrata. Fue necesario que llegase Lenin a Petrogrado —3 de abril de 1917— y abriese el fuego implacablemente contra los «viejos bolcheviques» infatuados, que tanto fustigó y ridiculizó, para que Stalin, cautelosa y calladamente, se deslizase de la postura democrática a la socialista.[11] En todo caso, esta «conversión» interior de Stalin, que, por lo demás, no fue nunca completa, no ocurrió hasta pasados doce años del día en que se demostrara la «legitimidad» de la conquista del Poder por el proletariado ruso antes de que estallara en el Occidente la revolución proletaria.

Pero al pronosticar teóricamente la Revolución de Octubre, nadie pensaba, ni remotamente, que, por el hecho de apoderarse del Estado, el proletariado ruso fuese a arrancar al ex imperio de los zares del concierto de la economía mundial. Nosotros, los marxistas, sabemos bien lo que es y significa el Estado. No es precisamente una imagen pasiva de los procesos económicos, como se lo representan de un modo fatalista los cómplices socialdemócratas del Estado burgués. El Poder público puede desempeñar un papel gigantesco, sea reaccionario o progresivo, según la clase en cuyas manos caiga. Pero, a pesar de todo, el Estado será siempre un arma de orden superestructural. El traspaso del Poder de manos del zarismo y de la burguesía a manos del proletariado, no cancela los procesos ni deroga las leyes de la economía mundial. Es cierto que durante una temporada, después de la

---

11. No sólo Stalin, sino una gran mayoría del Partido bolchevique, sostuvo enfoques democrático-burgueses durante los acontecimientos de febrero de 1917. Desde el periódico *Pravda*, Kamenev dio abiertamente apoyo al gobierno de Kerensky. En cuanto a Stalin, si bien su posición nó fue tan clara como la de Kamenev, dio apoyo condicional al gobierno provisional, al tiempo que adoptaba una posición *defensista* ante la guerra imperialista, es decir, de continuar la guerra desde una óptica de defensa patriótica en contra de la posición de Lenin, que clamaba por la transformación de la guerra en guerra civil revolucionaria. (Ver: León Trotsky, *Stalin*, cap. VII. Editorial José Janés, Barcelona, 1956. También puede consultarse a Pierre Broué, *El Partido Bolchevique*, págs. 115-16, Editorial Ayuso, Madrid, 1974.)

Revolución de Octubre, las relaciones económicas entre la Unión Soviética y el mercado mundial se debilitaron bastante. Pero sería un error monstruoso generalizar un fenómeno que no representaba de suyo más que una breve etapa en un proceso dialéctico. La división mundial del trabajo y el carácter supranacional de las fuerzas productivas contemporáneas, lejos de perder importancia, la conservarán y aun la doblarán y decuplirán para la Unión Soviética, a medida que ésta vaya progresando económicamente.

Todo país retrógrado ha pasado, al incorporarse al capitalismo, por distintas etapas, a lo largo de las cuales ha visto aumentar o disminuir la relación de interdependencia con los demás países capitalistas; pero, en general, la tendencia del desarrollo capitalista se caracteriza por un incremento colosal de las relaciones internacionales, lo cual halla su expresión en el volumen creciente del comercio exterior, incluyendo en él, naturalmente, el comercio de capitales. Desde un punto de vista cualitativo, la relación de dependencia de la India con respecto a Inglaterra tiene, evidentemente, distinto carácter que la de Inglaterra con respecto a la India. Sin embargo, esta diferencia hállase informada, fundamentalmente, por la diferencia existente en el nivel del desarrollo de las respectivas fuerzas productivas y no por el grado en que económicamente se basten a sí mismas. La India es una colonia, Inglaterra una metrópoli. Pero si hoy Inglaterra se viera sujeta a un bloqueo, perecería antes que la India. He aquí —digámoslo de paso— otra prueba suficientemente convincente de la realidad que tiene la economía mundial.

El desarrollo del capitalismo —no en las fórmulas abstractas del segundo tomo del *Capital*, que conservan toda su significación *como etapa del análisis*, sino en la realidad histórica— se ha efectuado, y no podía dejar de efectuarse, por medio de un ensanchamiento sistemático de su base. En el proceso de su desarrollo y, por lo tanto, en lucha contra sus contradicciones internas, cada capitalismo nacional recurre en un grado cada vez más considerable a las reservas del «mercado exterior», esto es, de la economía mundial. La expansión ineluctable, que surge como consecuencia de las crisis internas permanentes del capitalismo, constituye su fuerza expansiva antes de convertirse en mortal para este último.[12]

La Revolución de Octubre heredó de la vieja Rusia, además de las contradicciones internas del capitalismo, otras no menos profundas entre el capitalismo en su conjunto y las formas precapitalistas de la producción. Estas contradicciones han tenido, y tienen todavía hoy, un carácter material, es decir, radican en la correlación entre la ciudad y el campo, en determinadas proporciones o desproporciones entre las distintas ramas de la industria y la economía popular en su conjunto, etc., etc. Algunas de estas contradicciones tienen directamente sus raíces en las condiciones geográficas y demográficas del país, esto es, en el exceso o insuficiencia de tales o cuales recursos naturales creados históricamente por los diversos núcleos de las masas populares, etc.

La fuerza de la economía soviética reside en la nacionalización de los medios de producción y en el gobierno centralizado y sistemático de los mismos. La debilidad de la economía soviética, además del atraso que heredó del pasado, reside en su aislamiento actual, esto es, en la imposibilidad en que se halla de utilizar los recursos de la economía mundial no ya sobre las bases socialistas, sino por medios capitalistas, en forma del crédito internacional bajo las condiciones normales y de la «ayuda financiera» en general, que desempeña un papel decisivo con respecto a los países atrasados. Con

12. Lenin desarrolla ampliamente la teoría del expansionismo capitalista, como resultado de sus contradicciones internas, en su obra *El imperialismo, fase superior del capitalismo*. Para los economistas marxistas ortodoxos, la expansión de la base económica del capitalismo no siempre puede lograr mediante la aparición de nuevos sectores de producción internos, lo que hace irresistible la tendencia a la *expansión geográfica* del capitalismo. Al respecto existe una amplia bibliografía en castellano. Además de la citada obra de Lenin, de la que existen innumerables ediciones, pueden consultase los excelentes artículos de Jacques Valier y Harry Magdoff publicados en *Sobre el Imperialismo*, Alberto Corazón, Editor, Serie Comunicación, Madrid, 1975. Y, por supuesto, la ya clásica obra de Rudolf Hilferding, *El Capital Financiero*, Editorial Tecnos, Madrid, 1963. También resulta de enorme interés la lectura de Rosa Luxemburg, *La Acumulación del Capital*, Editorial Tilcara, Buenos Aires, 1963, y los textos de la autora, Bernstein y Kautsky, editados por Fontamara en 1975 bajo el título genérico de *Marxismo y Revisionismo*.

31

todo esto, las contradicciones del pasado capitalista y pre-capitalista no sólo no desaparecen por sí mismas, sino que, al contrario, surgen de los años de decaimiento y desorganización, se refuerzan y agudizan junto con los progresos de la economía soviética y exigen a cada paso, para su eliminación o, al menos, su atenuación, que se pongan en movimiento los recursos del mercado internacional.

Para comprender lo que en la actualidad está aconteciendo en los gigantescos territorios a que la Revolución de Octubre infundió nueva vida, es necesario comprender claramente que a las antiguas contradicciones, actualmente resucitadas por los éxitos económicos, ha venido a añadirse otra nueva, la más potente, a saber: la que existe entre el carácter de concentración de la industria soviética, que abre los cauces a un ritmo de desarrollo jamás conocido, y el aislamiento de esa economía, que excluye la posibilidad de volver a aprovecharse como en condiciones normales de las reservas de la economía mundial. La nueva contradicción, unida a las antiguas, hace que, a la par con los avances excepcionales, surjan dificultades dolorosas. Estas hallan su expresión más directa y más grave, sentida palpablemente todos los días por cada obrero y campesino, en el hecho de que la situación de las clases trabajadoras no mejora, ni mucho menos, a tono con el progreso general de la economía, y en la actualidad, lejos de mejorar, empeora a consecuencia de las nuevas dificultades que surgen en el problema de las subsistencias. Las agudas crisis de la economía soviética vienen a recordarnos que las fuerzas productivas creadas por el capitalismo, no se adaptan al mercado nacional, y que sólo pueden armonizarse y reglamentarse desde un punto de vista socialista en el terreno internacional. Para decirlo en otros términos, esas crisis no son sólo dolencias propias del proceso de crecimiento, algo así como las enfermedades infantiles, sino que tienen un carácter incomparablemente más importante, pues son otros tantos tirones vigorosos del mercado internacional, al cual —empleando las palabras pronunciadas por Lenin ante el XI Congreso del partido, el 27 de marzo de 1922— «estamos subordinados, con el cual estamos unidos, del cual no podemos separarnos».

Sin embargo, de esto no se deduce, ni mucho menos, la

conclusión de que la Revolución de Octubre haya sido históricamente «ilegítima», conclusión que huele a un filisteísmo impúdico. La conquista del Poder por el proletariado internacional no podía ni puede ser un acto simultáneo en todos los países. La superestructura —y la revolución entra en la categoría de las «superestructuras»— tiene su dialéctica propia, la cual penetra autoritariamente en el proceso económico mundial, pero no suprime, ni mucho menos, sus leyes más profundas. La Revolución de Octubre ha sido «legítima», considerada como *primera etapa de la revolución mundial,* que necesariamente tiene que ser obra de varias décadas. El intervalo entre la primera y la segunda etapa ha resultado más largo de lo que esperábamos. Pero no por eso deja de ser un intervalo, ni puede convertirse en época de edificación de una sociedad socialista nacional.

De las dos concepciones de la revolución han surgido dos líneas directivas ante las cuestiones económicas. Los primeros progresos económicos rápidos, completamente inesperados por él, inspiraron a Stalin, en el otoño de 1924, la teoría del socialismo en un solo país comò coronamiento de la perspectiva práctica de la economía nacional aislada.[13] Fue precisamente en este período cuando Bujarín brindó su famosa fórmula, según la cual, preservándonos de la economía mundial por medio del monopolio del comercio exterior, podía-

13. En agosto-septiembre de 1923 la crisis económica, producto de la disparidad creciente de los precios de los productos agrarios (en permanente baja) y los industriales (en constante aumento), obligó a tomar medidas de urgencia. Tales medidas, aunque enfocadas muy coyunturalmente, permitieron una superación ciertamente espectacular de la "crisis de las tijeras". Ello vino a ser reforzado por la excelente cosecha del mes de octubre del mismo año. Así, gracias a las exportaciones de granos, el gobierno logró acumular oro y divisas, lo que dio un gran respaldo a su nueva política financiera.

En enero de 1924 los salarios de Moscú y Petrogrado habían aumentado en un 70 y 68 % respectivamente, en relación con los niveles de preguerra. (Ver: E. H. Carr, *El Interregno* (1923-1924), cap. I. Alianza Editorial, Madrid, 1974.)

Es en esta coyuntura de recuperación que Stalin formula sus tesis de socialismo en un solo país. La recuperación, sin embargo, duró poco tiempo. A finales del 24 la situación volvió a ser casi tan alarmante como a mediados del 23.

mos edificar el socialismo, «aunque fuera a paso de tortuga».[14]
Sobre esta consigna se selló el bloque de los centristas y
derechistas.[15] Stalin no se cansaba de afirmar, por esta misma

14. En su crítica a las posiciones de la Oposición, Bujarin afirmó
en un mitin del Partido, celebrado en Moscú el 17 de abril de 1925,
lo siguiente: "A los campesinos debemos decirles: *Enriqueceos,,*
desarrollad vuestras granjas, sin miedo de que se os vayan a poner
obstáculos" (citado por E. H. Carr, en *Historia de la Rusia Soviética:
El Socialismo en un solo país*, Tomo I, pág. 268, Alianza Universidad,
Madrid, 1974).

Tales afirmaciones eran coherentes con su modelo de desarrollo
económico, el cual hacía depender el desarrollo industrial del país
de la capacidad de acumulación en el campo. Según Bujarin, el enri-
quecimiento del campesinado permitiría al banco estatal aprovechar
los beneficios acumulados para invertir en la industria. Ello conllevaría un ritmo lento de avance hacia el socialismo: "avanzaremos a
pasos cortitos, tirando de nuestra gran carreta campesina" (citado
por Isaac Deutscher, *El profeta desarmado*, página 226, Ediciones
Era, México, 1968).

Un análisis en profundidad de las tesis bujarinistas de *desarrollo
equilibrado*, lo mismo que de las tesis de Preobrazhenski referentes
a la *ley de acumulación socialista primitiva*, puede consultarse en *La
Construcción del Socialismo* (Fontamara, 1976), en especial el trabajo
de Vega Gangart.

15. Para Trotsky, al igual que para la Oposición de Izquierda o
Conjunta, la ruptura del triunvirato, integrado por Stalin, Zinoviev y
Kamenev (estos dos últimos ahora en la oposición), había dado lugar
a un nuevo bloque en el poder, esta vez representado por Stalin y
Bujarin. Stalin era considerado como la cabeza de la *fracción centrista*, la cual, carente de programa, se alimentaba tanto del programa
de los derechistas, cuya cabeza era Bujarin, como de ciertos aspectos
del programa de la Oposición. Los *centristas* representaban y vehicu-
lizaban los intereses de la burocracia en formación, tanto a nivel
social como dentro del Partido. Prudentes, interesados en estabilizar
la situación, tenían conciencia plena de que una decidida orientación
hacia la izquierda o la derecha conllevaría su destrucción.

Por otra parte, Bujarin, dirigente de la *fracción derechista*, vehicu-
lizaba los intereses de los campesinos ricos, la burguesía nepista y de
algunos sectores de la burocracia. Capas y clases objetivamente inte-
resadas en una restauración burguesa.

Consciente, de ello, la Oposición de Izquierda estaba dispuesta,
ante ciertas situaciones, a formar un frente único con la fracción
stalinista contra la fracción bujarinista, sin perder por ello su independencia, ni renunciar a sus exigencias de reintroducir la democracia dentro del Partido.

A partir de febrero de 1928, poco tiempo después de la deportación
de miles de partidarios de la Oposición de Izquierda, entre los que

época, que el impulso que diéramos a la industrialización era «asunto de régimen interior», que sólo a nosotros atañía, y que no tenía nada que ver con la economía mundial. Esa jactancia nacionalista no podía, sin embargo, prosperar, pues reflejaba tan sólo la primera etapa, muy breve, de reincorporación económica, la cual venía a restablecer, a su vez, por la fuerza de la necesidad, nuestra dependencia del mercado mundial. Los primeros empujones de la economía internacional, inesperados para los nacionalsocialistas, engendraron una alarma que en seguida se convirtió en pánico. ¡Conquistar con la mayor rapidez posible la «independencia» económica con ayuda de un ritmo lo más rápido posible de industrialización y colectivización! A esto vino a reducirse la política económica del nacionalsocialismo en el transcurso de los dos últimos años. El apocamiento fue desplazado en toda la línea por el aventurerismo. Pero la base teórica de ambas posiciones era la misma: la concepción nacionalsocialista.

Las dificultades principales, como hemos demostrado más arriba, se desprenden de la situación objetiva, ante todo del aislamiento de la Unión Soviética. No nos detendremos aquí en el problema de saber en qué medida esta situación objetiva sea el resultado de los errores subjetivos de dirección (la falsa política seguida en Alemania en 1923; en Bulgaria y Estonia en 1924; en Inglaterra y Polonia en 1926; en China en 1925-27, la equivocada política practicada actualmente durante el «tercer período», etc.).[16] Las convulsiones eco-

<hr />

se encontraban todos sus dirigentes, Stalin denunció el peligro derechista encarnado en el Kulak. Con ello inició su giro hacia la izquierda. Ante esta nueva situación, los partidarios de Zinoviev, y él mismo, capitulan y retornan al Partido para apoyar el giro a la izquierda. Los trotskistas, por su parte, se dividen en "conciliadores" e "irreconciliables", es decir, en partidarios de apoyar a Stalin contra Bujarin, visto su giro a la izquierda, y los partidarios de mantener su independencia crítica, pues consideraban que el giro a la izquierda sólo era táctico, además de burocrático.

Entre estos últimos se encontraba el propio Trotsky.

16. Correlato lógico de la colectivización forzosa fue la industrialización a ultranza. Si bien Bujarin abandonó muchos de sus postulados conservadores de antaño, no llegó a convertirse en "teórico" de la nueva situación, que se caracterizó por una baja del 40 % de

nómicas más agudas en la U.R.S.S. están originadas por el hecho de que la dirección actual intenta elevar la necesidad a la categoría de virtud y deducir del aislamiento político del Estado obrero un programa de sociedad socialista económicamente aislada. De aquí ha surgido la tentativa de colectivización socialista integral de las explotaciones campesinas a base de aperos precapitalistas —aventura peligrosísima que amenaza con minar los cimientos de la posibilidad misma de la alianza del proletariado y los campesinos.

Y, cosa notable: precisamente en el momento en que este peligro empezaba a manifestarse con toda su gravedad, Bujarin, el exteórico del «paso de tortuga», entonaba un himno patético al «furioso galope» actual de la industrialización y la colectivización.[17] Mucho nos tememos que este himno se vea pronto anatematizado como la mayor de las herejías, pues ya empiezan a sonar otros cantares. Obligado por la resistencia de la materia económica, Stalin no ha tenido más remedio que batirse en retirada. El peligro consiste ahora en que las ofensivas aventureras dictadas ayer por el terror se conviertan en una retirada pánica. Esta sucesión de etapas es una consecuencia inexorable de la idea nacionalsocialista.

El programa efectivo de un Estado obrero aislado no se puede proponer por fin «independentizarse» de la economía mundial, ni mucho menos edificar «en brevísimo plazo» una sociedad socialista nacional. Su objetivo no puede consistir en obtener el ritmo abstractamente máximo, el ritmo óptimo, es decir, el mejor, sino aquel que se desprenda de las condiciones económicas internas e internacionales, ritmo que consolidará la posición del proletariado, preparará los elementos nacionales para la sociedad socialista internacional

---

los salarios reales, la introducción de durísimas normas laborales y una represión generalizada con la que se pretendió ahogar el descontento en las fábricas y en el seno del Partido (ver Pierre Broué, *El Partido Bolchevique*, pág. 423 y siguientes, Editorial Ayuso, Madrid, 1973).

17. Trotsky alude a la citada obra *La Internacional Comunista después de Lenin.*

del mañana, y a la par y sobre todo, elevará sistemáticamente el nivel de vida de la clase obrera, robusteciendo su alianza con las masas no explotadoras del campo. Y esta perspectiva debe regir íntegra durante toda la etapa preparatoria, esto es, hasta que la revolución triunfe en los países más avanzados y venga a sacar a la Unión Soviética del aislamiento en que hoy se halla.

* * *

Algunas de las ideas aquí expuestas han sido desarrolladas más ampliamente en otros trabajos del autor, y de un modo muy especial, en su *Crítica del Programa de la Internacional Comunista*.[18] En breve confiamos en poder publicar un folleto consagrado especialmente al estudio de la etapa en que se encuentra el proceso económico de la Unión de Repúblicas Socialistas Soviéticas.[19] No tenemos más remedio que remitir a ese trabajo al lector que desee conocer más de cerca el modo cómo se plantea en la actualidad el problema de la revolución permanente. Confiamos, sin embargo, en que las consideraciones que dejamos expuestas bastarán para poner de manifiesto toda la importancia de la lucha de principio que ha venido librándose todos estos años, y aún sigue en pie, en torno a las dos teorías: *la del socialismo en un solo país y la de la revolución permanente*.

Esta importancia y esta actualidad del tema justifican por sí solas el que ofrezcamos al lector extranjero un libro dedicado en gran parte a reconstruir, en un terreno crítico, las previsiones y las polémicas teóricas mantenidas entre los marxistas rusos antes de la revolución.

Hubiéramos podido, naturalmente, buscar otra forma para exponer los problemas que aquí se debaten. Pero el autor no ha inventado o elegido ésta voluntariamente, sino que le ha sido impuesta, en parte, por la voluntad del adversario, y en parte por el curso mismo del proceso político.

18. En su libro *La Revolución Traicionada*, escrito en septiembre de 1936, Trotsky analiza y hace balance del desarrollo de la economía soviética y de las contradicciones de la Política económica del gobierno de Stalin.

Hasta las verdades matemáticas, con ser ésta la más abstracta de las ciencias, se representan mejor y más plásticamente exponiéndolas en relación con la historia de sus descubrimientos; pues eso mismo acontece, y con mayor razón, con las verdades más concretas, es decir, históricamente condicionadas, de la política marxista. Creemos que la historia de los orígenes y del desarrollo de los pronósticos de la revolución bajo las condiciones de la Rusia prerrevolucionaria, acercará al lector más y de un modo más concreto a la esencia de los objetivos revolucionarios del proletariado mundial, que una exposición escolástica y pedantesca de esas mismas ideas políticas, abstraídas del terreno de lucha en que brotaron.

L. Trotsky

INTRODUCCIÓN

Prinkipo, 30 de noviembre de 1929

INTRODUCCIÓN

El presente libro está consagrado a un problema estrechamente relacionado con la historia de las tres revoluciones rusas,[1] pero no atañe exclusivamente a ellas. Es un problema que durante estos últimos años ha desempeñado un papel inmenso en la lucha interna del Partido Comunista de la Unión Soviética, que ha sido luego trasplantado a la Internacional Comunista, que ha tenido decisiva importancia en el desarrollo de la revolución china y que ha provocado una serie de resoluciones de importancia primordial respecto a los problemas relacionados con la lucha revolucionaria en los países de Oriente. Me refiero a la teoría que se ha llamado de la «revolución permanente», y que, según la doctrina de los epígonos del leninismo (Stalin, Zinoviev, Bujarin y otros), constituye el pecado original del «trotskismo».[2]

---

1. Las revoluciones de 1905, febrero de 1917 y octubre del mismo año.

2. En octubre de 1924 Trotsky publicó *Lecciones de Octubre*, texto que sirvió de pretexto para la oficialización de la campaña contra el "trotskismo" como cuerpo teórico coherente, y en especial contra lo que fue considerado su fundamento, la *teoría de la revolución permanente*. En verdad, hacía más de un año que se venía librando una batalla política sorda, dentro del partido, contra las posiciones que sostenían la necesidad de una "retirada táctica" dentro de la NEP, con el objeto de poner en pie un plan económico centralizado que abarcara toda la industria estatal. Para ello se argüía la necesidad de realizar una *acumulación socialista primitiva* que relanzara la industrialización del país. Ello, por supuesto, no podía realizarse sin detener la política de permanentes concesiones al campesinado.

41

Después de una gran pausa, y de un modo a primera vista completamente inesperado, el porvenir de la revolución permanente fue planteado en 1924. No había motivos políticos para ello: se trataba de divergencias que, se referían a un pasado ya lejano. Pero los motivos de orden psicológico eran considerables.

El grupo de los llamados «viejos bolcheviques», que rompió el fuego contra mí, se atrincheraba principalmente en ese título. Pero el año 1917 constituyó un gran obstáculo en su camino. Por importante que fuera, la historia precedente de lucha ideológica y de preparación vióse sometida a una prueba suprema e inapelable en la Revolución de Octubre, no sólo por lo que se refiere al partido en su conjunto, sino también a las personalidades aisladas. *Y ninguno de los epígonos la resistió.* Todos ellos, sin excepción, adoptaron, al estallar la Revolución de Febrero de 1917, una posición de izquierda democrática. Ninguno defendió la consigna de la lucha del proletariado por el Poder. Todos ellos consideraban el hecho de poner proa hacia la revolución socialista como un absurdo, o peor aún, como un pecado «trotskista». En este espíritu se inspiraron los dirigentes del Partido antes de que llegase Lenin del extranjero y saliesen a luz sus fa-

---

Lecciones de Octubre sirvió de pretexto, pues, para llevar una batalla pública contra los partidarios de la industrialización y la planificación, entre los cuales destacaba León Trotsky.

Los textos más relevantes de la lucha contra el "trotskismo" y la *revolución permanente*, fueron los siguientes: por parte de Stalin, *Los fundamentos del leninismo* (publicado en abril-mayo de 1924), *¿Trotskismo o Leninismo?* (discurso pronunciado el 19 de noviembre de 1924), *La revolución de octubre y la táctica de los comunistas rusos* (escrito en diciembre de 1924 y publicado como prefacio del libro *Camino de Octubre*, en enero de 1925) y *Cuestiones del leninismo* (publicado en enero de 1926).

Kamenev escribió *El leninismo* (18 de noviembre de 1924), Zinoviev *El leninismo* (si bien publicó los primeros capítulos a finales del 24, el libro no estuvo completo sino hasta mediados del 25) y Bujarin, *Sobre la teoría de la revolución permanente* (escrito hacia mediados de diciembre del 24).

Como podrá imaginarse, dada la reiteración de los títulos, la mitificación del "leninismo" cobró carta de naturaleza durante la campaña, aunque luego Stalin adaptara la "naturaleza" del leninismo en cada uno de sus virajes políticos y teóricos.

mosas tesis del 4 de abril.[3] Después de esto, Kamenev, ya
en lucha franca con Lenin, intenta formar abiertamente un
ala democrática dentro del Partido. Más tarde, se une a él
Zinoviev, que había llegado con Lenin de la emigración.
Stalin, gravemente comprometido por su posición social-
patriótica, se pone al margen,´a fin de que el Partido olvide
sus deplorables discursos y sus artículos lamentables durante
las semanas decisivas de marzo, y, poco a poco, va colocán-
dose en el punto de vista de Lenin.[4] Esto nos sugiere una

3. El día 4 de abril, cuando llevaba menos de 24 horas en Rusia,
Lenin expuso en una asamblea de bolcheviques, de Petrogrado —hoy
Leningrado— sus famosas *Tesis de Abril*, que luego fueron publicadas
el día 7 en "Pravda", bajo el título de "Las tareas del proletariado en
la presente revolución". En ellas desarrolló las tesis siguientes: 1) La
guerra, incluso bajo el nuevo gobierno provisional, seguía siendo
una guerra imperialista, por lo que rechazaba todo defensismo revolucionario, a menos que el poder pasara a manos del proletariado.
2) Los acontecimientos de febrero los caracterizó como el paso de la
primera etapa de la revolución a su segunda etapa, en la cual el
poder debería ser asumido por el proletariado en alianza con las
capas pobres del campesinado. 3) Ningún apoyo al gobierno provisional, al que definió como capitalista. 4) El único gobierno revolucionario posible es el Soviet de Diputados Obreros. 5) En consecuencia, había que luchar por una República Soviética, contrapuesta a la
República parlamentaria. Y otras cuatro tesis más que no hacen relación directa a lo que alude Trotsky.
Hasta su llegada, la mayoría de los dirigentes del partido mantuvieron, a través de las páginas de "Pravda", cuando menos una posición ambigua. (Las Tesis de Abril pueden consultarse en *Obras Escogidas*, vol. 2, págs. 37-43. Ediciones en Lenguas Extranjeras, Moscú,
1960.)
4. Las *Tesis de Abril*, de Lenin, encontraron resistencia en los
círculos dirigentes del partido bolchevique. Hasta entonces, Lenin
había defendido la fórmula gubernamental de "dictadura democrática
de obreros y campesinos", fórmula abstracta que concreta en sus
Tesis, y en las que defiende una nueva fórmula gubernamental: los
soviets de obreros, aliados con el campesinado pobre. Ello dio lugar
a que se pusiera a la orden del día, una vez más, el debate sobre
las fuerzas motrices y el carácter de la revolución en curso.
Kamenev y Zinoviev encabezaron el ala derecha dentro del partido.
Todavía el día 16 de octubre (29), Zinoviev pone objeciones a la
insurrección en una reunión del Comité Central. Dos días después,
en un último intento de detener los preparativos, Zinoviev y Kamenev
revelan a la prensa los preparativos insurreccionales. Ante ello, Lenin
los califica de "esquiroles" y pide su expulsión del partido. No fue
sino hasta la insurrección cuando ambos dirigentes se pusieron incon-

pregunta: ¿Qué habían aprendido del leninismo esos dirigentes, esos «viejos bolcheviques», si ni uno sólo demostraba capacidad para aplicar por su cuenta la experiencia teórica y práctica del Partido, en el momento histórico más importante y de mayor responsabilidad? Era preciso esquivar a toda costa esta cuestión, sustituyéndola por otra. Con este fin decidióse abrir el fuego contra la teoría de la revolución permanente. Mis adversarios no previeron —cosa muy natural— que, al crear un eje artificial de la lucha, se moverían alrededor del mismo, sin darse cuenta de ello, creando para sí, por el método inverso, una nueva concepción.

En sus rasgos fundamentales, la teoría de la revolución permanente fue formulada por mí antes ya de los acontecimientos decisivos de 1905.

Rusia avanzaba hacia la revolución burguesa. En las filas de la socialdemocracia —entonces, todos nos llamábamos socialdemócratas— nadie dudaba. de que la revolución que se acercaba era precisamente *burguesa*; es decir, una revolución engendrada por la contradicción entre el desarrollo adquirido por las fuerzas productoras de la sociedad capitalista y las condiciones políticas y de casta semifeudales y medievales ya caducas. En la lucha sostenida por aquel entonces contra los populistas y los anarquistas, tuve ocasión de explicar, en no pocos discursos y artículos, de acuerdo con el marxismo, el carácter burgués de la revolución que se avecinaba.

Pero el carácter burgués de la revolución no prejuzgaba qué clases habrían de realizar los fines de la revolución democrática y qué relación guardarían entre sí. En este punto era precisamente donde empezaban los problemas estratégicos fundamentales.

Plejanov, Axelrod, la Zasulich, Martov,[5] y con ellos, todos

---

dicionalmente bajo la dirección del partido.

En cuanto a Stalin, sus posiciones fueron menos marcadas, sobre todo después de las *Tesis*. (Lenin, *Obras Escogidas*, vol. 2, págs. 468-496. Ediciones en Lenguas Extranjeras. Moscú, 1960.)

5. PLEJANOV, Yuri V. (1857-1919). Es considerado como el "padre del marxismo ruso". En 1878 fundó en Petersburgo, junto a otros, la Alianza Obrera del Norte, que puede considerarse como el embrión del futuro Partido Obrero Socialdemócrata Ruso (POSDR). Fue re-

los mencheviques rusos, partían del punto de vista de que, en la revolución burguesa inminente, el papel directivo sólo podía pertenecer a la burguesía liberal, en su condición de pretendiente natural al Poder. Según este esquema, al proletariado no le correspondía más papel que el de ala izquierda del frente democrático: la socialdemocracia debería apoyar a la burguesía liberal contra la reacción, y, al mismo tiempo, defender los intereses del proletariado contra la propia burguesía.

En otros términos, los mencheviques concebían la revolución burguesa principalmente como una reforma de tipo liberal-constitucional.

Lenin planteaba la cuestión en términos completamente distintos. Para él, la emancipación de las fuerzas productivas de la sociedad burguesa de los cepos en que las tenía aprisionadas el régimen servil, significaba ante todo la solución del problema agrario, con la liquidación completa de la clase de los grandes hacendados y la transformación revolucionaria de la propiedad de la tierra. Con esto, estaba íntimamente ligada la destrucción de la monarquía. Lenin planteó con una audacia verdaderamente revolucionaria el pro-

---

dactor de "Iskra" de 1900 a 1903. A partir del II Congreso del POSDR adopta una actitud conciliadora, y pronto queda integrado a la fracción menchevique. Defensista durante la I Guerra Mundial, adopta una actitud irreconciliable frente a la Revolución de Octubre.

AXELROD, Pavel Borisovich (1850-1925). En 1883 fundó, junto a Plejanov y otros, el "Grupo para la Emancipación del Trabajo", primera organización marxista rusa. De 1900 a 1903 perteneció a la redacción de "Iskra". Menchevique desde el II Congreso del POSDR. Internacionalista durante la guerra, asiste en 1915 a la Conferencia de Zimmerwald. Se trasladó a Rusia en 1917 y murió allí.

ZASULICH, Vera Ivanovna (1851-1919). Autora de la primera traducción al ruso del Manifiesto Comunista. Cofundadora del "Grupo para la Emancipación del Trabajo". Menchevique desde el II Congreso del POSDR. Hasta su muerte se mantuvo ligada a las posiciones de Plejanov.

MARTOV, Yuri (1873-1923). Redactor de "Iskra" de 1900 a 103. Líder de los mencheviques desde el II Congreso del POSDR. Líder de los mencheviques de izquierda desde 1917. Abandonó Rusia en 1919, convirtiéndose en uno de los dirigentes de la Internacional Dos y Media. Es uno de los pocos oposicionistas por el que los bolcheviques sintieron respeto. En su agonía, Lenin se interesó por su salud.

blema agrario, que tocaba a los intereses vitales de la inmensa mayoría de la población, y condicionaba al mismo tiempo el problema del mercado capitalista. Como la burguesía liberal, hostil a los obreros, está unida por numerosos lazos a la gran propiedad agraria, la verdadera emancipación democrática de los campesinos sólo podía realizarse, lógicamente, por medio de la unión revolucionaria de los campesinos y los obreros, y, según Lenin, el alzamiento conjunto de ambos contra la vieja sociedad, conduciría, caso de triunfar, a la instauración de la «dictadura democrática de los obreros y campesinos».

En la Internacional Comunista se repite actualmente esta fórmula como una especie de dogma superhistórico, sin intentar siquiera analizar la experiencia histórica viva del último cuarto de siglo, como si todos nosotros no hubiéramos sido testigos y actores de la Revolución de 1905, de la de Febrero de 1917 y, finalmente, de la de Octubre. Y este análisis histórico es tanto más necesario cuanto que la historia no nos ofrece ejemplos de un régimen semejante de «dictadura democrática de los obreros y campesinos».

En 1905, la tesis de Lenin tenía el carácter de una hipótesis estratégica, que necesitaba de ser contrastada por la marcha y los derroteros de la lucha de clases en la realidad.

La fórmula de la «dictadura democrática de los obreros y campesinos». tenía deliberadamente, en gran parte, carácter algebraico.

Lenin no prejuzgaba la cuestión de cuáles serían las relaciones políticas que hubieran de establecerse entre los partícipes de la supuesta dictadura democrática, esto es, el proletariado y los campesinos. No excluía la posibilidad de que éstos estuvieran representados en la revolución por un partido que fuera independiente en dos respectos, a saber: frente a la burguesía y frente al propio proletariado, y que fuese, al mismo tiempo, capaz de llevar adelante la revolución democrática en contra de la burguesía liberal y aliado al partido del proletariado. Más aún: Lenin admitía, como veremos más adelante, la posibilidad de que el partido de los campesinos revolucionarios obtuviera la mayoría en un Gobierno de dictadura democrática.

En cuanto al problema de la importancia decisiva que

había de tener la revolución agraria en los destinos de la revolución burguesa, yo profesé siempre, al menos desde octubre de 1902, esto es, desde mi primer viaje al extranjero, la doctrina de Lenin.

Para mí no era discutible —digan lo que quieran los que durante estos últimos años han difundido versiones absurdas sobre este particular— que la revolución agraria, y, por consiguiente, la democrática en general, sólo podía realizarse contra la burguesía liberal por las fuerzas mancomunadas de los obreros y los campesinos. Pero me pronunciaba contra la fórmula «dictadura democrática del proletariado y de los campesinos», por entender que tenía un defecto, y era dejar en pie la cuestión de saber a qué clase correspondería, en la práctica, la dictadura. Intenté demostrar que los campesinos, a pesar del inmenso peso social y revolucionario de esta clase, no eran capaces ni de crear un partido verdaderamente revolucionario ni, con mayor motivo, de concentrar el poder revolucionario en manos de ese partido. Del mismo modo que en las antiguas revoluciones, empezando por el movimiento alemán de la Reforma, en el siglo XVI, y aún antes, los campesinos, en sus levantamientos, apoyaban a una de las fracciones de la burguesía urbana, decidiendo muchas veces la victoria, en nuestra revolución burguesa retrasada, podrían prestar un sostén análogo al proletariado y ayudarle a llegar al Poder, dando el empuje máximo a su lucha. Nuestra revolución burguesa —decía yo como conclusión— sólo puede cumplir radicalmente su misión siempre y cuando que el proletariado, respaldado por el apoyo de los millones de campesinos, consiga concentrar en sus manos la dictadura revolucionaria.

¿Cuál había de ser el contenido social de dicha dictadura? En primer lugar, implantaría en términos radicales la revolución agraria y la transformación democrática del Estado. En otras palabras, la dictadura del proletariado se convertiría en el instrumento para la realización de los fines de una revolución burguesa históricamente retrasada. Pero las cosas no podían quedar aquí. Al llegar al Poder, el proletariado veríase obligado a hacer cortes cada vez más profundos en el derecho de propiedad privada, abrazando con ello las reivindicaciones de carácter socialista.

—Pero, ¿es que considera usted que Rusia está bastante
madura para una revolución socialista? —me objetaron
docenas de veces, Stalin, Rykov y todos los Molotovs[6] por el
estilo, allá por los años 1905 a 1917.

Y yo les contestaba invariablemente:

—No, pero sí lo está, y bien en sazón, la economía mundial en su conjunto y, sobre todo, la europea. El que la
dictadura del proletariado implantada en Rusia lleve o no
al socialismo —¿con qué ritmo y a través de qué etapas?—,
depende de la marcha ulterior del capitalismo en Europa y
en el mundo.

He ahí los rasgos fundamentales de la teoría de la revolución permanente, tal y como surgió en los primeros meses
del año 1905.

De entonces acá, se han sucedido tres revoluciones. El
proletariado ruso subió al Poder empujado por la potente
oleada del levantamiento campesino. Y la dictadura del proletariado fue un hecho en Rusia antes que en ningún otro
de los países incomparablemente más desarrollados. En 1924,
esto es, siete años después de que la predicción histórica de
la teoría de la revolución permanente se viese confirmada
con una fuerza verdaderamente excepcional, los epígonos
emprendían una furiosa campaña contra esa teoría, sacando

6. RYKOV, Alexei I. (1881-1938). Bolchevique desde 1903, es elegido
miembro del C.C. en el III Congreso del POSDR. En 1910 dirige
dentro del Partido la fracción de los conciliadores. La revolución de
1917 le sacó de la cárcel, la que ya conocía por siete estancias anteriores. Ataca, en la Conferencia de Abril, las tesis de Lenin. En 1920
es el único, junto con Trotsky, que se opone a la ofensiva de Polonia.
Después de la muerte de ·Lenin se vincula a la fracción derechista
de Bujarin. Expulsado del C.C. y del Partido en 1929. Volvió al Partido, ocupando distintos puestos públicos, para por fin ser ejecutado
en el tercer proceso de Moscú, en 1938.
MOLOTOV, Viascheslav Skriabin, llamado. Nace en 1890. Bolchevique
desde 1906. Dirige "Pravda" en febrero y marzo de 1917, oponiéndose
a las posiciones defensistas de Stalin y Kamenev. Miembro del C.C.
desde 1921, accede al Politburó en 1925. Fue presidente de la Internacional en 1930-31, presidente del Consejo desde 1930 a 1940. Ministro
de Relaciones Exteriores de 1940 a 1949. Considerado lugarteniente de
Stalin, hace su "autocrítica" en 1956, luego de diversos incidentes con
Kruschov. En el XXII Congreso (octubre de 1961) se le hace responsable de innumerables crímenes.

a relucir artifiosamente frases sueltas y réplicas polémicas. de mis viejos trabajos, de que yo casi ni me acordaba.

No será inoportuno recordar aquí que la primera revolución rusa estalló más de medio siglo después de la racha de revoluciones burguesas que sacudieron a Europa, y treinta y cinco años después del episódico alzamiento de la *Commune*, de París. Europa había perdido ya la costumbre de las revoluciones. Rusia no la había conocido. Planteábansele con carácter de novedad todos los problemas de la revolución.

No será difícil comprender toda la serie de factores incógnitos e hipotéticos que en aquel entonces encerraba para nosotros la revolución futura. Hace falta tener una absoluta incapacidad para la predicción histórica y una incomprensión completa de sus métodos, para pararse a examinar ahora análisis y apreciaciones de 1905, como si hubieran sido escritos ayer. Estoy harto de decirlo a mis amigos: no me cabe la menor duda de que en mis predicciones de 1905 había grandes lagunas, que ahora no es difícil llenar. ¿Pero es que mis críticos veían entonces mejor o más allá?

Como no había releído hacía mucho tiempo mis viejos trabajos, estaba de antemano dispuesto a conceder a las lagunas de los mismos más importancia de la que en realidad tenían. Me convencí de ello en 1928, durante mi destierro en Alma-Ata, cuando el ocio político forzado me dio la posibilidad de releer, lápiz en mano, mis antiguos trabajos sobre la revolución permanente. Confío en que el lector adquirirá asimismo la convicción absoluta de ello en las páginas siguientes.

Pero antes, es necesario que demos en esta introducción una característica, lo más precisa que nos sea posible, de los elementos que integran la teoría de la revolución permanente y de las principales objeciones suscitadas contra la misma. El debate ha adquirido una extensión y una profundidad tales, que abraza, en síntesis, los problemas más importantes del movimiento revolucionario internacional.

La revolución permanente, en el sentido que Marx daba a esta idea, quiere decir una revolución que no se aviene a ninguna de las formas de predominio de clase, que no se detiene en la etapa democrática y pasa a las reivindicaciones

49

de carácter socialista, abriendo la guerra franca contra la reacción, una revolución en la que cada etapa se basa en la anterior y que no puede terminar mas que con la liquidación completa de la sociedad de clases.[7]

Con el fin de disipar el caos que cerca la teoría de la revolución permanente, es necesario que separemos las tres series de ideas aglutinadas en dicha teoría.

En primer lugar, ésta encierra el problema del tránsito de la revolución democrática a la socialista. No es otro, en el fondo, el origen histórico de la teoría.

La idea de la revolución permanente fue formulada por los grandes comunistas de mediados del siglo XIX, por Marx

7. Las ideas de Marx en torno a la *Revolución Permanente*, están contenidas en los siguientes pasajes:

"Mientras que los pequeños burgueses democráticos quieren poner fin a la revolución lo más rápidamente que se pueda, después de haber obtenido, a lo sumo, las reivindicaciones arriba mencionadas [se refiere a las reivindicaciones democráticas, N. E.], nuestros intereses y nuestras tareas consisten en hacer la revolución permanente hasta que sea descartada la dominación de las clases más o menos poseedoras, hasta que el proletariado conquiste el Poder del Estado, hasta que la asociación de los proletarios se desarrolle y no sólo en un país, sino en todos los países predominantes del mundo, en proporciones tales, que cese la competencia entre los proletarios de estos países, y hasta que por lo menos las fuerzas productivas decisivas estén concentradas en manos del proletariado." (Marx y Engels, "Mensaje del Comité Central a la Liga de los Comunistas", *Obras Escogidas*, Tomo I, pág. 96. Editorial Ayuso, Madrid, 1975).

"Pero la máxima aportación a la victoria final la harán los propios obreros alemanes cobrando conciencia de sus intereses de clase, ocupando cuanto antes una posición independiente de partido e impidiendo que las frases hipócritas de los demócratas pequeñoburgueses les aparten un solo momento de la tarea de organizar con toda independencia el partido del proletariado. Su grito de guerra ha de ser: la revolución permanente." (Marx y Engels", opus cit., T. I, página 103).

"Este socialismo es la *declaración de la revolución permanente*, de la *dictadura de clase* del proletariado como punto necesario de transición para la *supresión de las diferencias de clase en general* [subrayados de Marx], para la supresión de todas las relaciones de producción en que éstas descansan, para la supresión de todas las relaciones sociales que corresponden a esas relaciones de producción, para la subversión de todas las ideas que brotan de estas relaciones sociales." (Marx, *Las luchas de clases en Francia de 1848 a 1850*. Opus cit. Tomo I, pág. 209).

y sus adeptos, por oposición a la ideología democrática, la cual, como es sabido, pretende que con la instauración de un Estado «racional» o democrático, no hay ningún problema que no pueda ser resuelto por la vía pacífica, reformista o progresiva. Marx consideraba la revolución burguesa de 1848 únicamente como un preludio de la revolución proletaria. Y, aunque «se equivocó», su error fue un simple error de aplicación, no metodológico. La revolución de 1848 no se trocó en socialista. Pero precisamente por ello no condujo a la democracia. En cuanto a la revolución alemana de 1918, es evidente que no fue el coronamiento democrático de la revolución burguesa, sino la revolución proletaria decapitada por la socialdemocracia, o, por decirlo con más precisión: una *contrarrevolución* burguesa obligada por las circunstancias a revestir, después de la victoria obtenida sobre el proletariado, formas pseudodemocráticas.[8]

El «marxismo» vulgar se creó un esquema de la evolución histórica según el cual toda sociedad burguesa conquista tarde o temprano un régimen democrático, a la sombra del cual el proletariado, aprovechándose de las condiciones creadas por la democracia, se organiza y educa poco a poco para el socialismo. Sin embargo, el tránsito al socialismo no era concebido por todos de un modo idéntico: los reformistas sinceros (tipo Jaurès) se lo representaban como una especie de fundación reformista de la democracia con simientes socialistas. Los revolucionarios formales (Guesde)[9] reconocían

8. En octubre y noviembre de 1918 se inician diversas sublevaciones de marineros y trabajadores en varias ciudades alemanas, abdicando Guillermo II y proclamándose la República Alemana, presidiendo el nuevo gobierno el socialdemócrata F. Ebert. Las sublevaciones se suceden hasta la insurrección de los Spartakistas (enero de 1919), que fueron aplastados, siendo asesinados, entre otros, R. Luxemburg y K. Liebknecht. El gobierno surgido de la Asamblea Constituyente (febrero de 1919) continúa siendo socialdemócrata, en alianza con el Centro Católico y el Partido Demócrata Alemán. Pese a la derrota obrera, achacable a la socialdemocracia, la correlación de fuerzas permitió la subsistencia de las libertades democráticas, aunque recortadas.

9. GUESDE, Jules (1845-1922). En 1879 funda en Marsella la Federación del Partido de los Trabajadores Socialistas. Participó en la redacción del programa del mismo, junto a Paul Lafargue y K. Marx. Años después, en 1884, lleva a su partido a la fundación de la

que en el tránsito al socialismo sería inevitable aplicar la violencia revolucionaria. Pero tanto unos como otros consideraban a la democracia y al socialismo, en todos los pueblos, como dos etapas de la evolución de la sociedad no sólo independientes, sino lejanas una de otra.

Era la misma idea dominante entre los marxistas rusos, que hacia 1905 formaban casi todos en el ala izquierda de la Segunda Internacional. Plejanov, el brillante fundador del marxismo ruso, tenía por un delirio la idea de implantar en Rusia la dictadura del proletariado. En el mismo punto de vista se colocaban no sólo los mencheviques, sino también la inmensa mayoría de los dirigentes bolcheviques, y muy especialmente todos los que hoy se hallan a la cabeza del Partido, sin excepción; todos ellos eran, por entonces, revolucionarios demócratas decididos para quienes los problemas de la revolución socialista, y no sólo en 1905, sino en vísperas de 1917, sonaban como la música vaga de un porvenir muy remoto.[2]

La teoría de la revolución permanente, resucitada en 1905, declaró la guerra a estas ideas, demostrando que los objetivos democráticos de las naciones burguesas atrasadas conducían, en nuestra época, a la dictadura del proletariado, y que ésta ponía a la orden del día las reivindicaciones socialistas. En esto consistía la idea central de la teoría.

Si la opinión tradicional sostenía que el camino de la dictadura del proletariado pasaba por un prolongado período de democracia, la teoría de la revolución permanente venía a proclamar que, en los países atrasados, el camino de la democracia pasaba por la dictadura del proletariado. Con ello, la democracia dejaba de ser un régimen de valor intrínseco para varias décadas y se convertía en el preludio inmediato de la revolución socialista, unidas ambas por un nexo continuo. Entre la revolución democrática y la transforma-

Federación Nacional de Sindicatos. El 14 de julio de 1889, el ala marxista obrera de Guesde realiza un Congreso en París que da por resultado la organización de la II Internacional. Guesde fue uno de los primeros socialistas en formar parte de un gobierno burgués, aunque luego renunciara a sus cargos en 1914.

ción socialista de la sociedad se establecía, por lo tanto, un ritmo revolucionario permanente.

El segundo aspecto de la teoría caracteriza ya a la revolución socialista como tal. A lo largo de un período de duración indefinida y de una lucha interna constante, van transformándose todas las relaciones sociales. La sociedad sufre un proceso de metamorfosis. Y en este proceso de transformación cada nueva etapa es consecuencia directa de la anterior. Este proceso conserva forzosamente un carácter político, o lo que es lo mismo, se desenvuelve a través del choque de los distintos grupos de la sociedad en transformación. A las explosiones de la guerra civil y de las guerras exteriores suceden los períodos de reformas «pacíficas». Las revoluciones de la economía, de la técnica, de la ciencia, de la familia, de las costumbres, se desenvuelven en una compleja acción recíproca que no permite a la sociedad alcanzar el equilibrio. En esto consiste el carácter permanente de la revolución socialista como tal.

El carácter internacional de la revolución socialista, que constituye el tercer aspecto de la teoría de la revolución permanente, es consecuencia inevitable del estado actual de la economía v de la estructura social de la humanidad. El internacionalismo no es un principio abstracto, sino únicamente un reflejo teórico y político del carácter mundial de la economía, del desarrollo mundial de las fuerzas productivas y del alcance mundial de la lucha de clases. La revolución socialista empieza dentro de las fronteras nacionales; pero no puede contenerse en ellas. La contención de la revolución proletaria dentro de un territorio nacional no puede ser más que un régimen transitorio, aunque sea prolongado, como lo demuestra la experiencia de la Unión Soviética. Sin embargo, con la existencia de una dictadura proletaria aislada, las contradicciones interiores y exteriores crecen paralelamente a los éxitos. De continuar aislado, el Estado proletario caería, más tarde o más temprano, víctima de dichas contradicciones. Su salvación está únicamente en hacer que triunfe el proletariado en los países más progresivos. Considerada desde este punto de vista, la revolución socialista implantada en un país no es un fin en sí, sino únicamente un eslabón de la cadena internacional. La revolución internacional representa de suyo, pese a todos los reflujos temporales, un proceso permanente.

Los ataques de los epígonos van dirigidos, aunque no con igual claridad, contra los tres aspectos de la teoría de la revolución permanente. Y no podía ser de otro modo, puesto que se trata de partes inseparables de un todo. Los epígonos separan mecánicamente la dictadura *democrática* de la *socialista*, la revolución socialista *nacional* de la *internacional*. La conquista del Poder dentro de las fronteras nacionales es para ellos, en el fondo, no el acto inicial, sino la etapa final de la revolución: después, se abre un período de reformas que conducen a la sociedad socialista nacional.

En 1905 no admitían ni la idea de que fuese posible que el proletariado conquistase el Poder en Rusia antes que en la Europa occidental. En 1917 predicaban una Revolución de contenido democrático y rechazaban la dictadura del proletariado. En los años de 1925 a 1927 adoptan ante la revolución nacional china la orientación de un movimiento dirigido por la burguesía del país.[10] Luego, propugnan para

10. A partir del V Congreso de la Internacional Comunista (junio-julio de 1924), e incluso desde un poco antes, la dirección del Partido Comunista de la URSS da un viraje importante en relación con la teoría y la práctica que se desprendían de los cuatro congresos anteriores. En relación con China, Stalin y la dirección de la I.C. adoptan una nueva política, la cual desprenden de su nueva concepción de las tácticas de Frente Unico. Conforme a sus nuevas concepciones, hacen que los comunistas chinos ingresen en el Kuomintang, organización burguesa nacionalista. Esta política fue mantenida pese a la protesta de innumerables dirigentes comunistas chinos y pese a las repetidas provocaciones que, provenientes del Kuomintang, presagiaban una catástrofe.

Con posterioridad, y a partir de marzo de 1926, Chang-Kai-chek inicia una sistemática represión de los cuadros del joven Partido Comunista Chino, pese a lo cual, Stalin y la Internacional continúan sosteniendo la necesidad de la alianza con el Kuomintang. De acuerdo con tal política, los dirigentes comunistas aconsejaron a los obreros y campesinos de Shangai, luego de su insurrección victoriosa, la entrega de sus armas a Chang-Kai-chek. El 12 de abril las tropas de Chang-Kai-chek entraron en Shangai y desataron una furiosa represión en la que perdieron la vida miles de insurrectos y centenares de cuadros comunistas. La persecución y caza de comunistas continuó a partir de entonces, reprimiéndose todas las insurrecciones campesinas, la mayoría de las cuales tenían un carácter espontáneo.

dicho país la consigna de la dictadura democrática de los obreros y campesinos, oponiéndola a la dictadura del proletariado, y proclaman la posibilidad de proceder a edificar una sociedad socialista completa y aislada en la Unión Soviética. Para ellos, la revolución mundial, condición necesaria de la victoria, no es más que una circunstancia favorable.[11] Los epígonos han llegado a esta ruptura radical con el marxismo al cabo de una lucha permanente contra la teoría de la revolución permanente.

La lucha iniciada haciendo revivir artificialmente recuerdos históricos y falsificando el pasado lejano ha conducido a la transformación completa de las concepciones del sector dirigente. Hemos explicado ya más de una vez que esta revisión de valores se ha efectuado bajo la influencia de las necesidades sociales de la burocracia soviética,[12] la cual se

Pero Stalin permaneció indiferente a ello, defendiendo por última vez la necesidad de la alianza el 28 de julio de 1927, cuando justificó la política de la I.C. en China en un artículo en "Pravda".

Pocos meses más tarde, y sin tomar en consideración el estado real del campesinado y de los obreros chinos, exhaustos y desmoralizados por las sucesivas derrotas, Stalin y la I.C. "decretaron" la insurrección de Cantón, la cual, como se sabe, terminó en un baño de sangre (11 de diciembre de 1927).

Para más detalles sobre la política seguida por Stalin y la Internacional en relación a China, puede consultarse a Isaac Deutscher, *El Profeta Desarmado*, capítulo V, México, Editorial Era, 1971. También puede verse la obra de Pierre Broué, *El Partido Bolchevique*, capítulo X, Editorial Ayuso, Madrid, 1973. Consúltese también la obra de Heleno Saña, *La Internacional Comunista* (1919-1945), Tomo I, capítulo VI, y Tomo II, capítulo X, Editorial Zero, Madrid, 1972. Por último, N. Bujarin y L. Trotsky, *La Revolución China*, Editorial Crisis, Buenos Aires, 1973.

11. En sus *Cuestiones del Leninismo*, Stalin afirma que la URSS puede edificar el socialismo con sus propias fuerzas, y dejaba en manos del proletariado internacional la sola tarea de garantizar la imposibilidad de una intervención armada del imperialismo en la URSS.

12. Dentro de la abundante producción de Trotsky, el análisis del régimen imperante en la URSS ocupa un lugar central. La importancia de su pensamiento en torno a ello, nos obliga a reproducir algunos párrafos que consideramos esenciales, pero que no agotan todos los matices de su análisis:

"La autoridad burocrática tiene como base la pobreza en artículos de consumo y la lucha contra el mundo que resulta de esa pobreza.

ha ido volviendo cada vez más conservadora, cada vez más preocupada de mantener el orden nacional y propensa a exigir que la revolución ya realizada, y que le asegura a ella una situación privilegiada, sea considerada suficiente para proceder a la edificación pacífica del socialismo. No hemos de insistir aquí sobre este tema. Señalemos únicamente que la burocracia tiene una profunda conciencia de la relación que guardan sus·posiciones materiales e ideológicas con la teoría del socialismo nacional. Esto se manifiesta con un relieve especial, ahora precisamente, cuando el aparato stalinista, aguijoneado por las contradicciones que no previó, se orienta con todas sus fuerzas hacia la izquierda, asestando duros golpes a sus inspiradores derechistas de ayer. La hostilidad de los burócratas .contra la oposición marxista, de la que tuvo que tomar prestadas precipitadamente sus consignas

---

Cuando el almacén tiene mercadería bastante, el traficante puede venir en cualquier momento. Cuando hay pocas mercaderías, los compradores tienen que hacer cola. Cuando la cola se hace muy larga se impone la presencia de un agente de policía para mantener el orden. Tal es el punto de partida de la burocracia soviética." (*La Revolución Traicionada*, pág. 111. Editorial Proceso, Buenos Aires, 1964).

"Por su función de reguladora y de intermediaria, por el cuidado que tiene de mantener la jerarquía social, por la explotación de la máquina del Estado para sus fines·propios, la burocracia soviética se parece a cualquiera otra, y sobre todo, a la del fascismo; pero, se distingue también de ellas por rasgos de extrema importancia. Bajo ningún otro régimen, la burocracia alcanzó tal·independencia. En la sociedad burguesa, la burocracia representa los intereses de la clase poseedora e instruida que dispone de un gran número de medios de control sobre sus administraciones. La burocracia soviética se ha elevado por encima de una clase que apenas salía de la miseria y de las tinieblas y no tenía tradiciones de mando ni de dominación. Mientras que los fascistas al llegar al festín se unen a la burguesía por intereses comunes, por la amistad, por el matrimonio, etc., la burocracia de la URSS asimila .las costumbres burguesas sin tener a su lado una burguesía nacional. En este sentido no se puede negar que es algo más que una simple burocracia. Es la única capa social privilegiada y dominante, en el amplio sentido de la palabra, en la sociedad soviética.

Otra particularidad, no menos importante, es la de que la burocracia soviética ha expropiado políticamente al proletariado para defender por *sus propios* métodos las conquistas sociales del proletariado. Pero el hecho mismo de que se haya apropiado del poder

y argumentaciones, no ha cedido en lo más mínimo, como se sabe. De aquellos miembros de la oposición que plantean la cuestión de su reingreso en el Partido con el fin de apoyar la política de industrialización, etc., lo primero que exigen es que abjuren de la teoría de la revolución permanente y que reconozcan, aunque sólo sea por modo indirecto, la teoría del socialismo en un solo país. Con esto, la burocracia stalinista pone de manifiesto el carácter puramente *táctico* de su viraje hacia la izquierda, y cómo ello no significa una renuncia a los fundamentos *estratégicos* nacional-reformistas. No hay para qué pararse a explicar la trascendencia de esto: es sabido que en la política, como en la guerra, la táctica se halla siempre subordinada en última instancia a la estrategia.[13]

El problema ha roto ya, desde hace tiempo, los moldes

---

en un país en que los medios de producción más importantes pertenecen al Estado, crea entre ella y las riquezas de la nación relaciones enteramente nuevas. Los medios de producción pertenecen al Estado. El Estado *pertenece* en cierto modo a la burocracia. Si estas relaciones todavía recientes se estabilizaran, se legalizaran, se hicieran normales sin resistencia o contra la resistencia de los trabajadores, terminarían por la liquidación de las conquistas de la revolución proletaria. Pero esta hipótesis es todavía prematura. El proletariado no ha dicho su última palabra. La burocracia no ha creado una base social de su dominación, bajo la forma de condiciones particulares de propiedad. Está obligada a defender la propiedad del Estado, fuente de su poder y de sus rentas. Por este aspecto de su actividad, continúa siendo el instrumento de la dictadura del proletariado." (Opus. cit., págs. 217-218).

Para una ampliación y profundización de las posiciones de Trotsky en torno a la burocracia, puede consultarse *La Naturaleza de los Países del Este* (Fontamara, 1976).

13. El viraje izquierdista que significó la colectivización forzosa y la industrialización "a todo galope" en el plano interno, y las prácticas aventureras y sectarias del "tercer período" de la I.C. en el plano exterior, no significó, en efecto, una ruptura con las concepciones de *socialismo en un solo país*, ni tampoco trajeron como consecuencia la reintroducción de las prácticas democráticas en el interior del Partido Comunista de la URSS. Por el contrario, en el interior del país se consolidó la dominación de la burocracia, y en el exterior, poco después, se relanzaba la política de los *frentes populares*, reedición ampliada de la política seguida años antes en China y otros países.

de la campaña contra el «trotskismo». Tomando paulatinamente una mayor envergadura, ha acabado por englobar literalmente todos los problemas de la doctrina revolucionaria. Revolución permanente o socialismo nacional: este dilema se plantea no sólo ante los problemas de régimen interior de la Unión Soviética, sino ante las perspectivas de la revolución en Occidente y ante los destinos de la Internacional Comunista en el mundo entero.

El presente libro no se propone examinar el problema en *todos* sus aspectos: no hay para qué repetir lo que ya tenemos dicho en otros trabajos. En la *Crítica del Programa de la Internacional Comunista* he intentado poner de manifiesto teóricamente la inconsistencia económica y política del nacionalsocialismo. Los teóricos de la Internacional Comunista no se han dignado hacer el menor caso de mi crítica. Al fin y al cabo, lo mejor que podían hacer era eso, callar.

Aquí me propongo, ante todo, reconstituir la teoría de la revolución permanente tal como fue formulada en 1905, con referencia a los problemas internos de la Revolución rusa; señalo en qué se diferenciaba realmente mi posición de la de Lenin y cómo y por qué en todas las situaciones decisivas mi punto de vista coincidió siempre con el de éste. Finalmente, intento poner de relieve la importancia decisiva del problema que nos interesa para el proletariado de los países atrasados y, por tanto, para la Internacional Comunista del mundo entero.

* * *

Veamos las acusaciones que han lanzado los epígonos contra la teoría de la revolución permanente. Si dejamos de lado las infinitas contradicciones de mis críticos, podemos reducir a las siguientes tesis toda la masa verdaderamente imponderable de lo que llevan escrito sobre este tema:

1.ª Trotsky ignoraba la diferencia existente entre la Revolución burguesa y la socialista; en 1905 entendía que el proletariado de Rusia estaba ante el problema de una revolución socialista inmediata.

2.ª Trotsky no ha prestado la menor atención al problema agrario. Para él no existía la clase campesina. Se imaginaba la revolución como una lucha sostenida exclusivamente por el proletariado contra el zarismo.

3.ª Trotsky no creía que la burguesía internacional se resignara a consentir por mucho tiempo la existencia en Rusia de la dictadura del proletariado, y consideraba inevitable su caída, si el proletariado europeo no se adueñaba del Poder en un plazo breve acudiendo en nuestro auxilio. Con ello, Trotsky no apreciaba en su justo valor la presión del proletariado occidental sobre la burguesía.

4.ª Trotsky no cree, en general, en la fuerza del proletariado ruso, en su capacidad para edificar autónomamente el socialismo y, por esto, cifraba y cifra todas sus esperanzas en la revolución mundial.

Estos motivos no sólo campean en los infinitos escritos y discursos de Zinoviev, Stalin, Bujarin y otros, sino que aparecen expresados en numerosas resoluciones oficiales del Partido Comunista de la U.R.S.S. y de la Internacional Comunista. Y, sin embargo, no tenemos más remedio que decir que se basan en una mezcla crasa de ignorancia y de absoluta falta de escrúpulos.

Las dos primeras afirmaciones son, como se demostrará más adelante, fundamentalmente falsas. Yo partía precisamente del carácter democrático-burgués de la revolución, para llegar a la conclusión de que la profundidad de la crisis agraria podía llevar al Poder al proletariado en la atrasada Rusia. No fue otra la idea que sostuve en vísperas de la Revolución de 1905, ni la que expresaba al dar a la revolución el calificativo de «permanente», esto es, de tránsito revolucionario directo de la etapa burguesa a la socialista. Expresando esta misma idea, Lenin había de hablar más tarde de conversión de la revolución burguesa en socialista. En 1924, Stalin oponía esta idea de conversión a la de revolución permanente, que consideraba como el salto del reinado de la autocracia al reinado del socialismo. El desventurado «teórico» no se tomó el trabajo de reflexionar qué significa, en este caso, el *carácter permanente* de la revolución, o lo que es lo mismo, el *ritmo ininterrumpido* de su desarrollo, si es que no se trata, como él lo entiende, más que de un simple salto.

Por lo que se refiere a la tercera acusación, está dictada por la confianza efímera de los epígonos en la posibilidad de *neutralizar* a la burguesía imperialista por un plazo indefinido mediante la presión «razonablemente» organizada del proletariado. Fue la idea central de Stalin, durante los años de 1924 a 1927. Y esta idea dio por fruto el Comité anglo-ruso. El desengaño sufrido por los que creían en la posibilidad de atar de pies y manos a la burguesía internacional con la ayuda de los Purcell, los Radich, los La Follette y los Chang-Kai-chek, desencadenó un paroxismo de pánico ante el peligro inminente de una guerra. La Internacional Comunista no ha logrado salir todavía de este pánico.[14]

La cuarta acusación enderezada contra la teoría de la revolución permanente, se reduce simplemente a afirmar que en 1905 yo no sostenía el punto de vista de la teoría del socialismo en un solo país, que Stalin había de acuñar en 1924 para la burocracia soviética. Esta acusación es

14. En abril de 1925, luego del fracasado intento de fusionar la Internacional Sindical Roja y la Internacional de Sindicatos Libres, de tendencia reformista, el P. Comunista ruso aceptó formar un Comité Sindical Anglorruso, formado por los sindicatos soviéticos y representantes del Consejo General de las Trade-Unions británicas. Un año después, el 1 de mayo de 1926, cuando una serie de huelgas mineras desembocaron en Huelga General, la dirección de las Trade-Union llamaron a la vuelta al trabajo al cabo de 9 días, rechazando además la ayuda de los sindicatos soviéticos por miedo a la "opinión pública". Pese a la protesta del débil Partido Comunista Británico, Stalin se negó a disolver el Comité Anglorruso, alegando que era necesario para la defensa de la Unión Soviética (Annie Kriegel, *Las Internacionales Obreras*, pág. 104, Ediciones Martínez Roca, Barcelona, 1968).

PURCELL, A. A. (1872-1935). Fue presidente del Congreso de Sindicatos británicos de 1924, y posteriormente, en junio del mismo año, aparece como uno de los principales promotores de la fusión de las Internacionales Sindicales arriba mencionadas. En 1926 es uno de los más prominentes miembros del Comité Anglorruso; posteriormente adopta una postura abiertamente antisoviética.

RADICH, Stjepan (1871-1928). Fundador del Partido Campesino-croata (Yugoslavia). En el verano de 1925 visitó Moscú para negociar con los dirigentes soviéticos la entrada de su partido en la proyectada Inter-

una pura extravagancia histórica. En efecto, habría lugar a suponer que mis adversarios, si es que en 1905 tenían una opinión política, consideraban a Rusia preparada para la revolución socialista aislada. La verdad es que durante los años de 1905 a 1917 me acusaron incansablemente de utopista por el simple hecho de admitir la posibilidad de que el proletariado de Rusia adviniera al Poder antes que el de la Europa occidental. Kamenev y Rykov acusaban de utopista a Lenin en abril de 1917 y se esforzaban en hacer comprender a éste que la revolución socialista tenía que llevarse a cabo primeramente en Inglaterra y otros países avanzados, y que sólo después de esto podía llegarle el turno a Rusia. Stalin sostuvo este mismo punto de vista hasta el 4 de abril de 1917 y sólo con gran trabajo y poco a poco se asimiló la fórmula leninista de la dictadura del proletariado en oposición a la democrática. En la primavera de 1924, Stalin seguía repitiendo, como tantos otros, que Rusia, como nación aislada, no estaba todavía bastante madura para la edificación socialista. En el otoño del mismo año, combatiendo contra la teoría de la revolución permanente, Stalin hizo por primera vez el descubrimiento de la posibilidad de proceder a la edificación de un socialismo aislado en Rusia. Después de esto, los profesores rojos se echaron a buscar afanosamente citas para que Stalin pudiera demostrar, en 1905, que Trotsky —¡horror!— entendía que Rusia sólo podía llegar al socialismo con la ayuda del proletariado europeo.

Si se cogiese la historia de la lucha ideológica de este último cuarto de siglo, se la cortase en cachitos, luego se mezclasen estos cachitos y se diesen a un ciego para que los pegase, es dudoso que el galimatías teórico e histórico

---

nacional Campesina. Tras las conversaciones no se llegó a ningún acuerdo. En 1926 da un giro en su política, llegando a un acuerdo con los miembros del Partido Radical (conservadores y centralistas), aceptando la Constitución antiautonomista. Como consecuencia de su nueva política, entra a formar parte, como Ministro de Educación, del gabinete de coalición con los radicales.

LA FOLLETTE, Robert (1885-1925). Candidato "progresista" a la presidencia de los Estados Unidos en 1924. La I.C. lo apoyó inicialmente, aunque luego le retiró su apoyo.

resultante de todo ello fuese más monstruoso que el que los epígonos están sirviendo a sus lectores y oyentes.

* * *

Para que el nexo que une a los problemas de ayer con los de hoy cobre todavía mayor relieve es necesario recordar aquí, aunque sea en una forma esquemática, lo que hicieron en China los caudillos de la Internacional Comunista; esto es, Stalin y Bujarin.

So pretexto de que China se hallaba abocada a un movimiento revolucionario de emancipación nacional, hubo de reconocerse, a partir del año 1924, el papel directivo que en en este movimiento correspondía a la burguesía del país. Fue reconocido oficialmente como partido dirigente el partido de la burguesía nacional, el Kuomintang. En 1905, los mencheviques no llegaron tan lejos en sus concesiones a los cadetes (partido de la burguesía liberal).

Pero la dirección de la Internacional Comunista no se detuvo aquí, sino que obligó al Partido Comunista chino a ingresar en el Kuomintang y a someterse a su disciplina; Stalin dirigió telegramas a los comunistas chinos recomendándoles que contuvieran el movimiento agrario; a los obreros y campesinos sublevados se les prohibió que fundaran sus Soviets, con el fin de no disgustar a Chang-Kai-chek, defendido por Stalin contra la oposición como «aliado seguro» a principios de abril de 1927, esto es, unos días antes del golpe de Estado de Shanghai, en una asamblea del Partido celebrada en Moscú.

La subordinación oficial del Partido Comunista a la dirección burguesa, y la prohibición oficial de los Soviets (Stalin y Bujarin sostenían la tesis de que el Kuomintang «reemplazaba» allí a los Soviets) implican una traición mucho más honda y escandalosa contra el marxismo que toda la actuación de los mencheviques en los años de 1905 a 1917.

Después del golpe de Estado de Chang-Kai-chek —abril de 1927— se separó temporalmente del Kuomintang el ala izquierda, dirigida por Van-Tin-vei. Este último fue inmediatamente declarado por «Pravda» «aliado seguro». En el fondo, la actitud de Van-Tin-vei con respecto a Chang-Kai-chek era la misma que la de Kerensky con respecto a Miliukov, con la diferencia de que en China los Miliukov y Kornilov [15] estaban representados en la persona de Chang-Kai-chek. [16]

A partir del mes de abril de 1927 se ordena al Partido Comunista chino que ingrese en el Kuomintang de «izquierda» y se subordine a la disciplina del Kerensky chino, en vez de preparar la guerra abierta contra el mismo. El «fiel» Van-Tin-vei descargó contra el Partido Comunista y el movimiento obrero y campesino en general una represión no menos criminal que la de Chang-Kai-chek, al cual Stalin había proclamado como su seguro aliado.

15. KERENSKY, A. (1883-1972). Abogado radical. Integrado al ala derecha del partido socialista-revolucionario después de febrero de 1917. Ministro de Justicia en el primer gobierno provisional. Posteriormente, primer ministro hasta la Revolución de Octubre.

MILIUKOV, Pavel (1859-1943). Líder del Partido de los Demócratas Constitucionales (cadetes) desde 1905, año de la fundación del partido. Agrupan a la burguesía liberal-monárquica. Miliukov fue ministro de Asuntos Exteriores de Kerensky.

KORNILOV, N. En agosto de 1917 el general zarista Kornilov se sublevó en un intento de golpe de Estado. Fracasada su insurrección, el gobierno de Kerensky se vio obligado a presentarlo en los tribunales. La sublevación de Kornilov volvió a revivir la polémica sobre la actitud de los bolcheviques ante el gobierno burgués de Kerensky. Lenin se manifestó una vez más por la consigna "contra Kornilov, contra Kerensky". Stalin, una vez más, había titubeado y lanzado un llamamiento para apoyar al gobierno provisional en su lucha contra Kornilov.

16. CHANG-KAI-CHEK (n. 1887). Dirigente del Kuomintang desde 1924. En 1927 formó en Nanking un gobierno nacionalista y se esforzó en eliminar las áreas de rebelión dominadas por Mao-Tsé-tung. En 1934 venció al Ejército Rojo de Mao que emprendió la "Larga Marcha" (1934-1936). En 1937 firmó una alianza con el Partido Comunista para hacer frente a la invasión japonesa. Finalizada la guerra, en 1945, reanudó la lucha contra los comunistas. Constituyó una dictadura militar apoyada por los Estados Unidos. La gran ofensiva comunista terminó con la conquista de Nanking y la proclamación de la República Popular de China el 1.º de octubre de 1949. El gobierno del Kuomintang se refugió en Formosa, donde sobrevivió gracias al apoyo de Estados Unidos, con Chang-Kai-chek como Jefe de Estado hasta su muerte en 1975.

En 1905 y posteriormente los mencheviques apoyaban a Miliukov, pero se abstuvieron de ingresar en el partido liberal. Los mencheviques, aunque en 1917 actuaron en estrecho contacto con Kerensky, conservaron, sin embargo, su organización propia. La política de Stalin y Bujarin en China quedó incluso por debajo del menchevismo. Tal fue la primera y principal etapa de su actuación.

Después no hicieron más que recogerse los frutos inevitables: completa depresión del movimiento obrero y campesino, desmoralización y disgregación del Partido Comunista; la dirección de la Internacional dio la orden de «virar en redondo» hacia la izquierda y exigió que se pasase *in continenti* al levantamiento armado de los obreros y campesinos. De la noche a la mañana, el Partido Comunista chino, un partido nuevo, oprimido y mutilado, que todavía la víspera no era más que una quinta rueda del carro de Chang-Kai-chek y Van-Tin-vei y que carecía, por lo tanto, de una experiencia política propia, veíase colocado ante el trance de lanzar a los mismos obreros y campesinos, que la Internacional Comunista había mantenido hasta hacía veinticuatro horas bajo las banderas del Kuomintang, al alzamiento inmediato contra ese mismo Kuomintang que había conseguido concentrar en sus manos todos los resortes del Poder y del Ejército. En Cantón hubo que improvisar en un día un Soviet ficticio. El alzamiento, que se hizo coincidir con la apertura del XV Congreso del Partido Comunista de la Unión de Repúblicas Socialistas Soviéticas,[17] revelaba a un tiempo el heroísmo de la vanguardia obrera china y la ligereza criminal con que obran los caudillos de la Internacional Comunista. El alzamiento de Cantón fue precedido y seguido de otras aventuras menos importantes.

Esa fue la segunda etapa de la estrategia de la Inter-

17. El XV Congreso del Partido Comunista de la URSS se celebró del 2 al 19 de diciembre de 1927. Stalin hizo lo posible por hacer coincidir la insurrección de Cantón con la apertura del Congreso, con la evidente finalidad de presentar un triunfo que justificara la política seguida hasta entonces en China.
(Cf. por ej. Heleno Saña, *La Internacional Comunista*, Tomo I, pág. 174, Editorial Zero, Madrid, 1972.)

nacional Comunista en China, que bien podemos calificar de grosera caricatura del bolchevismo.

Ambas etapas, la liberal-oportunista y la aventurera, han asestado al Partido Comunista chino un golpe del cual sólo podrá rehacerse con una política acertada en el transcurso de muchos años.

El VI Congreso de la Internacional Comunista[18] levantó el balance de la actuación en China y la aprobó sin reservas. ¿Y cómo no, si el Congreso no se había convocado con otro objeto? Para el porvenir lanzó la consigna de «dictadura democrática de los obreros y campesinos». A los comunistas chinos no se les explicó en qué se diferenciaba esta dictadura de la del Kuomintang de derecha o de izquierda, por una parte, y de la dictadura del proletariado, por otra. Y es que era difícil explicárselo.

Al mismo tiempo que proclamaba la consigna de la dictadura democrática, el VI Congreso declaraba inadmisibles las consignas de la democracia (Cortes Constituyentes, sufragio universal, libertad de palabra y de prensa, etc., etc.), y con ello desarmaba completamente al Partido Comunista chino frente a la dictadura de la oligarquía militar. Los bolcheviques rusos se pasaron años y años movilizando a los obreros y campesinos en torno a las consignas democráticas. Durante el año de 1917, estas consignas desempeñaron un inmenso papel. Únicamente cuando a los ojos de todo el pueblo se produjo el choque político irreconciliable entre el Poder soviético, que tenía ya una existencia real, y la Asamblea Constituyente, nuestro Partido creyó llegado el momento de liquidar las instituciones y consignas de la democracia formal, esto es, burguesa, para sustituirlas por la democracia real, soviética, o sea, proletaria.

El VI Congreso de la Internacional Comunista, celebrado bajo los auspicios de Stalin-Bujarin, echó a rodar todo esto. Al mismo tiempo que imponía al Partido la con-

18. El VI Congreso de la Internacional Comunista se celebró del 17 de julio al 1 de septiembre de 1928. En él se elaboró la doctrina del *socialfascismo*, la cual caracterizaba a la socialdemocracia como *ala izquierda del fascismo*, con lo que los partidos socialdemócratas se convirtieron en *el enemigo principal* en la lucha contra el fascismo.

signa de la dictadura «democrática», no «proletaria», le prohibía servirse de consignas democráticas para la preparación de la misma. El Partido Comunista no sólo quedó desarmado, sino completamente desnudo. Como consuelo, se le autorizó para emplear en el período de dominio completo de la contrarrevolución la consigna de los Soviets, prohibida en el período en que la Revolución se hallaba en su apogeo. Un héroe muy popular de la leyenda rusa entona canciones nupciales en los entierros y cantos fúnebres en las bodas, y recibe pescozones tanto en aquéllos como en éstas. Si en la política actual de la Internacional Comunista sólo se tratara de unos cuantos pescozones, podría uno resignarse con ello. Pero la cosa es harto más importante; se trata nada menos que del porvenir del proletariado.

La táctica de la Internacional Comunista ha sido un sabotaje inconsciente, pero no por inconsciente menos seguro y bien organizado, de la Revolución china. Este sabotaje era de efecto infalible, pues la Internacional Comunista cubría su política derechista menchevique de 1924-1927 con todo el prestigio del bolchevismo, y la potente máquina de las represiones preservaba a dicha política de la crítica de la oposición.

El resultado de todo esto ha sido un experimento definitivo de estrategia stalinista, que desde el principio hasta el fin se ha desarrollado bajo el signo de la lucha contra la revolución permanente.

Nada más lógico, pues, que el principal teórico stalinista, sostenedor de la subordinación del Partido Comunista chino al partido nacionalburgués del Kuomintang, haya sido Martinov, que fue también el principal crítico menchevista de la teoría de la revolución permanente desde 1905 hasta 1923, cuando empezó a despuntar su misión histórica en las filas del bolchevismo.[19]

19. Martinov, Alexei S. (1865-1935). Afiliado al grupo "Narodnaya Volia" desde 1884. Socialdemócrata a partir de 1899. Líder de los "economicistas". Se afilia a los bolcheviques en 1925, pasando a ocupar puestos dentro del aparato de la I.C. hasta su muerte. Mantuvo posiciones irreconciliables frente a los miembros de la oposición.

En el primer capítulo se ha dicho lo más necesario sobre la manera cómo surgió este trabajo. En Alma-Ata preparaba sin apresurarme un libro de teoría y de polémica contra los epígonos, en el cual había de ocupar preeminente lugar la teoría de la revolución permanente. Mientras estaba trabajando en él, recibí un manuscrito de Radek[20] consagrado a contraponer la revolución permanente con la línea 'estratégica de Lenin. Radek no tuvo más remedio que lanzar este ataque, aparentemente inesperado, contra mí, por la sencilla razón de que él mismo se había entregado de lleno a la política china de Stalin, que a la par con Zinoviev había defendido la mediatización del Partido Comunista por el Kuomintang, no sólo antes, sino aun después del golpe de Estado de Chang-Kai-chek. Para razonar la sumisión del proletariado a la burguesía, Radek argüía, ni que decir tiene, sobre la necesidad de una alianza del proletariado con los campesinos y la acusación de que yo «desdeñaba» la trascendencia de esa unión. Como Stalin, defendía una política menchevista valiéndose de una fraseología bolchevista, y con la fórmula de la dictadura democrática de los obreros y campesinos, cubría el hecho de que se apartara al proletariado de la lucha independiente por el Poder, al frente de las masas campesinas. Cuando les arranqué esta máscara ideológica, Radek sintió la necesidad aguda de demostrar, disfrazándose con citas de Lenin, que mi lucha contra el oportunismo se desprendía, en realidad, de la contradicción entre la teoría de la revolución permanente y él leninismo. Radek convertía la defensa de leguleyo de los propios pecados en acusación fiscal contra la revolución permanente. Para él, esto no era más que un puente tendido hacia la capitulación. Sin embargo, a pesar de esto, no me apresuré a considerar a Radek como defini-

20. El manuscrito de Radek ha permanecido inédito hasta hoy. Puede consultarse en *The Trotsky Archives* (Biblioteca Houghton, Universidad de Harvard), donde se conserva una copia. El manuscrito de Radek lleva por título *Razvitie i Znachenie Lozunga Proletarskoi Diktatury.*

tivamente perdido. Intenté contestar a su artículo de un modo franco y categórico, pero sin cortarle la retirada. Reproduzco mi contestación tal como fue escrita, limitándome a unas pocas explicaciones complementarias y a algunas correcciones de estilo.

El artículo de Radek no apareció en la Prensa, y creo que no aparecerá, pues, en la forma en que fue escrito en 1928, no podría pasar por las estrechas mallas de la censura stalinista. Por lo demás, ese artículo, caso de publicarse, no haría tampoco mucho favor al que lo escribió, pues pone bien al desnudo la evolución espiritual de su autor; una «evolución» muy parecida a la del que cae a la calle desde un sexto piso.

El origen de este libro explica suficientemente por qué Radek ocupa en él un lugar más considerable de aquel a que sería acaso acreedor. Radek no ha inventado ni un solo argumento contra la teoría de la revolución permanente. Se ha manifestado como un epígono de los epígonos. Por esto recomiendo al lector que vea en Radek no al mismo Radek, sino al representante de una empresa colectiva en la cual ha conseguido ingresar con plenitud de derechos, aunque haya sido a costa de renunciar al marxismo. Si Radek encuentra que le ha .correspondido una porción de puntapiés excesiva para sus culpas personales, puede, si le parece, transmitírselos a sus destinatarios más responsables. Es una cuestión de régimen interno de la empresa, en que yo no tengo por qué meterme.

* * *

Distintos grupos del Partido Comunista alemán han llegado al Poder o han luchado por él, demostrando su aptitud para la dirección mediante ejercicios críticos sobre la revolución permanente. Pero toda esta literatura —que tiene por autores a Maslow, a Thalheimer [21] y a otros— se ha

21. MASLOW, Forkadi (1891-1941). Dirigente, en 1923, del ala izquierdista del Partido Comunista Alemán, junto a Ruth Fischer y Ernst Thaelmann. Después de la insurrección de octubre de 1923, forma

mantenido en un nivel tan lamentable, que no da ni tan siquiera pie para la réplica crítica. Los Thaelmann, los Remmele,[22] y demás caudillos actuales por nombramiento, han descendido aún más. Lo único que estos críticos han podido demostrar es que no han pasado del umbral del problema. Por eso les dejo... en el umbral. El que sea capaz de interesarse por la crítica teórica de Maslow, de Thalheimer y demás, puede, después de leer este libro, acudir a los escritos de los autores mencionados, a fin de persuadirse de su ignorancia y falta de escrúpulos.

Este resultado será, por decirlo así, un producto accesorio del trabajo que ofrecemos al lector.

L. TROTSKY

Prinkipo, 30 de noviembre de 1929.

---

parte de la nueva dirección del Partido, imprimiéndole al mismo un giro izquierdista (1923-1925), que se manifestó por una dura campaña contra la socialdemocracia y sus sindicatos. La negativa repercusión electoral de tal política le valió su apartamiento de la dirección del Partido, decidida por la I.C.

THALHEIMER, August (1883-1948). Fue uno de los miembros fundadores de la Liga Spartakus. En 1923 formaba parte del ala derecha del P.C. alemán. Se pronuncia contra las posiciones mantenidas por Trotsky en *Lecciones de Octubre*, en noviembre de 1924. Durante la ocupación de la región del Ruhr por los franceses, Thalheimer teoriza el "papel objetivamente revolucionario" de la burguesía alemana.

22. REMMELE, H. Miembro del C.C. del Partido Comunista Alemán (KPD). Se ausenta, junto con Thaelmann, de la Conferencia de Chemnitz, donde el KPD anula la orden de insurrección dada por la I.C. Desconocedor de esta decisión de última hora, Remmele dio la orden de iniciar el levantamiento en la ciudad de Hamburg. Desapareció en Moscú durante las "purgas".

THAELMANN, E. (1883-1948). Dirigente del ala izquierda del P.C. alemán en 1923, ocupa en esa fecha un puesto en el C.C. Partidario de la insurrección en agosto de 1923, desplaza de la dirección del Partido a Maslow en 1925, fecha del giro a la derecha, siendo desplazado a su vez, por un breve período, por Brandler, cabeza del ala derecha del Partido, después del VI Congreso de la I.C.

LA REVOLUCIÓN PERMANENTE

Alma-Ata, octubre de 1928

I

La demanda teórica del Partido, dirigido por el bloque de la derecha y el centro, ha sido cubierta durante seis años consecutivos con el antitrotskismo, único producto de que se dispone en cantidad ilimitada y se reparte gratuitamente. Stalin hizo sus primeras armas en el campo teórico en 1924 con su inmortal artículo contra la revolución permanente. El propio Molotov recibió el bautismo de «jefe» en esa pila. La falsificación está a la orden del día. Hace pocos días, vi por casualidad un anuncio de la publicación en alemán de los trabajos de Lenin de 1917. Será éste un inapreciable presente a los obreros avanzados alemanes. Pero ya de antemano se puede uno formar idea de las falsificaciones que contendrá, sobre todo en las notas. Baste con decir que en el sumario aparecen en primer lugar las cartas de Lenin a Kollontai,[23] que se hallaba a la sazón en Nueva York. ¿Por qué? Unicamente porque en dichas

---

23. KOLLONTAI, Alexandra (1872-1952). Miembro del partido desde 1899. De bolchevique pasa a menchevique, hasta que en 1915 vuelve a la fracción bolchevique. En agosto de 1917 es elegida miembro del C.C., ocupando después de la revolución el Comisariado de Sanidad. Poco después, 1920-1921, es miembro dirigente de la Oposición Obrera, siendo la redactora de su Plataforma. Posteriormente retorna a la línea oficial bajo Stalin, concluyendo su carrera como diplomática (Oslo, Estocolmo, México). Fue una ferviente dirigente feminista.

cartas figuran algunas observaciones duras con respecto a mí, basadas en una información *completamente falsa* por parte de Kollontai, la cual había inoculado, en aquel período, un extremismo izquierdista histérico a su menchevismo orgánico. En la edición rusa, los epígonos se vieron obligados a hacer notar, aunque de un modo equívoco, que Lenin había sido mal informado. Podemos, sin embargo, tener la certeza de que en la edición alemana no figurará ni tan siquiera esta reserva. Hay que añadir, además, que en esas mismas cartas había furiosos ataques contra Bujarin, con el cual se solidarizaba entonces Kollontai. Pero esta parte de las cartas, por ahora, no ha sido publicada; lo será cuando se inicie la campaña contra Bujarin (24).

De otra parte, una serie de documentos, artículos y discursos de Lenin, de gran valor, de actas, cartas, etc., siguen sin publicar únicamente porque dejan malparados a Stalin y compañía o destruyen la leyenda del trotskismo. No ha quedado literalmente nada incólume de la historia de las tres Revoluciones rusas, lo mismo que de la del Partido: las teorías, los hechos, las tradiciones, la herencia de Lenin, han sido sacrificados en aras de la lucha contra el «trotskismo», la cual, desde la muerte de Lenin, fue concebida y organizada como una lucha personal contra Trotsky y se ha desarrollado, de hecho, como una lucha contra el marxismo.

Se ha confirmado nuevamente que lo que aparentemente consiste en remover antiguas discusiones habitualmente viene a satisfacer una necesidad social presente, de la cual no se tiene conciencia y que, en sí, no tiene nada que ver con los debates pasados. La campaña contra el «viejo trotskismo» no ha sido, en realidad, más que una campaña contra las tradiciones de Octubre, las cuales han ido haciéndose cada día más insoportables y oprimentes para la nueva burocracia. Se ha aplicado el calificativo de «trotskismo» a todo aquello que pesaba y cohibía. De este modo, la lucha contra el trotskismo ha venido a convertirse, poco a poco, en la expresión de una *reacción* teórica y política en los

(24) Esta profecía se ha cumplido ya. (N. del A.)

medios no proletarios, y en parte en los proletarios, y en el reflejo de dicha reacción en el Partido. En particular, la oposición caricaturesca, históricamente deformada, de la revolución permanente a la «alianza con el campesino» preconizada por Lenin, brotó íntegra en 1923, conjuntamente con el período de reacción social y política y en el Partido, como una de sus manifestaciones más relevantes, como la repulsión orgánica del burócrata y del proletario por la revolución mundial, con sus conmociones «permanentes», como signo de la propensión propia del pequeño burgués y del funcionario al orden y a la tranquilidad. La campaña rencorosa contra la revolución permanente no sirvió a su vez más que para desbrozar el camino a la teoría del socialismo en un solo país ,esto es, al nacionalismo de nuevo cuño. Naturalmente, estas nuevas raíces sociales de la lucha contra el «trotskismo» no demuestran nada por sí mismas en favor o en contra de la teoría de la revolución permanente. Pero, sin la comprensión de estas raíces ocultas, el debate tomaría inevitablemente un carácter académico y estéril.

Durante estos años no podía imponerme el abandono de los nuevos problemas y volver a las viejas discusiones relacionadas con el período de la Revolución de 1905, por cuanto se referían principalmente a mi pasado y estaban artificialmente dirigidas contra el mismo.

Para dilucidar las viejas divergencias y, particularmente, mis antiguos errores en relación, con las condiciones que los engendraron y dilucidarlos de un modo tan completo que resulten comprensibles a la nueva generación, sin hablar ya de los viejos que han caído en la infancia política, se necesita todo un libro. Parecía absurdo emplear el tiempo propio y el ajeno en esto, cuando figuraban constantemente a la orden del día nuevos problemas de inmensa importància: la Revolución alemana, la marcha de Inglaterra, las relaciones entre los Estados Unidos y Europa, los problemas planteados por las huelgas del proletariado británico, los fines de la Revolución china y, finalmente, y en primer lugar, nuestras contradicciones económicas y político-sociales internas y nuestra misión. Todo esto era, a mi juicio, suficiente para justificar el que dejara constantemente de lado mi trabajo histórico-polémico sobre la revolución permanente. Pero la conciencia social no soporta el vacío. Durante estos últimos años el vacío teórico ha sido llenado, como ya he dicho, con la basura del antitrotskismo. Los epígonos, los filósofos y peones de la reacción en el Partido se deslizaron hacia abajo, fueron a aprender a las escuelas del obtuso menchevique Martinov, pisotearon las doctrinas de Lenin, se debatían en un cenagal, y a todo esto lo llamaban lucha contra el trotskismo. Durante estos años no han producido ningún trabajo más o menos serio o importante que se pueda citar en voz alta sin sonrojarse, ningún juicio político que haya perdurado, ninguna previsión que se haya visto confirmada, ni una sola consigna independiente. Insignificancia y vulgaridad por doquier.

Las *Cuestiones del leninismo*, de Stalin, representan en sí una codificación de esta escoria ideológica, un manual oficial de la indigencia mental de esa gente, una colección de vulgaridades numeradas (y conste que me esfuerzo en dar las definiciones más moderadas posibles).

El *Leninismo*, de Zinoviev, es... eso, un leninismo a lo Zinoviev, ni más ni menos. Su principio es casi el mismo que el de Lutero: «Sostengo esto, pero... podría también sostener otra cosa». La asimilación de estos frutos teóricos de los epígonos es igualmente insoportable, con la diferencia de que la lectura del *Leninismo*, de Zinoviev, causa la sensación de que se atraganta uno con algodón en rama, mientras que las *Cuestiones*, de Stalin, producen la sensación física de cerdas cortadas en pequeños trozos. Estos dos libros reflejan y coronan, cada cual a su modo, la época de la reacción ideológica.

Al adaptar y subordinar todas las cuestiones al «trotskismo» —desde la derecha, desde la izquierda, desde arriba, desde abajo, desde delante y desde atrás—, los epígonos han cometido la proeza de colocar todos los acontecimientos internacionales en dependencia directa o indirecta con relación al aspecto que tomaba la teoría de la revolución permanente de Trotsky en 1905. La leyenda del «trotskismo», repleta de falsificaciones, se ha convertido en una especie de factor de la historia presente. Y si bien durante estos últimos años la orientación del bloque derechistacentrista se ha visto comprometida en todos los ámbitos del planeta por una serie de bancarrotas de importancia histórica, la lucha contra la ideología centrista de la Internacional Comunista [25] sería ya actualmente inconcebible o, por lo menos, extremadamente difícil sin la valoración de las discusiones y los pronósticos que tienen su origen en los comienzos de 1905.

La resurrección del pensamiento marxista, y por consiguiente leninista, en el Partido, es inconcebible sin un auto de fe de todo el desecho de los epígonos, sin la ejecución teórica implacable de los ejecutores del aparato burocrático. Escribir un libro así no tiene, en rigor, nada de difícil. Existen todos los elementos. Y sin embargo, tropieza uno con dificultades porque, para emplear las palabras del gran satírico Saltykov,[26] se ve uno forzado a descender a la región de los «efluvios primarios» y permanecer largo tiempo en esa atmósfera poco agradable. Sin embargo, este deber se ha convertido en absolutamente inaplazable, pues la lucha contra la revolución permanente sirve directamente de base a la defensa de la línea oportunista en los problemas de Oriente, esto es, de más de la mitad de la Humanidad.

Había emprendido ya este trabajo tan poco atractivo —la polémica teórica con Zinoviev y Stalin, dejando los libros de nuestros clásicos para las horas de descanso (tam-

25. En la terminología marxista, las organizaciones centristas son aquellas que oscilan entre el reformismo y las posiciones revolucionarias. Normalmente el centrismo combina eclécticamente, tanto en la teoría como la práctica, lo mismo que en la organización, posiciones de izquierda y de derecha. Para Trotsky, el V y el VI Congreso de la Internacional Comunista debían ser considerados como centristas. En cambio mantuvo una opinión mucho más dura frente al VII Congreso, al cual consideró como *contrarrevolucionario*, ya que elevó a la categoría de estrategia la teoría del *frente popular*, es decir, la alianza de los partidos obreros con los partidos burgueses a nivel programático.

26. SALTYKOV, Mijail Evgrafovich. Escritor, autor de novelas realistas y satíricas, conocido como Saltykov-Chtchedrin (1826-1889). Nació en Spas-Ugol (gobierno de Tver), murió en Petersburgo. Su primera novela, *Contradicción*, le cuesta ocho años de deportación en Viatka (Siberia), donde escribe *Ensayos de la vida provinciana*. Obra principal: *La familia Golovliov*.

bién los buzos se ven obligados a subir de vez en cuando a la superficie para respirar aire fresco)— cuando, inesperadamente para mí, apareció un artículo de Radek consagrado a oponer, de un modo más «profundo», a la teoría de la revolución permanente las ideas de Lenin sobre esta misma cuestión. En un principio me proponía dejar a un lado el trabajo de Radek, a fin de no distraerme de la mezcla de algodón en rama y de cerda desmenuzada que me había deparado el destino. Pero una serie de cartas amistosas me indujeron a leer atentamente ese trabajo y llegué a la siguiente conclusión: para el limitado círculo de personas que piensan por cuenta propia y no por orden y que estudian concienzudamente el marxismo, el trabajo de Radek es más pernicioso que la literatura oficial, en el sentido de que el oportunismo en política es tanto más peligroso cuanto más disfrazado aparece y cuanto mayor es la reputación personal que lo cubre. Radek es uno de mis amigos políticos más afines, como lo han demostrado suficientemente los acontecimientos de estos últimos tiempos. Pero durante los últimos meses una serie de compañeros seguían inquietos la evolución de este hombre y le veían pasar de la extrema izquierda de la oposición a su ala derecha. Todos los amigos de Radek sabemos que sus brillantes dotes políticas y literarias coinciden con una impulsividad y una impresionabilidad excepcionales, cualidades que en el trabajo colectivo son una fuente valiosa de iniciativa y de crítica, pero que en las condiciones creadas por la dispersión pueden dar frutos completamente distintos. El último trabajo de Radek —junto con una serie de manifestaciones precedentes— obliga a reconocer que ha perdido la brújula o que ésta se halla bajo la influencia de una anomalía magnética prolongada. El trabajo de Radek a que nos referimos no es, ni mucho menos, una excursión histórica por el pasado; no, es un apoyo, no del todo consciente y no por ello menos nocivo, que presta al rumbo oficial con toda su mitología teórica.

La función política de la lucha actual contra el «trotskismo», caracterizada más arriba, no significa, ni que decir tiene, que en el interior de la oposición misma, que se formó como reducto marxista contra la reacción político-ideológica, sea inadmisible la crítica, en particular, la de mis antiguas divergencias con Lenin. Al revés, una labor así, encaminada a hacer una limpieza en las propias filas, sólo puede ser fructífera. Pero, en este caso, era preciso observar profundamente las perspectivas históricas, trabajar seriamente en el estudio de las fuentes de origen y dilucidar las antiguas diferencias a la luz de la lucha actual. Nada de esto hay en el trabajo de Radek. Como no dándose cuenta de ello, se incorpora simplemente al frente de lucha contra el «trotskismo», valiéndose no sólo de extractos seleccionados de un modo unilateral, sino de la interpretación oficial, profundamente falsa, de los mismos. Allí donde al parecer se separa de la campaña oficial, lo hace de un modo tan equívoco, que presta a la misma el doble apoyo de testigo «imparcial». Como sucede siempre con los resbalones ideológicos, en el último trabajo de Radek no hay ni la sombra de su penetración política y de su maestría literaria. Es un trabajo sin perspectivas, sin las tres dimensiones, compuesto únicamente a base de extractos, y, por esto, un trabajo a ras de tierra.

¿A qué necesidad política debe su origen? A las divergencias surgidas entre Radek y la mayoría aplastante de la oposición con respecto a los problemas de la Revolución china. Se emiten, es verdad, opiniones aisladas en el sentido de que los problemas chinos «no son actuales» (Preobrazhenski); [27] pero a estas opiniones no se puede ni tan siquiera contestar seriamente. El bolchevismo creció y se formó definitivamente sobre la crítica y el estudio de la experiencia

27. PREOBRAZHENSKI, Evgueni (1886-1938). Bolchevique desde 1904. Miembro del C.C. desde 1917 a 1920. Teórico económico de la Oposición. Defensor de la industrialización y la planificación frente a Bujarin. Miembro dirigente de la Oposición Conjunta, difiere de Trotsky en lo referente a la teoría de la revolución permanente. Fue expulsado del Partido en 1927 y deportado en 1928. Capitula al mismo tiempo que Radek, en 1929, al producirse el "viraje a la izquierda". Fue nuevamente detenido en 1935. Acusado en el segundo proceso de Moscú, "desapareció" sin dejar rastro. Autor de innumerables artículos y obras (muchas de las cuales no han llegado hasta nosotros), conocemos de él *La Nueva Economía* (existen varias ediciones) y *Anarquismo y Comunismo*, además de *Por una Alternativa Socialista* (las dos últimas editadas por Fontamara). Preobrazhenski discrepaba de

de 1905, cuando ésta acababa de ser vivida directamente por la primera generación de bolcheviques. ¿Cómo puede ser de otro modo, en qué otro acontecimiento pueden aprender actualmente las nuevas generaciones de revolucionarios proletarios si no es en la experiencia fresca, caliente todavía de sangre, de la Revolución china? Sólo los pedantes insulsos pueden hablarnos de «aplazar» estos problemas, con el fin de estudiarlos después, en las horas de asueto, en una atmósfera de tranquilidad. Los bolcheviques-leninistas no pueden hacer esto; tanto menos cuanto que las revoluciones orientales están aún sobre el tapete y nadie puede decirnos cuándo acabarán.

Radek, que ocupa una posición falsa en las cuestiones de la Revolución china, intenta fundamentar retrospectivamente esta posición exponiendo de un modo unilateral y deformado mis antiguas divergencias con Lenin. Y al llegar aquí se ve obligado a utilizar armas del arsenal ajeno y navegar sin rumbo por aguas extrañas.

Radek es amigo mío, pero me es mucho más amiga y más cara la verdad. Nuevamente me veo obligado, para contradecirle, a aplazar un trabajo más amplio sobre los problemas de la revolución. Los problemas planteados en él son demasiado importantes para desdeñarlos. Tropiezo, al acometerlos, con tres dificultades: la abundancia y variedad de los errores en el trabajo de Radek; la profusión de hechos históricos y documentales que lo refutan en el transcurso de veintitrés años (1905-1928); el poco tiempo que puedo dedicar a este trabajo, pues en la actualidad ocupan lugar primordial los problemas económicos de la U.R.S.S.

Todas estas circunstancias determinan el carácter del presente trabajo, el cual no agota la cuestión. Mucho queda en él por decir, en parte porque lo hemos dicho ya en otros trabajos anteriores, sobre todo en la *Crítica del Programa*

---

la línea oficial por su burocratismo y por el modelo de acumulación puesto en práctica, además por la ausencia de democracia en el seno del Partido. Pero no ligó sus críticas a la teoría del *socialismo en un solo país*, ni al abandono por la I.C. de los principios establecidos en los primeros cuatro congresos de ese organismo.

de la Internacional Comunista. Hay una gran cantidad de materiales sobre esta cuestión recogidos por mí que no han sido utilizados, en espera del libro que me propongo escribir contra los epígonos, esto es, contra la ideología oficial del período de reacción.

*   *   *

El trabajo de Radek sobre la revolución permanente se apoya en la siguiente conclusión:

La nueva fracción del Partido (oposición) [28] *se ve amenazada por el peligro de la aparición de tendencias que divorcian a la revolución proletaria, en su desarrollo, de su aliado fundamental: los campesinos.*

Suscita inmediatamente asombro el hecho de que esta conclusión con respecto a la «nueva» fracción del Partido sea formulada en la segunda mitad del año 1928 como algo nuevo, cuando la venimos oyendo sin interrupción desde el otoño de 1923. ¿Cómo fundamenta Radek su inclinación hacia la tesis oficial preponderante? Tampoco en este caso sigue nuevos caminos; no hace más que volver a la teoría de la revolución permanente. En 1924-1925 Radek se dispuso en varias ocasiones a escribir un folleto destinado a demostrar que la teoría de la revolución permanente y la consigna de la dictadura democrática del proletariado y de los campesinos, formulada por Lenin, tomadas en su alcance histórico, esto es, a la luz de las tres revoluciones vividas por nosotros, no podían en ningún caso ser opuestas la una a la otra, sino que, a la inversa, coincidían fundamentalmente. Ahora, al estudiar «nuevamente» dicho problema —como

---

28. Es importante hacer notar que a mediados de 1928 ya se había producido la capitulación de Kamenev y Zinoviev, quienes se mantuvieron en la oposición hasta comienzos del 28. Ello, junto al nuevo rumbo de "izquierda" que imprimía Stalin al Partido, limitando las concesiones al campesinado y entrando en conflicto con Bujarin (quien constituía la cabeza del ala derecha del Partido), empezó a ejercer una fuerte presión sobre un sector de la oposición, la cual se encontraba deportada y viviendo en condiciones físicas y psíquicas deplorables.

escribe a uno de los compañeros—, ha llegado a la conclusión de que la antigua teoría de la revolución permanente amenaza a la «nueva» fracción del Partido nada menos que con el peligro del divorcio con los campesinos.

¿Cómo ha «estudiado» la cuestión Radek? El mismo se encarga de comunicarnos algunos datos a este respecto:

«No tenemos a mano las fórmulas dadas en 1905 por Trotsky en su introducción a *La guerra civil en Francia*, de Marx, y en el mismo año en *Nuestra Revolución*.»

Las fechas que da Radek no son totalmente exactas; pero no vale la pena detenerse en ello. El único trabajo en que expuse, en una forma más o menos sistemática, mis ideas acerca del desarrollo de la revolución es el extenso artículo «Resultados y perspectivas» (págs. 224-286 del libro *Nuestra Revolución*, Petersburgo, 1906). Mi artículo publicado en el órgano polaco de Rosa Luxemburg y Tyschko * (1909) —al cual Radek alude, resumiéndolo, ¡ay!, según una referencia de Kamenev— no pretendía, ni mucho menos, exponer mis puntos de vista de un modo definitivo y completo. Teóricamente se apoyaba en mi libro *Nuestra Revolución*, citado más arriba. Nadie está obligado actualmente a leer dicho libro. Desde entonces han tenido lugar acontecimientos tales y hemos aprendido tanto de ellos, que tengo que reconocer que me repugna la manera actual de los epígonos de examinar los nuevos problemas históricos no a la luz de la experiencia viva de las revoluciones realizadas por nosotros, sino a la vista principalmente de textos que se refieren únicamente a la previsión hecha por nosotros de las revoluciones *futuras*. Con ello no quiero, naturalmente, negarle a Radek el derecho de enfocar la cuestión asimismo desde el punto de vista histórico-literario. Pero, si se hace, hay que hacerlo como es debido. Radek intenta dilucidar la suerte que le haya cabido a la teoría de la revolución permanente en el transcurso de casi medio siglo, y, al hacerlo, observa de paso que «no tiene a mano» preci-

---

* Seudónimo de Leo Jogiches, militante socialdemócrata de izquierda, polaco, gran organizador, uno de los fundadores del Partido Comunista alemán, asesinado por la policía, en Berlín, el 10 de marzo de 1919. (N. del T.)

samente los trabajos en que esta teoría mía está expuesta.

Dejaré fijado aquí que Lenin, como he visto confirmado con particular evidencia ahora al leer sus viejos artículos, no llegó nunca a conocer el trabajo fundamental a que he aludido más arriba. Esto se explica, por lo visto, no sólo por la circunstancia de que la tirada del libro *Nuestra Revolución*, publicado en 1906, fuera confiscada casi inmediatamente cuando ya todos nosotros nos hallábamos en la emigración, sino acaso también por el hecho de que los dos tercios del citado libro estaban formados por antiguos artículos y de que muchos compañeros —como pude comprobar después— no lo leyeron por considerarlo una compilación de trabajos ya publicados. En todo caso, las observaciones polémicas dispersas, muy poco numerosas, de Lenin contra la revolución permanente, se basan casi exclusivamente en el prefacio de Parvus a mi folleto *Hasta el 9 de enero*, en su proclama, que yo entonces desconocía, *Sin zar*, y en los debates internos de Lenin con Bujarin y otros. Nunca ni en parte alguna analiza ni cita Lenin, ni de paso, mis *Resultados y perspectivas*, y algunas de las objeciones de Lenin contra la revolución permanente, que evidentemente no pueden referirse a mí, atestiguan directamente que no leyó dicho trabajo (29).

(29) Es cierto que en 1909 Lenin cita mis *Resultados y Perspectivas* en un artículo polémico contra Mártov. Sin embargo, no sería difícil demostrar que Lenin toma estas citas de segunda mano, esto es, del propio Mártov. Sólo así se pueden explicar algunas de las objeciones que me hace y que se fundan en un equívoco evidente.

En 1919 una editorial soviética publicó en folleto mis *Resultados y Perspectivas*. A esa misma época aproximadamente corresponde la nota a las obras de Lenin, que dice que la teoría de la revolución permanente ha adquirido una significación especial "ahora", después de la Revolución de Octubre.

¿Leyó Lenin en 1919 mis *Resultados y Perspectivas* o les dio aunque no fuera más que un vistazo? No puedo decirlo. Yo, por entonces, me hallaba constantemente viajando de un sitio a otro, hacía sólo rápidas visitas a Moscú, y en mis entrevistas con Lenin —en momentos en que la guerra civil se hallaba en su apogeo— teníamos más que hacer que dedicarnos a recordar las viejas discusiones teóricas intestinas. Pero precisamente en aquel período, A. A. Joffe, como lo relata éste en la carta que me escribió antes de morir [véase *Mi Vida*, Editorial "Cenit", págs. 563-564], tuvo una conversa-

Sería absurdo, no obstante, pensar que el «leninismo» de Lenin consiste precisamente en esto. Y, sin embargo, tal es, por lo visto, la opinión de Radek. En todo caso, el artículo que analizo atestigua no sólo que aquél «no tiene a mano» mis trabajos fundamentales, sino que, al parecer, no los ha leído nunca, y que si los ha leído ha sido hace mucho tiempo, antes de la Revolución de Octubre, y que, sea de esto lo que quiera, ha conservado muy poco en la memoria de dicha lectura.

---

ción con Lenin sobre la teoría de la revolución permanente. ¿Se puede interpretar la declaración de A. A. Joffe en el sentido de que Lenin hubiese leído *por vez primera* en 1919 mis *Resultados y Perspectivas* y reconociese que la previsión histórica contenida en dicho trabajo era acertada? Nada puedo decir a este respecto, como no sea limitarme a conjeturas psicológicas cuya fuerza persuasiva depende del juicio que se tenga sobre el fondo de la cuestión debatida. Las palabras de A. A. Joffe, según las cuales Lenin reconoció que mi previsión era acertada, parecerán incomprensibles al hombre educado en esa margarina teórica de la época post-leninista. Al revés, quien reflexione sobre el desarrollo efectivo del pensamiento de Lenin en relación con el desarrollo de la revolución misma, comprenderá que aquél, que nunca había examinado mi posición en su conjunto, sino que lo había hecho de paso, a veces de un modo evidentemente contradictorio, basándose en extractos aislados, debía, no podía por menos, de apreciar de otro modo en 1919 la teoría de la Revolución Permanente.

Para reconocer en 1919 que mi previsión era acertada, Lenin no tenía necesidad alguna de oponer mi posición a la suya. Le bastaba tomar ambas posiciones en su desenvolvimiento histórico. No hay por qué repetir aquí que el contenido concreto que Lenin daba cada vez a su fórmula de la "dictadura democrática" y que se desprendía no tanto de esta fórmula hipotética cuanto del análisis de las modificaciones reales en la correlación de las clases, que este contenido táctico y de organización ha entrado a formar parte para siempre del arsenal de la historia como modelo clásico de realismo revolucionario. Casi en todos aquellos casos, por lo menos en los más importantes, en que desde el punto de vista táctico de organización, mi punto de vista era opuesto al de Lenin, la razón estaba de su parte. Precisamente por esto no veía ningún interés en defender mi antigua previsión histórica mientras podía parecer que no se trataba más que de recuerdos históricos. Sólo me he visto obligado a volver sobre el asunto en el momento en que la crítica de la teoría de la revolución permanente, hecha por los epígonos, no sólo alimenta la reacción teórica en toda la Internacional, sino que se convierte en un instrumento directo de sabotaje de la Revolución china. (N. del A.)

Pero no es esto todo. Si en 1905 o en 1909 era admisible y aun inevitable, sobre todo en las condiciones creadas por la escisión, que polemizáramos los unos con los otros sobre artículos de interés candente en aquel entonces y aun sobre determinadas frases de ciertos artículos, ahora, al hacer un examen retrospectivo de un gigantesco período histórico, el revolucionario marxista no puede dejar de formularse la siguiente interrogación: ¿Cómo fueron aplicadas en la práctica las fórmulas debatidas, cómo fueron interpretadas y encarnadas en la acción? ¿Cuál fue la táctica?

Si Radek se hubiera tomado la molestia de hojear, aunque no fuera más que los dos libros de *Nuestra primera.Revolución (1905)*, no se habría arriesgado a escribir su trabajo actual, o, en todo caso, habría suprimido del mismo muchas de sus atrevidas afirmaciones. Al menos, quiero esperarlo así.

Estos dos libros le habrían demostrado ante todo a Radek que la revolución permanente no significaba, ni mucho menos, para mí, en la actuación política, la aspiración de saltar la etapa revolucionaria democrática y otras fases más secundarias; se habría persuadido de que, a pesar de que durante todo el año 1905 residí clandestinamente en Rusia, sin contacto con la emigración, formulé las etapas de la revolución absolutamente igual que Lenin; habría sabido que las proclamas ilegales dirigidas a los campesinos y publicadas por la imprenta bolchevista central en 1905, fueron escritas por mí; que el *Nováya Jizn (La Nueva Vida)*, dirigido por Lenin, defendió decididamente en una nota de redacción mi artículo sobre la revolución permanente publicado en el *Natchalo (El Principio)*; que en el *Nováya Jizn*, de Lenin, y a veces éste personalmente, sostuvieron y defendieron invariablemente las resoluciones políticas del Soviet de diputados, de las cuales era yo autor y fui ponente en nueve casos de cada diez; que después del desastre de diciembre escribí desde la cárcel un folleto en el cual consideraba problema táctico central la combinación de la acción proletaria con la revolución agraria de los campesinos; que Lenin imprimió este folleto en la editorial bolchevista *Nováya Volna (La Nueva Ola)*, comunicándome por medio de Knunianz su decidida conformidad; que en el Congreso celebrado en Londres en 1907,[30] Lenin habló de mi «solidaridad» con el bolchevismo en lo que respectaba a la actitud ante los campesinos y la burguesía liberal. Todo esto, para Radek, no existe: tampoco lo tenía a mano, por lo visto.

Pero, ¿cómo está de informado, en lo que se refiere a los trabajos de Lenin? Poco más o menos, lo mismo. Se limita únicamente a citar los textos en que Lenin me atacaba a mí. Pero queriendo referirse muchas veces no a mí, sino a otros (por ejemplo, a Bujarin y al propio Radek: este mismo hace una franca indicación sobre el particular). Radek no ha conseguido reproducir ni un solo texto nuevo contra mí: se ha limitado a utilizar los extractos ya preparados y dispuestos y que, en la actualidad, casi cada ciudadano de la U.R.S.S. «tiene a mano», añadiendo únicamente unas cuantas citas en las que Lenin explica a los anarquistas y socialrevolucionarios algunas verdades elementales sobre la diferencia entre república burguesa y socialismo, con la particularidad de que, según él, estas citas están asimismo dirigidas contra mí. ¡Parece inverosímil, y, sin embargo, es verdad!

Radek prescinde en absoluto de las antiguas declaraciones de Lenin en que éste, de un modo muy discreto, muy sobrio, pero, y por esto mismo, con tanto mayor peso, comprueba mi solidaridad con el bolchevismo en las cuestiones revolucionarias fundamentales. No hay que olvidar ni un instante que estas declaraciones fueron formuladas cuando yo no pertenecía a la fracción bolchevique y Lenin me atacaba implacablemente (y con toda razón), no a causa de la revolución permanente, sobre la cual se limitaba a hacer algunas objeciones episódicas, sino de mi tendencia a la conciliación con los mencheviques, en cuya evolución a izquierda yo confiaba. A Lenin le preocupaba más la lucha contra la tendencia conciliadora que la «justicia» de

30. En mayo-junio de 1907 el Partido Obrero Socialdemócrata Ruso (POSDR) celebró, en Londres, su V Congreso.

KNUNIANZ, Bogdan. Miembro del POSDR (1898). Delegado de Bakú en el II Congreso (1903), en el que se integra a los bolcheviques. Miembro del Soviet de Petersburgo en 1905. Pasa al menchevismo durante los años de reacción (1907-1911).

tales o cuales ataques polémicos contra el «conciliador» Trotsky.

En 1924, Stalin, defendiendo contra mis ataques la conducta de Zinoviev, en Octubre, escribía:

«El compañero Trotsky no ha comprendido las cartas de Lenin (sobre Zinoviev, L. T.), su significación, el fin que se proponían. Lenin en sus cartas, se adelanta, a veces deliberadamente, colocando en primer término los errores *que pueden* ser cometidos, criticándolos de antemano con el fin de poner en guardia al partido y preservarlo de los mismos, o bien, a veces, con el mismo fin pedagógico, exagera una "pequeñez" y "hace de una mosca un elefante"... Pero deducir de cartas análogas (y Lenin escribió no pocas de éstas) la existencia de divergencias trágicas y hablar de ello a voz en grito, significa no comprender las cartas de Lenin, no conocer a éste.» (I. Stalin, *¿Trotskismo o leninismo?*, 1924.)

La idea está formulada aquí de un modo un poco grosero —«el estilo es el hombre»—, pero en sustancia es justa, aunque pueda aplicarse menos que a nada a las divergencias de Octubre, que no tienen nada de «moscas». Pero si Lenin recurría a las exageraciones «pedagógicas» y a la polémica preventiva con respecto a sus compañeros de fracción, con tanto mayor motivo lo hacía con respecto a un hombre que se hallaba en aquel entonces fuera de la fracción bolchevique y que predicaba la conciliación. A Radek ni tan siquiera se le ha ocurrido aplicar a los viejos textos que cita este indispensable coeficiente de enmienda.

En el prefacio de 1922 a mi libro *1905*, decía yo que la previsión de la posibilidad y probabilidad de la dictadura del proletariado en Rusia antes que en los países avanzados se vio confirmada en la práctica doce años después. Radek, siguiendo otros ejemplos poco decorosos, presenta las cosas tal como si yo *opusiera* esta previsión a la línea estratégica de Lenin. Sin embargo, de mi prefacio se deduce con toda claridad que tomo la previsión de la revolución permanente en los rasgos fundamentales en que *coincide* con la línea estratégica del bolchevismo. Si en una de las notas habla del «reajuste» del Partido a principios de 1917, no lo hago en el sentido de que Lenin hubiera reconocido como «erróneo» el camino seguido precedentemente por el Partido, sino en el de que, felizmente para la revolución, llegó a Rusia con retraso, pero, así y todo, con la oportunidad suficiente para enseñar al Partido *a renunciar a la consigna de la «dictadura democrática», que había dado ya todo lo que podía dar de sí,* y a la cual seguían aferrados los Stalin, los Kamenev, los Rykov, los Molótov, etc. Se comprende que la alusión al «reajuste» provocara la indignación de los Kamenev, pues contra ellos iba. Pero ¿por qué la de Radek? Este no empezó a indignarse hasta 1928, esto es, después que él mismo se opuso al necesario «reajuste» del Partido comunista chino.

Recordaré a Radek que, en vida de Lenin, mis libros *1905* (junto con el criminal prefacio) y *La Revolución de Octubre,* desempeñaron el papel de manuales históricos fundamentales con respecto a ambas revoluciones, y fueron editados y reeditados sinnúmero de veces en ruso y en idiomas extranjeros. Nunca me había dicho nadie que en mis libros hubiera la contraposición de dos líneas, pues entonces, cuando los epígonos no habían iniciado aún la revisión, todo miembro del Partido con sentido común no subordinaba la experiencia de Octubre a los viejos textos, sino que examinaba estos últimos a la luz de la Revolución de Octubre.

Con esto se halla relacionada una circunstancia de que Radek abusa de un modo completamente imperdonable: es un hecho —repite— que Trotsky ha reconocido que Lenin tenía razón contra él. Naturalmente que lo he reconocido, y en este reconocimiento no hay ni un ápice de diplomacia. Me refería a todo el camino histórico de Lenin, a toda su posición táctica, a su estrategia, a su organización del Partido. Pero este reconocimiento, naturalmente, no afecta a cada cita polémica por separado, interpretada hoy, por añadidura, con fines adversos al leninismo. Radek me había advertido ya en 1926, en el período del bloque con Zinoviev,[31]

---

31. En 1926 la Oposición hizo bloque con Kamenev y Zinoviev, dando lugar a lo que se denominó Oposición Conjunta, por unos, y Oposición bolchevique-leninista, por otros. La calificación de *bloque* es correcta, puesto que tanto Trotsky como sus seguidores no renunciaron a su posiciones, las cuales divergían en muchos puntos con las de Zinoviev y Kamenev.

dicho argumento se puede sacar la conclusión de que el punto de vista de la oposición con respecto a la Revolución china o la posición de Marx con referencia a los asuntos británicos, eran erróneos; que lo es asimismo la posición de la Internacional Comunista con respecto a los reformistas en América, en Austria, y, si se quiere, en todos los demás países.

Si se toma el argumento no en su aspecto «histórico-filosófico» general, sino aplicándolo únicamente a la cuestión que nos interesa, se vuelve contra el propio Radek. El argumento podría tener una sombra de sentido si yo considerara o, lo que es más importante, si los acontecimientos hubieran demostrado que la línea de la revolución permanente se halla en· *contradicción* con la línea estratégica del bolchevismo, es *opuesta* a la misma y *difiere* cada vez más de ella; sólo entonces habría una base para dos fracciones. Esto es precisamente lo que quiere demostrar Radek. Yo demuestro, por el contrario, ·que, a pesar de todas las exageraciones engendradas por las polémicas intestinas, a pesar del carácter agudo que pudiera tomar la cuestión en determinadas circunstancias, la línea estratégica fundamental era la misma. ¿Dónde podía tomar su origen una segunda fracción? En realidad, lo que sucedió fue que durante la primera revolución actué en estrecho contacto con los bolcheviques y luego defendí esta labor común en la Prensa internacional contra la crítica, propia de renegados, del menchevismo. En la Revolución de 1917 luché, junto con Lenin, contra el oportunismo democrático de esos mismos «viejos bolcheviques» que actualmente ha sacado a flote el período de reacción sin más arma que la persecución desatada contra la revolución permanente.

Finalmente, no intenté jamás fundar un grupo sobre la base de· la idea de la revolución permanente. Mi posición en el interior del Partido era *conciliadora,* y si, en momentos determinados, aspiré a crear un grupo, fue precisamente sobre esta base. Mi tendencia conciliadora se desprendía de una especie de fatalismo socialrevolucionario. Consideraba que la lógica de la lucha de clases obligaría a ambas fracciones a actuar de acuerdo y con el mismo rumbo ante la revolución. En aquel entonces, yo no veía claro todavía el gran sentido histórico de la política, sostenida por Lenin, de delimitación ideológica y de escisión, allí donde fuera necesaria, a fin de forjar y templar un verdadero partido revolucionario. En 1911 Lenin escribía, a este propósito:

«La tendencia conciliadora es la suma de aspiraciones, de estados de espíritu, de opiniones indisolublemente ligadas con la esencia misma de la misión histórica planteada al Partido Obrero Socialdemócrata Ruso en la época de contrarrevolución de 1908-1911. Por esto, en el período mencionado, una serie de socialdemócratas se inclina hacia la tendencia conciliadora, *partiendo de las premisas más diversas*. El que de un modo más consecuente expresó la tendencia conciliadora fue Trotsky, que fue también casi el único que intentó basar dicha tendencia en un fundamento teórico.» (*Obras*, XI, parte II, pág. 371.)

Al aspirar a la unidad a toda costa, involuntaria e inevitablemente, yo idealizaba las tendencias centristas del menchevismo. A pesar de las tentativas episódicas que realicé en tres ocasiones, no llegué, ni podía llegar, a una actuación común con los mencheviques. Al mismo tiempo, la línea conciliadora me oponía de un modo tanto más acentuado al bolchevismo cuanto que Lenin combatía implacablemente, y no podía dejar de combatir, dicha línea. Y sobre la plataforma conciliadora, naturalmente, no se podía crear ninguna fracción.

De aquí se desprende una lección, a saber: que es inadmisible y funesto quebrantar o atenuar la línea política con el fin de obtener una conciliación vulgar; que es inadmisible pintar con bellos colores el centrismo cuando éste zigzaguea hacia la izquierda; que es inadmisible exagerar e hinchar las divergencias con los verdaderos correligionarios revolucionarios, con el fin de alcanzar los fuegos fatuos del centrismo. He aquí cuáles son las verdaderas lecciones de los verdaderos errores de Trotsky. Estas lecciones son muy importantes, y siguen conservando en la actualidad todo su vigor. Y Radek haría bien en meditar sobre ellas.

Stalin, con ese cinismo ideológico que le es habitual, dijo en cierta ocasión:

«Trotsky no puede ignorar que Lenin luchó contra la teoría de la revolución permanente hasta el fin de sus días. Pero esto, a Trotsky, no le inmuta.» (*Pravda*, núm. 262, 12-XI-26.)

Es ésta una caricatura grosera y desleal, que tanto vale decir netamente stalinista, de la realidad. En uno de sus mensajes a los comunistas extranjeros, Lenin decía que las divergencias entre comunistas no tenían nada de común con las divergencias existentes en el seno de la socialdemocracia. El bolchevismo —decía— había pasado ya por divergencias semejantes en el pasado. Pero «en el momento de la conquista del Poder y de la creación de la República soviética, el bolchevismo apareció unido, *se atrajo a lo mejor de las tendencias del pensamiento socialista que le eran afines*». (*Obras*, XVI, pág. 333.)

¿A qué tendencias socialistas afines se refería Lenin al escribir esto? ¿A Martinov * y a Kuusinen? ** ¿A Cachin *** y Thaelmann **** y Smeral? ***** ¿Eran ellos los que parecían a Lenin «lo mejor de las tendencias afines»? ¿Qué tendencia había más afín al bolchevismo que la que yo representaba en todas las cuestiones fundamentales, la de los

---

* MARTINOV, menchevique acérrimo durante largos años, ingresó en el Partido bolchevique en 1923, precisamente en el período en que se inicia la reacción contra las tradiciones de Octubre. (N. del T.)

** KUUSINEN. Líder de la socialdemocracia finlandesa, actualmente secretario de la Internacional Comunista, que, con su política oportunista determinó el fracaso de la revolución proletaria en su país. (N. del T.)

*** CACHIN. En 1917, Cachin era un social-patriota ardiente, que después de la Revolución de febrero, fue a Rusia, acompañando a Albert Thomas y a Mouette, para predicar a los obreros y campesinos rusos la necesidad de continuar "hasta el fin victorioso la guerra por la libertad y el derecho". (N. del T.)

**** THAELMANN. Actual secretario general del Partido Comunista Alemán, completamente inédito en 1917. (N. del T.)

***** SMERAL. Líder del Partido Comunista checoslovaco, social-patriota durante la guerra, y uno de los representantes más típicos del oportunismo de la Internacional. Gracias a su influencia ideológica, se ha podido decir irónicamente que el mejor partido socialdemócrata del mundo era el Partido Comunista checoslovaco. (N. del T.)

campesinos inclusive? La misma Rosa Luxemburg se apartó en los primeros momentos de la política agraria del Gobierno bolchevista. Para mí, no había dudas. Yo era el único que estaba sentado a la misma mesa con Lenin cuando éste escribió con lápiz su proyecto de decreto agrario. Y el cambio de impresiones se redujo a lo sumo a una docena de breves réplicas, cuyo sentido era el siguiente: el paso dado es contradictorio, pero de una necesidad histórica absoluta; con la existencia de la dictadura del proletariado, en el terreno de la revolución mundial, las contradicciones desaparecerán; es todo cuestión de tiempo.

Si entre la teoría de la revolución permanente y la dialéctica leninista ante el problema campesino había una contradicción capital, ¿cómo puede Radek explicar el hecho de que yo, sin renunciar a mis ideas fundamentales sobre la marcha de la revolución no vacilase en 1917 con respecto a la cuestión campesina, contrariamente a lo que les ocurrió a la mayoría de los dirigentes bolcheviques de aquel entonces? ¿Cómo explica Radek el hecho de que los actuales teóricos y políticos del antitrotskismo —Zinoviev, Kamenev, Stalin, Rykov, Molotov, etc., etc.— adoptaran todos, sin excepción, después de la Revolución de Febrero, una posición democrática vulgar y no proletaria? Lo repito: ¿a quién podía referirse Lenin al hablar de la fusión con el bolchevismo de los mejores elementos de las tendencias que le eran más afines? ¿Y no demuestra acaso ese *balance* final que hace Lenin de las pasadas divergencias que, en todo caso, no veía dos líneas estratégicas irreconciliables?

Más notable aún, en este sentido, es el discurso de Lenin en la sesión del Soviet de Petrogrado del 1-14 de noviembre de 1917.[33] En dicha reunión se examinaba la cuestión del acuerdo con los mencheviques y socialistas revolucionarios. Los partidarios de la coalición intentaron también, a decir verdad, muy tímidamente, hacer una alusión al «trotskismo». ¿Qué contestó Lenin?

«...¿El acuerdo? Ni tan siquiera puedo hablar de esto seriamente. Trotsky dijo hace tiempo que la unificación era

(33) Como es sabido, la extensa acta de esta histórica sesión fue suprimida, por orden especial de Stalin, del Libro del Jubileo y sigue ocultándose al Partido hasta ahora. (N. del A.)

imposible. Trotsky comprendió esto, y desde entonces no ha habido mejor bolchevique que él.»

No la revolución permanente, sino la tendencia conciliadora; he aquí lo que, a juicio de Lenin, me separaba del bolchevismo. Para que pudiera convertirme en el mejor de los bolcheviques, sólo me era necesario comprender, como hemos oído, la imposibilidad del acuerdo con el menchevismo.

Sea como sea, ¿cómo explicar el viraje en redondo dado por Radek precisamente en la cuestión de la revolución permanente? Parece existir uno de los elementos de explicación. Como vemos por su artículo, Radek era en 1916 solidario de la «revolución permanente» en la interpretación de Bujarin, el cual consideraba que la revolución burguesa en Rusia estaba terminada —no el papel histórico de la burguesía ni el papel histórico de la consigna de la dictadura democrática, sino la revolución burguesa como tal— y que el proletariado debía lanzarse a la conquista del Poder bajo una bandera puramente socialista. Evidentemente, Radek interpretaba bujarinistamente mi posición de entonces: de no ser así, no hubiera podido solidarizarse al mismo tiempo conmigo y con Bujarin. Esto explica por qué Lenin polemizaba con Bujarin y Radek, con los cuales actuaba conjuntamente, aplicándoles el seudónimo de Trotsky (Radek reconoce esto en su artículo). Recuerdo que en las conversaciones sostenidas en aquel entonces en París, me asustaba con su «solidaridad» problemática en esta cuestión M. N. Pokrovsky,[34] copartícipe de las ideas de Bujarin y constructor inagotable de esquemas históricos, barnizados muy hábilmente de marxismo. En política, Pokrovsky era y sigue siendo un «anticadete» (anti-K. D.),* tomando esto sinceramente por bolchevismo.

34. POKROVSKY, Mijail N. (1868-1932). Bolchevique desde 1905. Presidente del Soviet de Moscú después de octubre de 1917. Forma parte de los comunistas de izquierda en 1918. Cronista de la primera época stalinista, se le reconoce como primera figura de la escuela de historiadores para los que la historia es "política vuelta hacia el pasado". En 1936 sus tesis fueron tachadas de "anti-leninistas", y sus discípulos, en consecuencia, perseguidos.

* Esto es, adversario del Partido de los K. D. (constitucionalistas demócratas). (N. del T.)

En 1924-1925 vivía todavía Radek en el recuerdo ideológico de la posición de Bujarin en 1916, la cual seguía identificando con la mía. Desengañado legítimamente de esta desventurada posición, Radek, como sucede a menudo en tales casos, después de un estudio superficial de Lenin, describe sobre mi cabeza un círculo de 180°. Es muy probable, pues es típico. Del mismo modo Bujarin, que en 1923-25 viró en redondo, convirtiéndose de extremista de izquierda en oportunista, me atribuye constantemente su propio pasado ideológico presentándolo como «trotskismo». En el primer período de la campaña contra mí, cuando me imponía a veces la lectura de los artículos de Bujarin, me preguntaba con frecuencia: ¿De dónde ha sacado esto? Pero después lo adiviné: consultaba su dietario de ayer. He aquí por qué me pregunto si en la conversión contraapostólica del Pablo de la revolución permanente que Radek era ayer, en el Saulo de esta última no hay la misma base psicológica. No me atrevo a insistir en esta hipótesis. Pero no he podido hallar otra explicación.

* * *

Sea como sea, según la expresión francesa, la botella ha sido descorchada y hay que apurarla hasta el fondo. Tendremos que efectuar una larga excursión por la región de los viejos textos. He reducido las citas todo cuanto me ha sido posible. Pero, así y todo, son numerosas. Sírvame de justificación el esfuerzo constante que efectúo para tender un hilo entre este manoseo de viejas citas que me ha sido impuesto y los problemas candentes de nuestros días.

II

LA REVOLUCIÓN PERMANENTE NO ES EL «SALTO» DEL PROLETARIADO, SINO LA TRANSFORMACIÓN DEL PAÍS BAJO SU DIRECCIÓN.

Radek dice:

«El rasgo fundamental que distingue la teoría leninista del conjunto de ideas que llevan el nombre de teoría y táctica (fijaos en ello: *¡y táctica!* L. T.) de la "revolución permanente" es la *confusión de la etapa de la revolución burguesa con la etapa de la revolución socialista.*»

Con esta acusación fundamental están relacionadas, o se desprenden de ella, otras no menos graves: Trotsky no comprendía que «en las condiciones de Rusia era imposible una revolución socialista que no surgiera sobre la base de la democrática», de donde se deducía «el salto por encima del peldaño de la dictadura democrática». Trotsky «negaba» el papel de los campesinos, lo cual identificaba sus ideas con las de los mencheviques». Todo esto, como ya se ha recordado, tiende a demostrar, con ayuda del sistema de indicios indirectos, lo erróneo de mi posición en lo que atañe a los problemas fundamentales de la Revolución china.

Naturalmente, desde el punto de vista formal, Radek puede apelar de vez en cuando a Lenin. Y es lo que hace: *esta* parte de los textos, todo el mundo la «tiene a mano». Pero, como demostraré más abajo, las afirmaciones de este género hechas por Lenin respecto a mí tenían un carácter puramente episódico y eran erróneas, esto es, no caracterizaban en modo alguno mi verdadera posición ni aun la

97

de 1905. El mismo Lenin sostiene opiniones completamente diferentes, directamente opuestas y mucho más fundamentales sobre mi verdadera actitud ante las cuestiones fundamentales de la revolución. Radek ni tan siquiera intenta reducir a un todo armónico las opiniones diversas y aun contradictorias de Lenin, y explicar estas contradicciones polémicas comparándolas con mis ideas reales.[35]

En 1906, Lenin dio a conocer el artículo de Kautsky [36] sobre las fuerzas motrices de la Revolución rusa, acompañándolo de un prefacio suyo. Yo, sin tener noticias de esto, recluido en la cárcel, traduje también dicho artículo y lo incluí, acompañándolo también de un prefacio, en mi libro *En defensa del Partido*. Tanto Lenin como yo expresamos una solidaridad completa con el análisis de Kautsky. A la pregunta de Pléjanov de si nuestra revolución era burguesa o socialista, Kautsky contestaba en el sentido de que no era ya burguesa ni era aún socialista, esto es, que representaba una forma transitoria de la una a la otra. Lenin escribía, a este propósito, en su prefacio:

«Por su carácter, nuestra revolución, ¿es burguesa o socialista? Es ésta una forma rutinaria de plantear la cuestión —contesta Kautsky.

«No se puede plantear así, no es ésta manera marxista de plantearla. La revolución en Rusia no es burguesa, pues la burguesía no se cuenta entre las fuerzas motoras del actual movimiento revolucionario ruso. Y la Revolución rusa no es tampoco socialista.» (T. VIII, pág. 82.)

Antes y después de este prefacio, se pueden encontrar

35. Recordaré que en el VII Pleno del Comité Ejecutivo de la Internacional Comunista grité a Bujarin, que echaba mano de los mismos extractos empleados ahora por Radek: "Pero en Lenin hay otros textos completamente opuestos!". Después de un breve momento de confusión, Bujarin contestó: "Ya lo sé, ya lo sé; pero tomo los que me convienen a mí y no los que le convienen a usted". ¡Tal es el ingenio de ese teórico! (N. del A.)

36. KAUTSKY, Karl (1854-1938). El más brillante discípulo, con Bernstein y W. Liebknecht, de Marx y Engels. En 1897-99 encabeza a los marxistas "ortodoxos" contra el revisionismo de Bernstein. En 1914 votó a favor de los créditos de guerra. Condenó la revolución bolchevique, y siguió siendo, hasta su muerte, uno de los principales dirigentes de la II Internacional.

no pocos pasajes de Lenin en los cuales califica categóricamente la Revolución rusa de burguesa. ¿Hay en ello contradicción? Si se examina la producción de Lenin valiéndose de los procedimientos de los críticos actuales del «trotskismo» se pueden encontrar, sin trabajo, docenas y centenares de contradicciones de este género, las cuales, para el lector serio y concienzudo, se explican por la manera distinta de enfocar la cuestión en los distintos momentos, sin que esto quebrante en lo más mínimo la unidad fundamental de las ideas leninistas.

De otra parte, no se ha negado nunca el carácter *burgués* de la revolución en el sentido de sus fines históricos de momento, sino únicamente en el de sus fuerzas motrices y de sus perspectivas. He aquí cómo empieza mi trabajo fundamental de aquel entonces (1905-1906) sobre la revolución permanente:

«La Revolución rusa ha sido algo inesperado para todos, con excepción de la socialdemocracia. El marxismo tenía predicha desde hacía mucho tiempo la inevitabilidad de la Revolución rusa, la cual debía desencadenarse como consecuencia del choque de las fuerzas del desarrollo capitalista con las del absolutismo inerte. Al calificarla de burguesa, indicaba que los *fines objetivos inmediatos* de la revolución consisten en la creación de condiciones «normales» para el desarollo de la sociedad burguesa en su conjunto. *Se ha visto que el marxismo tenía razón*, y esto no es necesario ya negarlo ni demostrarlo. Ante los marxistas se plantea una misión de otro género: poner al descubierto las «posibilidades» de la revolución que se está desarrollando mediante el análisis de su mecánica interna. La Revolución rusa tiene un carácter completamente peculiar, que es el resultado de las peculiaridades de todo nuestro desarrollo histórico-social y que, a su vez, abre perspectivas históricas completamente nuevas.» (*Nuestra revolución*, 1906, artículo «Resultados y perspectivas», pág. 224.)

«La definición sociológica general —*revolución burguesa*— no resuelve los objetivos político-tácticos, las contradicciones y dificultades que plantea *toda* revolución burguesa.» (Op. cit., pág. 269.)

Por lo tanto, yo no negaba el carácter burgués de la revolución que se estaba discutiendo ni confundía la democracia con el socialismo. Pero demostraba que la dialéctica de clase de la revolución burguesa en nuestro país llevaría al Poder al proletariado, y que sin la dictadura de este último no podrían tener realización los objetivos democráticos.

En este mismo artículo (1905-1906), se dice:

«El proletariado crece y se robustece a la par que progresa el capitalismo. En este sentido, el desarrollo del capitalismo es el del proletariado hacia la dictadura. Pero, el día y la hora en que el Poder pase a las manos de la clase obrera, depende *directamente* no del nivel de las fuerzas productivas, sino de los factores de la lucha de clases, de la situación internacional y, finalmente, de una serie de circunstancias objetivas: tradiciones, iniciativas, espíritu combativo...

En un país económicamente atrasado, el proletariado puede llegar al Poder antes que en un país capitalista avanzado. La idea de que existe una cierta dependencia automática entre la dictadura proletaria y las fuerzas técnicas y los recursos del país, representa en sí un prejuicio propio de un materialismo «económico» simplista hasta el extremo. El marxismo no tiene nada de común con esta idea.

«A nuestro juicio, la Revolución rusa es susceptible de crear condiciones tales, que el Poder puede —y en caso de victoria de la revolución *debe*— pasar a manos del proletariado antes de que los políticos del liberalismo burgués tengan la posibilidad de desarrollar su genio de gobernantes en toda su amplitud.» (Op. cit., pág. 245.)

Estas líneas encierran ya una crítica contra el marxismo «vulgar» dominante en 1905-1906, el mismo que había de dar el tono a la asamblea de los bolcheviques en marzo de 1917, antes de la llegada de Lenin, y que, en la conferencia de abril del mismo año, halló su expresión más destacada en Rykov.[37] En el VI Congreso de la Internacional Comunis-

37. A finales de marzo de 1917, el Partido bolchevique celebró en Petrogrado (actualmente Leningrado) una conferencia para decidir la línea a adoptar en la primera Conferencia de Soviets de toda Rusia. En ella, Stalin presentó una resolución en la que se apoyaba condicionalmente al gobierno provisional, lo que se hallaba en contradicción con las posiciones de Lenin, que negaban cualquier apoyo al mismo.

ta, ese seudomarxismo, esto es, el sentido común del filisteo adulterado por la escolástica, constituyó la base «científica» de los discursos de Kuusinen y de muchos otros. ¡Y esto, diez años después de la Revolución de Octubre!

En la imposibilidad de exponer aquí en toda su extensión las ideas desarrolladas en mis *Resultados y perspectivas*, reproduciré un pasaje de un artículo mío publicado en el periódico «Natchalo» (1905), en que dichas ideas aparecen resumidas.

«Nuestra burguesía liberal obra contrarrevolucionariamente ya antes de que culmine la revolución. Nuestra democracia intelectual, en los momentos críticos, no hace más que demostrar su impotencia. Los campesinos constituyen en sí, en su conjunto, un factor espontáneo de revuelta que puede ser puesto al servicio de la revolución únicamente por la fuerza que tome en sus manos el Poder del Estado. La posición de vanguardia que ocupa la clase obrera en la lucha revolucionaria; el contacto directo que se establece entre ella y el campo revolucionario; el atractivo que ejerce sobre el Ejército, ganándoselo, todo la empuja inevitablemente hacia el Poder. La victoria completa de la revolución implica la victoria del proletariado. Esta última implica, a su vez, el carácter ininterrumpido de la revolución.» (*Nuestra Revolución*, pág. 172.)

Por lo tanto, la perspectiva de la dictadura del proletariado surge aquí precisamente de la revolución democrático-burguesa, contrariamente a todo lo que dice Radek. Por eso esta revolución se llama permanente (ininterrumpida).

(E. H. Carr, *La Revolución Bolchevique* (1917-1923), Tomo I, pág. 90, Alianza Editorial, Madrid, 1972).

En la Conferencia de Abril muchos viejos militantes manifestaron, ante estas y otras cuestiones, discrepancias con Lenin. Tales discrepancias fueron reconocidas en 1924 por el propio Stalin (E. H. Carr, ibíd. pág. 93).

La posición adoptada por Rykov en la Conferencia podría ser resumida por una de sus intervenciones: "¿Dónde nacerá el sol de la revolución socialista? Personalmente creo que dadas las actuales condiciones, dado nuestro nivel de vida, no nos corresponde iniciar la revolución socialista. No tenemos ni la fuerza ni las condiciones objetivas para ello" (E. H. Carr, ibíd., pág. 100).

Pero la dictadura del proletariado aparece no *después* de la realización de la revolución democrática —como resulta de la tesis de Radek—; en este caso, en Rusia hubiera sido sencillamente imposible, pues, en un país atrasado, un proletariado poco numeroso no hubiera podido llegar al Poder si los objetivos de los campesinos hubieran sido resueltos en la etapa precedente. No; la dictadura del proletariado aparecería como probable y aun inevitable sobre la base de la revolución burguesa, precisamente porque no había otra fuerza ni otras sendas para la realización de los objetivos de la revolución agraria. Pero, con ello mismo, se abrían las perspectivas para el trueque de la revolución democrática en socialista.

«Al entrar en el Gobierno, no como rehenes impotentes, sino como fuerza directora, los representantes del proletariado destruyen, ya por este solo hecho, la frontera entre el programa mínimo y el programa máximo, *poniendo el colectivismo a la orden del día.* El punto en que el proletariado se detenga ante este problema, dependerá de la correlación de fuerzas, pero en modo alguno de los propósitos primitivos del partido proletario.

«He aquí por qué no se puede ni siquiera hablar de una forma *peculiar* de dictadura proletaria en el transcurso de la revolución burguesa; es decir, de la *dictadura democrática* del proletariado (o del proletariado y de los campesinos). La clase obrera no puede asegurar el carácter democrático de la dictadura que encarne sin rebasar las fronteras de su programa democrático.

«Tan pronto como el proletariado haya tomado el Poder, luchará por él hasta las últimas consecuencias. Y si es cierto que uno de los medios de esta lucha por la conservación y la consolidación del Poder será la agitación y la organización, sobre todo en el campo, no lo es menos que otro será el programa colectivista. El colectivismo se convertirá, no sólo en una consecuencia inevitable del hecho de la permanencia del partido en el Poder, sino en el medio de asegurar esta permanencia apoyándose en el proletariado.» (*Resultados y perspectivas*, pág. 258.)

Prosigamos:

«Conocemos un ejemplo clásico de revolución —escribía

yo en 1908, contra el menchevique Cherevanin [38]— en el cual las condiciones de predominio de la burguesía capitalista fueron preparadas por la dictadura terrorista de los *sansculottes* victoriosos. Pero esto era en una época en que la masa principal de la población urbana estaba formada por la pequeña burguesía artesana y comercial. Los jacobinos arrastraron a esa masa. La masa de la población de las ciudades de Rusia está formada, hoy, por el proletariado industrial. Esta sola diferencia basta para sugerir la idea de la posibilidad de una situación histórica en que la victoria de la revolución «burguesa» sólo sea posible mediante la conquista del Poder revolucionario por el proletariado. ¿Dejará por ello esta revolución de ser burguesa? Sí y no. Dependerá, no de la definición formal, sino de la marcha ulterior de los acontecimientos. Si el proletariado se ve eliminado por la coalición de las clases burguesas, incluso los campesinos emancipados por él, la revolución conservará su carácter burgués, limitado. En cambio, si consigue poner en movimiento todos los recursos de su hegemonía política para romper el marco nacional de la revolución, ésta se puede convertir en el prólogo de la transformación socialista mundial. La cuestión de saber en qué *etapa* se detendrá la Revolución rusa, sólo permite, naturalmente, una solución condicional. Pero lo indudable e indiscutible es que la simple definición de la Revolución rusa como *burguesa* no dice absolutamente nada acerca de las características de su desarrollo interno, ni siquiera, en todo caso, que el proletariado deba adaptar su táctica a la conducta de la democracia burguesa como único pretendiente legítimo del Poder.» (L. Trotsky, *1905*, pág. 263 de la edición rusa.)

He aquí otro fragmento del mismo artículo:

«Nuestra revolución, burguesa por los fines que la engendran, no conoce, a consecuencia de la diferenciación extrema de clases de la población industrial, una clase burguesa que pueda ponerse al frente de las masas populares,

---

38. CHEREVANIN. Situado en el ala derecha del menchevismo. Economista. Consejero económico del Soviet después de la Revolución de Febrero.

uniendo su peso social y su experiencia política a la energía revolucionaria de estas últimas. Las masas obreras y campesinas, entregadas a sí mismas, deberán ir sentando, en la severa escuela de contiendas implacables y duras derrotas, las premisas políticas y de organización necesarias para triunfar. No tienen otro camino.» (L. Trotsky, *1905*, págs. 267-268.)

Y todavía tenemos que reproducir otro pasaje, sacado de *Resultados y perspectivas* y referente al punto más discutido: el que se refiere a la clase campesina. He aquí lo que yo escribía, en un capítulo dedicado especialmente a «El proletariado en el Poder, y los campesinos»:

«El proletariado no puede consolidar su poder sin ensanchar la base de la Revolución.

«Muchos sectores de las masa que trabajan, sobre todo en el campo, se verán arrastrados por vez primera a la revolución, y solo adquirirán una organización política después que la vanguardia de la revolución, el proletariado urbano, empuñe el timón del Estado. La agitación y la organización revolucionarias se efectuarán con la ayuda de los recursos del Estado. Finalmente, el propio Poder legislativo se convertirá en un instrumento poderoso para revolucionar a las masas populares...

«El destino de los intereses revolucionarios más elementales de los campesinos —incluso de *todos* los campesinos como clase— se halla ligado con el de toda la revolución, esto es, con el del proletariado. *El proletariado en el Poder será, respecto a los campesinos, la clase emancipadora.*

«La dominación del proletariado señalará no sólo la igualdad democrática, la administración autónoma libre, una política fiscal que hará recaer todo el peso de los impuestos sobre las clases poseedoras, la conversión del Ejército permanente en el pueblo armado, la supresión de los tributos obligatorios a la Iglesia, sino también el reconocimiento de todas las transformaciones revolucionarias —confiscaciones—, llevadas a cabo por los campesinos en el régimen agrario. El proletariado convertirá estas transformaciones en el punto de partida de medidas gubernamentales ulteriores en la esfera de la agricultura. En estas condiciones, en el transcurso del primer período, el más difícil, los campesinos rusos estarán en todo caso no menos interesados en sostener el régimen proletario que los campesinos franceses lo estaban en sostener el régimen militar de Napoleón Bonaparte, que garantizaba con la fuerza de las bayonetas a los nuevos propietarios la inviolabilidad de sus parcelas de tierra...

«Pero ¿pueden los campesinos eliminar al proletariado y ocupar su sitio? Es imposible. Contra esta suposición protesta toda la experiencia histórica, la cual demuestra que los campesinos son completamente incapaces de desempeñar un papel político *independiente*.» (Op. cit., pág. 251.)

Todo esto fue escrito no en 1929, ni en 1924, sino en 1905. Quisiera saber si es esto lo que llaman «ignorar» a los campesinos, «saltarse por alto» la cuestión agraria. ¿No es hora ya, amigos, de proceder honradamente?

Fijáos, por lo que a «honradez» se refiere, en lo que dice Stalin. Hablando de los artículos sobre la Revolución de Febrero de 1917, escritos por mí desde Nueva York y que coincidían en lo esencial con los enviados desde Ginebra por Lenin, Stalin escribe:

«Las cartas del camarada Trotsky "no se parecen en nada" a las de Lenin, ni por su espíritu ni por sus consecuencias, pues reflejan enteramente la consigna antibolchevista del autor: "¡Abajo el zar, y viva el Gobierno obrero!", consigna que implica la revolución *sin* los campesinos.» (Discurso pronunciado en la fracción del Consejo Central de los Sindicatos de la U.R.S.S., 19 noviembre 1924.)

Son realmente notables estas palabras acerca de la consigna «antibolchevista» atribuida a Trotsky: «¡Abajo el zar y viva el Gobierno obrero!». Por lo visto, según Stalin, la consigna bolchevista debía estar concebida así: «¡Abajo el Gobierno obrero y viva el zar!». Pero, ya hablaremos más adelante de la pretendida «consigna» de Trotsky. Ahora, oigamos a otra mentalidad contemporánea, acaso menos inculta, pero ya definitivamente divorciada de la conciencia teórica del partido; me refiero a Lunatcharsky:

«En 1905, Lev Davidovich Trotsky se inclinaba a la idea de que el proletariado *debía actuar aislado* sin ayudar a la burguesía, pues otra cosa sería oportunismo; pero era muy difícil que el proletariado pudiera hacer por sí solo la revolución, pues en aquel entonces no representaba más que el 7 o el 8 por ciento de la población, y con cuadros tan redu-

cidos no se podía combatir. En vista de esto, Lev Davidovich resolvió que el proletariado debía mantener en Rusia
la revolución permanente, esto es, luchar por los mayores
resultados posibles hasta que los tizones de ese incendio
«tizones».* Pero no nos mostremos severos con Lunatchars-
«Sobre las características de la Revolución de Octubre», en
la revista *El Poder de los Soviets*, núm. 7, 1927, pág. 10.)

El proletariado «debe actuar aislado», hasta que los tizones hagan saltar el polvorín... No escriben mal algunos comisarios del pueblo, que, por el momento, no actúan aún
«aislados», a pesar del estado amenazador de sus propios
«tizones».* Pero no nos mostremos severos con Lunatcharsky; cada cual hace lo que puede. Al fin y al cabo, sus absurdas chapucerías no lo son más que muchas otras.

Pero, veamos: ¿es cierto que, según Trotsky, el proletariado debiera «actuar aislado»? Reproduzcamos un pasaje
sobre el particular, sacado de mi folleto sobre Struve,**
1906. Digamos entre paréntesis que cuando apareció dicho
folleto, Lunatcharsky *** le tributó elogios inmoderados. Mientras que los partidos de la burguesía —se dice en el capítulo sobre el Soviet de Diputados Obreros— «permanecían
completamente al margen» de las masas en pleno auge, «la
vida política se concentraba alrededor del Soviet obrero. La
actitud de la masa neutra con respecto al Soviet era de evidente simpatía, aunque poco consciente. Todos los oprimi-
dos y humillados buscaban defensa en él. La popularidad
del Soviet se extendió mucho más allá de las fronteras de
la ciudad. Recibía «súplicas» de los campesinos esquilma-

* Alusión a la situación inestable de Lunatcharsky en su cargo
de comisario de Instrucción pública, del cual fue, en efecto, destituido
en 1930. (N. del T.)
** Uno de los fundadores de la socialdemocracia rusa, que se
pasó al liberalismo burgués y es actualmente monárquico de extrema
derecha. (N. del T.)
*** LUNATCHARSKY, Anatoli Vasilievich (1873-1933). Miembro del
POSDR en 1898. Bolchevique desde 1903. Uno de los líderes de los
liquidacionistas. Rompe con Lenin en 1909 y se pasa a los mencheviques. Internacionalista durante la guerra. Ingresa en julio de 1917
a la organización interradios y con ella, al mes siguiente, en el Partido
bolchevique. Comisario de Educación en 1917 a 1929. Nombrado embajador en Madrid en 1933, muere en París durante el viaje.

dos, adoptaba resoluciones campesinas, y ante él se presentaban delegaciones de las sociedades rurales. En él, precisamente en él, se concentraba la atención y la simpatía de la nación, de la auténtica, de la no falsificada nación democrática.» (*Nuestra Revolución*, pág. 199.)

Como se ve, en todos estos extractos —cuyo número se podría doblar, triplicar, decuplicar—, la revolución permanente aparece expuesta como una revolución que incorpora al proletariado organizado en Soviet a las masas oprimidas de la ciudad y del campo, como una revolución nacional que lleva al proletariado al Poder, y abre con ello la posibilidad de la transformación de la revolución democrática en socialista. La revolución no es un salto dado aisladamente por el proletariado, sino la transformación de toda la nación acaudillada por el proletariado. Así concebía y así interpretaba yo, a partir de 1905, las perspectivas de la revolución permanente.

* * *

Por lo que se refiere a Parvus,[39] con cuyas opiniones tenía muchos puntos de contacto mi concepción de la Revolución rusa en 1905, sin coincidir, sin embargo, enteramente con ellas, tampoco tiene razón Radek cuando repite la consabida frase de Parvus relativa al «salto» desde el Gobierno zarista al socialdemócrata. En rigor, Radek se refuta a sí mismo cuando en otro pasaje del artículo indica, de pasada, pero acertadamente, *en qué* se distinguían propiamente mis concepciones sobre la revolución de las de Parvus. Este no entendía que el gobierno obrero, en Rusia, derivara en el sentido de la revolución socialista, esto es, que pudiera transformarse en dictadura socialista en el transcurso de la realización por él mismo de los objetivos de la

39. Hay que recordar que, en aquel período, Parvus se hallaba situado en la extrema izquierda del marxismo internacional. (N. del A.)
Parvus era un socialdemócrata ruso emigrado en Alemania, donde tomó una participación activa en el movimiento socialista. Volvió a Rusia en 1905. Durante la guerra fue agente del imperialismo alemán. Murió en 1924. (N. del T.)

democracia. Como lo demuestra el extracto de 1905, reproducido por el propio Radek, Parvus limitaba los objetivos
del Gobierno obrero a los de la *democracia*. ¿Dónde, en este
caso, está el salto hacia el *socialismo*? Parvus, ya en aquel
entonces, preveía la instauración, como resultado de la revolución, de un régimen obrero de tipo «australiano».[40] Después de la Revolución de Octubre —cuando se hallaba, desde hacía mucho tiempo, en la extrema derecha del social-
reformismo, Parvus seguía estableciendo el parangón entre
Rusia y Australia. Bujarin afirmaba con este motivo que
Parvus había «inventado» a Australia retroactivamente, a
fin de lavar sus viejas culpas por lo que se refería a la revolución permanente. Pero no es verdad. En 1905, Parvus
veía ya en la conquista del Poder por el proletariado la senda hacia la democracia y no hacia el socialismo; esto es,
reservaba al proletariado exclusivamente el papel que en
efecto desempeñó en nuestro país durante los primeros ocho
o diez meses de la Revolución de Octubre. Parvus apuntaba
ya por entonces hacia la democracia australiana de aquellos
tiempos, es decir, hacia un régimen en que el partido obrero gobernaba, pero no dominaba, realizando sus reivindicaciones reformistas únicamente como complemento, al programa de la burguesía. Ironía del destino: la tendencia fundamental del bloque de la derecha y del centro de 1923-1928
había de consistir precisamente en acercar la dictadura del
proletariado a una democracia obrera de tipo australiano,
es decir, al pronóstico de Parvus. Esto aparecerá con especial evidencia si se recuerda que los «socialistas» pequeño-
burgueses rusos de veinte o treinta años atrás pintaban a
Australia, en la prensa rusa, como un país obrero-campe-

40. En 1901 Australia obtiene el Estatuto de Dominio que la inde-
pendiza de Inglaterra. A partir de 1910 se forman partidos obreros
semejantes al Labour Party inglés. Pero para esas fechas Australia
ya disfrutaba de un régimen democrático: jornada de ocho horas en
1856, separación de la Iglesia del Estado en 1877, voto de las mujeres
en 1893. Las grandes propiedades fueron expropiadas en la última
década del siglo, obteniéndose además las pensiones de vejez. Estas
últimas concesiones fueron desarrolladas mediante leyes sociales avanzada, impulsadas por el Partido Laborista australiano. Bajo este "socialismo pragmático", Australia fue considerada en aquellas fechas
como "un paraíso obrero".

sino, preservado del mundo exterior por tarifas arancelarias elevadas, que desarrollaba una legislación «socialista», y por este medio edificaba el socialismo en un solo país.

Radek hubiera obrado acertadamente si hubiera puesto de relieve este aspecto de la cuestión en vez de repetir las patrañas relativas a mi fantástico salto por encima de la democracia.

III

LOS TRES ELEMENTOS DE LA «DICTADURA DEMOCRÁTICA»: LAS CLASES, LOS OBJETIVOS Y LA MECÁNICA POLÍTICA.

La diferencia entre el punto de vista «permanente» y el de Lenin hallaba su expresión en la contraposición entre la consigna de la dictadura del *proletariado*, apoyada en los campesinos, y la de la dictadura *democrática* del proletariado y los campesinos. El problema debatido referíase no a la posibilidad de saltar por alto la etapa democrático-burguesa, ni a la necesidad de una alianza entre obreros y campesinos, sino a la *mecánica política* de la colaboración del proletariado y de los campesinos en la revolución democrática.

Radek, con una excesiva intrepidez, por no decir ligereza, dice que sólo aquellos que no habían reflexionado sobre la complejidad de los métodos del marxismo y del leninismo podían plantear la cuestión de la expresión *política y de partido* de la dictadura democrática, puesto que, según él, Lenin reducía toda la cuestión a la colaboración de dos clases en aras de fines históricos objetivos. No; no es así.

Si prescindimos completamente, ante el problema discutido, del factor subjetivo de la revolución —de los partidos y sus programas—, de la forma política y de organización de la colaboración del proletariado y de los campesinos, desaparecerán todas las divergencias, no sólo entre Lenin y yo —divergencias que reflejaban tan sólo dos matices dentro del ala revolucionaria—, sino, lo que es mucho peor, las existentes entre el bolchevismo y el menchevismo, y desaparece-

111

rá asimismo la diferencia que separa la Revolución rusa de 1905 y las revoluciones de 1848, y aun la de 1789, en la medida en que, con respecto a esta última, cabe hablar de un proletariado. Todas las revoluciones burguesas se han fundado en la colaboración de las masas oprimidas de la ciudad y del campo. Esto era lo que daba a aquéllas, en mayor o menor grado, un carácter nacional, o sea, de participación de todo el pueblo.

Tanto teórica como políticamente, el debate versaba, no sobre la colaboración de los obreros y campesinos, en su condición de tales, sino del programa de dicha colaboración, de sus formas de partido y de sus métodos políticos. En las antiguas revoluciones, los obreros y campesinos «colaboran» bajo la dirección de la burguesía liberal o de su ala democrática pequeño-burguesa. La Internacional Comunista ha repetido la experiencia de las *antiguas* revoluciones en circunstancias históricas *nuevas*, haciendo cuanto estaba de su mano para someter a los obreros y campesinos chinos a la dirección del nacional-liberal Chang-Kai-chek, y luego al nacional-demócrata Van-Tin-vei. Lenin planteaba la cuestión de una alianza de obreros y campesinos, irreconciliablemente opuesta a la burguesía liberal. La historia no había presenciado nunca semejante alianza. Se trataba de una experiencia, nueva por sus métodos, de colaboración de las clases oprimidas de la ciudad y del campo. Por esta misma razón, planteábase también como novedad el problema de las formas políticas de colaboración. Radek no se ha dado sencillamente cuenta de esto. Por eso nos hace volver atrás, hacia la abstracción histórica vacía, no sólo desde la fórmula de la revolución permanente, sino también de la «dictadura democrática» de Lenin.

Sí; Lenin en el transcurso de una serie de años, se negó a prejuzgar cuál sería la organización política de partido y de Estado de la dictadura democrática del proletariado y de los campesinos, colocando en primer término la colaboración de estas dos clases en oposición a la burguesía liberal. De toda la situación objetiva —decía— se desprende inevitablemente, en una etapa histórica determinada, la alianza revolucionaria de la clase obrera y de los campesinos para la resolución de los objetivos de la transformación de-

mocrática. ¿Podrán ó no, sabrán o no, los campesinos crear
un partido independiente? ¿Estará en mayoría o en minoría
dicho partido, dentro del Gobierno revolucionario? ¿Cuál
será el peso específico de los representantes del proletariado en dicho Gobierno? Todas éstas son preguntas que no
admiten una respuesta *a priori.* «¡La experiencia lo dirá!»
Por el hecho de dejar entreabierto el problema de la mecánica política de la alianza de los obreros y campesinos, la
fórmula de la dictadura democrática, sin convertirse, ni mucho menos, en la abstracción pura de Radek, seguía siendo
durante un cierto tiempo una fórmula algebraica que admitía, en el futuro, interpretaciones políticas muy diversas.
El propio Lenin, además, no consideraba que, en general,
la cuestión quedara agotada con la base de clase de la dictadura y sus fines históricos objetivos. Lenin comprendía
muy bien —y nos enseñó a todos nosotros en este sentido—
la importancia del factor subjetivo: los fines, el método
consciente, el partido. He aquí por qué en los comentarios
a su consigna no renunciaba, ni mucho menos, a la resolución hipotética de la cuestión de las formas políticas que
podía asumir la primera alianza independiente de los obreros y campesinos que registraría la historia. Sin embargo,
Lenin estaba lejos de enfocar la cuestión de un modo idéntico en todos los instantes. Hay que tomar el pensamiento
leninista, no dogmática, sino históricamente. Lenin no traía
unas tablas de la ley de lo alto del Sinaí, sino que forjaba
las ideas y las consignas en la forja de la lucha de clases.
Estas consignas las ajustaba a la realidad, las concretaba,
las precisaba, y, según los períodos, les infundía uno y otro
contenido. Sin embargo, Radek no ha estudiado en lo más
mínimo este aspecto de la cuestión, que ulteriormente tomó
un carácter decisivo, poniendo al Partido bolchevique, a
principios de 1917, al borde de la escisión; [41] prescinde en
absoluto de él. Ahora bien, es un hecho que en los distintos
momentos Lenin no caracterizaba de un modo idéntico la

41. Se refiere a las ya aludidas divergencias surgidas en marzo y
abril de 1917, al dejar Lenin atrás la fórmula de *dictadura democrática
de obreros y campesinos,* y adoptar la nueva de *gobierno obrero,*
aliado a las capas pobres del campesinado.

113

expresión política de partido gubernamental de la alianza de las dos clases, absteniéndose, sin embargo, de atar al partido con esas interpretaciones hipotéticas. ¿Cuáles son las causas de esta prudencia? Las causas residen en el hecho de que en la fórmula algebraica entraba un factor de importancia gigantesca, pero extremadamente indefinida desde el punto de vista político: *los campesinos*.

Citaré sólo algunos ejemplos de interpretación leninista de la dictadura democrática, haciendo notar, al mismo tiempo, que el caracterizar de un modo articulado la *evolución* del pensamiento de Lenin en esta cuestión exigiría un trabajo especial.

En marzo de 1905, desarrollando la idea de que la base de la dictadura serían el proletariado y los campesinos, Lenin decía:

«Esta composición social de la posible y deseable dictadura revolucionaria democrática, se reflejará, naturalmente, en la composición del Gobierno revolucionario, hará inevitable la participación y aun *el predominio en el mismo de los representantes más diversos de la democracia revolucionaria*.» (*Obras*, VI, pág. 132. El subrayado es mío.)

En estas palabras, Lenin indica no sólo la base de clase, sino asimismo una forma gubernamental determinada de dictadura, con el posible predominio en la misma de los representantes de la democracia pequeño-burguesa.

En 1907 escribía Lenin:

«La "revolución agraria" de que habláis, señores, para triunfar, debe convertirse en el poder central como tal, como revolución agraria, en todo el Estado.» (T. IX, pág. 539.)

Esta fórmula va aún más allá. Se la puede interpretar en el sentido de que el poder revolucionario ha de concentrarse directamente en las manos de los campesinos. Pero esta fórmula, mediante una interpretación más vasta, introducida por el desarrollo mismo de los acontecimientos, comprende asimismo la Revolución de Octubre, la cual llevó al proletariado al Poder como «agente» de la revolución campesina. Tal es la amplitud de las posibles interpretaciones de la fórmula de la dictadura democrática de los obreros y campesinos. Se puede admitir que su lado fuerte —hasta un momento determinado— se hallaba en éste su carácter algebraico; pero esto constituye asimismo su carácter peligroso, como habría de ponerse de manifiesto en nuestro país con toda evidencia después de Febrero, y en China, donde este peligro condujo a la catástrofe.

En julio de 1905, Lenin escribe:

«Nadie habla de la toma del Poder por el Partido; se habla únicamente de su participación, directiva *en lo posible*, en la revolución.» (*Obras*, VI, pág. 278.)

En diciembre de 1906 Lenin considera posible solidarizarse con Kautsky, en lo que se refiere a la cuestión de la conquista del Poder por el Partido:

«Kautsky no sólo considera como "muy posible" que "en la marcha de la revolución, el partido socialista obtenga la victoria, sino que declara que constituye un deber de los socialdemócratas" inspirar a sus adeptos la confianza en el triunfo, pues no es posible luchar si de antemano se renuncia a él.» (*Obras*, VII, pág. 58.)

Como volveremos a ver más adelante, entre estas dos interpretaciones del propio Lenin la distancia no es menor, ni mucho menos, que entre sus fórmulas y las mías.

¿Qué significan estas contradicciones? Estas contradicciones no hacen más que reflejar esa «gran incógnita» de la fórmula política de la Revolución: *los campesinos*. No en vano en otros tiempos el pensamiento radical llamaba al «mujik» la esfinge de la historia rusa. La cuestión del carácter de la dictadura revolucionaria —quiéralo o no Radek— está indisolublemente ligada a la posibilidad de un partido campesino revolucionario hostil a la burguesía liberal e independiente con respecto al proletariado. No es difícil comprender la importancia decisiva de esta cuestión. Si en la época de la revolución democrática los campesinos son capaces de crear su partido propio, *independiente*, la dictadura democrática es realizable en el sentido verdadero y directo de esta palabra, y la cuestión de la participación de la minoría proletaria en el Gobierno revolucionario adquiere una significación, si bien importante, secundaria ya.

Las cosas adquieren un sentido muy diferente si se parte del punto de vista de que los campesinos, a consecuencia de su situación intermedia y de la heterogeneidad de su composición social, no pueden tener ni una política ni un partido independientes y en la época revolucionaria se ven obligados a elegir entre la política de la burguesía y la del proletariado. Esta valoración del carácter político de los campesinos es la única que abre las perspectivas de la dictadura del proletariado surgiendo directamente de la revolución democrática. En esto, naturalmente, no hay «ignorancia», ni «negación», ni «menosprecio» de la importancia revolucionaria de los campesinos. Sin la importancia decisiva de la cuestión agraria para la vida de toda la sociedad, sin la gran profundidad y las proporciones gigantescas de la revolución campesina, ni tan siquiera se habría podido hablar en Rusia de dictadura del proletariado. Pero el hecho de que la revolución *agraria* creara las condiciones para la dictadura del *proletariado*, fue una consecuencia de la incapacidad de los campesinos para resolver su problema histórico con sus propias fuerzas y bajo su propia dirección. En las condiciones de los países burgueses de nuestros días, que, aunque atrasados, hayan entrado ya en el período de la industria capitalista y se hallen relacionados formando un todo por las vías férreas y el telégrafo —y con esto nos referimos no sólo a Rusia, sino también a China y a la India—, los campesinos son aún menos capaces de desempeñar un papel directivo o tan sólo independiente que en la época de las antiguas revoluciones burguesas. El hecho de que haya subrayado en todas las ocasiones y de un modo insistente esta idea, que constituye uno de los rasgos más importantes de la teoría de la revolución permanente, ha servido de pretexto, completamente insuficiente y sustancialmente infundado, para acusarme de no apreciar el papel de los campesinos en su justo valor.

¿Cómo veía Lenin la cuestión del Partido campesino? A esta pregunta sería asimismo necesario contestar con una exposición completa de la evolución de sus ideas sobre la Revolución rusa en el período de 1905 a 1917. Nos limitaremos tan sólo a dos citas. En 1907, Lenin dice:

«Es posible... que las dificultades objetivas de la cohesión política de la pequeña burguesía no permitan la formación de un partido semejante y dejen por mucho tiempo a la democracia campesina en su estado actual de masa incoherente, informe, difusa, que ha hallado su expresión en los «trudoviki» (42). (*Obras*, VII, pág. 494.)

En 1909, Lenin, hablando del mismo tema, se pronuncia ya en otro sentido.

«No ofrece la menor duda que la revolución, llevada... hasta un grado tan elevado de desarrollo como la dictadura revolucionaria, creará un partido campesino revolucionario más definido y más fuerte. Razonar de otro modo significaría suponer que en el adulto ningún órgano esencial pueda seguir siendo infantil por su magnitud, su forma y su grado de desarrollo.» (*Obras*, XI, parte I, pág. 230.)

¿Se ha confirmado esta suposición? No; no se ha confirmado. Sin embargo, ella fue la que incitó precisamente a Lenin a dar, *hasta el momento de la comprobación histórica completa*, una respuesta algebraica a la cuestión del Poder revolucionario. Naturalmente, Lenin no colocó nunca su fórmula hipotética por encima de la realidad. La lucha por la política independiente del partido proletario constituyó la aspiración principal de su vida. Pero los lamentables epígonos, en su afán de ir a la zaga del partido campesino, llegaron a la subordinación de los obreros chinos al Kuomintang, a la estrangulación del comunismo en la India en aras del «partido obrero y campesino», a la peligrosa ficción de la Internacional Campesina, a esa mascarada de la Liga Antiimperialista, etc., etc.[43]

(42) "Trudoviki", representantes de los campesinos en las cuatro Dumas, que oscilaban constantemente entre los "cadetes" (liberales) y los socialdemócratas. (N. del A.)

43. El Partido Comunista indio fue fundado en 1924, transformándose en 1926 en Partido Obrero y Campesino, siguiendo así las directrices de la I.C. El P.C. y C. indio debería de ser el soporte organizativo de la fórmula gubernamental designada como *dictadura democrática de obreros y campesinos.*

La fórmula de Partidos Obreros y Campesinos fue promulgada desde 1924. Según Stalin, "Los comunistas deben pasar de la política del frente único a la del bloque revolucionario de los obreros y de la pequeña burguesía. En tales países (los de Oriente. N. E.), este bloque puede adquirir la forma de un partido único, partido obrero y campesino, del tipo Kuomintang" (Stalin, *Cuestiones del leninismo*).

La Internacional Campesina, o Internacional Verde, fue fundada en 1923. De existencia efímera y nula efectividad, pretendió agrupar al campesinado de los diversos países, en una organización internacio-

El pensamiento oficial actual no se toma en absoluto la molestia de detenerse en las «contradicciones» de Lenin indicadas más arriba, en parte externas y aparentes, en parte reales, pero impuestas invariablemente por el problema mismo.

Desde que en nuestro país se cultivan una especie de profesores «rojos», que a menudo no se distinguen de los viejos profesores reaccionarios por una columna vertebral más sólida, sino únicamente por una ignorancia más profunda, Lenin se ve aliñado «a lo profesor», se le limpia de «contradicciones»; esto es, de la dinámica viva del pensamiento, enristrando en serie textos aislados y poniendo en circulación una u otra «ristra», según lo exigen las necesidades del momento.

No hay que olvidar ni un instante que los problemas de la revolución se plantearon en un país políticamente «virgen», después de una gran pausa histórica, después de una prolongada época de reacción en Europa y en todo el mundo y que, aunque no fuera más que por esta circunstancia, traían aparejado mucho de desconocido. En la fórmula de la dictadura democrática de los obreros y de los campesinos, Lenin daba expresión a la peculiaridad de las condiciones sociales de Rusia, interpretando dicha fórmula de distintas maneras, pero sin renunciar a la misma antes de aquilatar hasta el fondo dicha peculiaridad de la Revolución rusa.

¿En qué consistía esta peculiaridad?

El papel gigantesco del problema agrario y de la cuestión campesina en general, como suelo o subsuelo de todos los demás problemas, y la existencia de una numerosa intelectualidad campesina o campesinófila con una ideología

---

nal, al margen tanto del proletariado como de los Partidos Comunistas.

Según Annie Kriegel (opus. cit.), las Ligas Antiimperialistas fueron creadas, en los países coloniales o semicoloniales, con el objeto de realizar a través de ellas la alianza obrero-campesina. La experiencia de la Internacional Campesina fue impulsada bajo la creencia en la posibilidad de partidos campesinos independientes de la burguesía y del proletariado. Por su parte, las Ligas Antiimperialistas se basaban en el potencial revolucionario de las burguesías nacionales de los países coloniales.

populista, con tradiciones «anticapitalistas» y temple revolucionario, significaba que *si había en algún sitio la posibilidad de un partido campesino antiburgués y revolucionario, era en Rusia.*

Y, en efecto, en las tentativas de creación de un partido campesino u obrero-campesino —distinto del liberal y del proletario— se ensayaron en Rusia todas las variantes políticas posibles, clandestinas, parlamentarias y combinadas. «Tierra y Libertad» («Zemlia y Volia»), «La Libertad del Pueblo» («Narodnaya Volia»), «El Reparto Negro» («Cherny Perediel»), el populismo legal, los «socialrevolucionarios», los «socialistas populares», los «trudoviki», los «socialrevolucionarios de izquierda», etc., etc. En el transcurso de medio siglo hemos tenido en nuestro país una especie de laboratorio gigantesco para la creación de un partido campesino «anticapitalista» con una posición independiente respecto al partido del proletariado. La experiencia de más amplias proporciones fue, como es sabido, la del partido socialrevolucionario, que en 1917 llegó a ser, efectivamente, durante un cierto tiempo, el partido de la mayoría aplastante de los campesinos. Pues bien: este partido sólo utilizó su predominio para entregar a los campesinos atados de pies y manos a la burguesía liberal. Los socialrevolucionarios se coaligaron con los imperialistas de la «Entente» y se alzaron en armas contra el proletariado ruso.

Esta experiencia, verdaderamente clásica, atestigua que los partidos pequeñoburgueses con una base campesina pueden acaso asumir una apariencia de política independiente en los días pacíficos de la historia, cuando se hallan planteados problemas secundarios; pero que, cuando la crisis revolucionaria de la sociedad pone a la orden del día los problemas fundamentales de la propiedad, el partido pequeñoburgués campesino se convierte en un instrumento de la burguesía contra el proletariado.

Si se examinan mis antiguas divergencias con Lenin, no valiéndose de citas tomadas al vuelo, de tal año, mes y día, sino de perspectivas históricas justas, se verá de un modo completamente claro que el debate estaba entablado, al menos por lo que a mí se refiere, no precisamente en torno a la cuestión de saber si para la realización de los objetivos

119

democráticos era necesaria la alianza del proletariado con los campesinos, sino acerca de la forma de partido, política y estatal, que podía asumir la cooperación del proletariado y de los campesinos y de las consecuencias que se desprendían de ello para el desarrollo ulterior de la Revolución: Hablo, naturalmente, de *mi posición* y no de la que sostenían en aquel entonces Bujarin y Radek, sobre la cual pueden, si quieren, explicarse ellos particularmente.

La comparación siguiente demuestra cuán cerca se hallaba mi fórmula de la «revolución permanente» de la de Lenin. En el verano de 1905, y por lo tanto antes todavía de la huelga general y de la insurrección de diciembre en Moscú, escribía yo en el prefacio a los discursos de Lassalle:

«Ni que decir tiene que el proletariado cumple su misión apoyándose, como en otro tiempo la burguesía, en los campesinos y en la pequeña burguesía. El proletariado dirige el campo, lo incorpora al movimiento, le interesa en el éxito de sus planes. Pero, inevitablemente, el caudillo sigue siendo él. No es la «dictadura del proletariado y de los campesinos», sino la dictadura del proletariado apoyada en los campesinos (44).

(44) Este extracto, entre otros cien, atestigua, digámoslo de paso, que yo adivinaba ya la existencia de los campesinos y la importancia de la cuestión agraria en vísperas de la Revolución de 1905, esto es, un poco antes de que empezaran a hacerme comprender la importancia de los campesinos los Maslow, Thalheimer, Thaelmann, Remmele, Cachin, Monmousseau, Bela-Kun, Pepper, Kuusinen y otros sociólogos marxistas. (N. del A.)

KUN, Bela (1886-1936). Dirigente comunista húngaro. Antes de la I.G.M. trabajó como periodista y organizó una sociedad de trabajadores de Transilvania. Estuvo en Rusia a comienzos de la Revolución, y, a su regreso a Hungría en 1918, se constituyó en uno de los líderes comunistas de más prestigio. Fue Comisario de Asuntos Exteriores de la República Soviética de Hungría (proclamada en mayo de 1918), y su principal dirigente. Tras el fracaso de la Revolución húngara, participó en la guerra civil en Rusia, y posteriormente fue uno de los dirigentes de la Internacional Comunista.

KUUSSINEN, Otto (n. en 1881). Socialdemócrata finlandés. Participó en la Revolución de 1905. Diputado, dirigente de la fracción del centro del partido socialdemócrata finlandés. En 1918 fue miembro del gobierno revolucionario de Finlandia, se adhirió al bolchevismo después del fracaso del gobierno revolucionario y fundó el Partido Comunista finlandés. De 1921 a 1939 fue secretario del Ejecutivo de la Interna-

Compárense ahora con estas palabras, escritas en 1905 y citadas por mí en el artículo polaco de 1909, las siguientes de Lenin, escritas en el mismo año 1909, inmediatamente después que la Conferencia del Partido, bajo la presión de Rosa Luxemburg,[45] adoptó, en vez de la antigua fórmula bolchevista, la de «dictadura del proletariado apoyada en los campesinos». Lenin, contestando a los mencheviques, que hablan de su cambio radical de posición, dice:

«...La fórmula escogida por los bolcheviques dice así: *el proletariado conduciendo tras de sí a los campesinos...*» (46).

¿Acaso no es evidente que el sentido de todas estas fórmulas es idéntico; que expresa precisamente la dictadura del proletariado y de los campesinos, que la «fórmula» *el proletariado apoyándose en los campesinos permanece entera-*

cional. En 1939 fue jefe del gobierno fantoche finlandés, y después presidente del Soviet Supremo de la República Soviética en 1940. Miembro del Presidium en el 52 y después en el 57. Posteriormente secretario del C.C Participó en la destalinización.

MONMOUSSEAU, Gaston (n. en 1883). Dirigente ferroviario de la C.G.T. francesa. En el Congreso del pleno de la C.G.T. (París, julio de 1918) ataca a la dirección, junto con Monatte, desde una posición revolucionaria. Con Monatte dirige la extrema izquierda sindical. Dirige, en febrero de 1920, la huelga de los ferrocarriles.

PEPPER, John (seudónimo de POGANY, Josef). Presidente del Consejo de Soldados en la República Soviética Húngara de 1919. Representante del Komintern en EE.UU. desde 1924. Dirigente, con Ruthenberg y Jay Lovestone, de una de las dos fracciones del Partido Obrero. Después de que fue depurado el Partido Obrero norteamericano de trotskistas y bujarinistas (1927-1928) Pepper fue llamado de nuevo a Moscú, donde desapareció en las purgas de los años treinta.

45. LUXEMBURG, Rosa (1871-1919). Nacida en Polonia, donde colabora en la creación del Partido Socialdemócrata polaco. Militante en la socialdemocracia alemana, tiene una intervención de primer orden en la polémica contra Bernstein (*Reforma o Revolución*, Fontamara, 1975). Milita en el ala izquierda de la II Internacional. Dirigente de la corriente internacionalista de Zimmerwald, funda en 1917 el Partido Comunista Alemán. Encabeza en enero de 1919 el movimiento insurreccional de Berlín; detenida, es asesinada días más tarde, por orden del "socialista" Noske.

(46) En la conferencia de 1909, Lenin propuso la fórmula: "El proletariado conduciendo tras de sí a los campesinos"; pero acabó adhiriéndose a la fórmula de los socialdemócratas polacos, que reunió la mayoría de votos contra los mencheviques. (N. del A.)

mente en los límites de esa misma dictadura del proleta-
riado y de los campesinos? (Tomo XI, parte I, págs. 219 y
224. La bastardilla es mía.)

Por lo tanto, Lenin da aquí una interpretación de·la fórmula «algebraica» que excluye la idea de un Partido campesino *independiente,* y con tanto mayor motivo su papel pre-
dominante en el Gobierno revolucionario: el proletariado
conduce a los campesinos, *se apoya* en ellos; por consiguiente, el poder revolucionario se concentra en las manos del
partido del proletariado. Y precisamente en esto consistía
el punto central de la teoría de la revolución permanente.

Lo más que se puede decir hoy, *después* de la comprobación histórica, acerca de las antiguas divergencias en torno
a la dictadura, es esto: mientras que Lenin, partiendo invariablemente del papel directivo del proletariado, subraya y
desarrolla la necesidad de la colaboración revolucionario-
democrática de los obreros y campesinos, enseñándonos a
todos nosotros en este sentido, yo, partiendo invariablemente
de esta colaboración, subrayo constantemente la necesidad
de la dirección proletaria no sólo en el bloque, sino en el Gobierno llamado a ponerse al frente de dicho bloque. No se
puede hallar otra diferencia.

* * *

Tomemos dos extractos relacionado con lo dicho ·más
arriba: uno, sacado de mis *Resultados y perspectivas,* y del
que se han servido Stalin y Zinoviev para demostrar la oposición entre mis ideas y las de Lenin, y otro de un artículo
polémico de éste contra mí y utilizado por Radek con el
mismo fin.

He aquí el primer fragmento:

«La participación objetivamente más verosímil del proletariado en el Gobierno y la única admisible en el terreno
de los principios es la *participación dominante y directiva.*
Cabe, naturalmente, llamar a este Gobierno dictadura del
proletariado, de los campesinos y de los intelectuales, o, finalmente, Gobierno de coalición de la clase obrera y de la

pequeña burguesía. Pero sigue en pie la pregunta: ¿A quién pertenece la hegemonía en el Gobierno y, a través de él, en el país? Ya por el solo hecho de hablar de Gobierno obrero prejuzgamos que esa hegemonía debe pertenecer a la clase obrera.» (*Nuestra Revolución*, 1906, pág. 250.)

Zinoviev armó un gran alboroto (¡en 1925!) porque yo (¡en 1905!) colocaba en un mismo plano a los campesinos y a los intelectuales. Excepto esto, no halló nada más en las líneas reproducidas. La alusión a los intelectuales se hallaba provocada por las condiciones de aquel período, caracterizadas por el hecho de que los intelectuales desempeñaban políticamente un papel muy distinto del de ahora: sus organizaciones hablaban constantemente en nombre de los campesinos; los socialrevolucionarios basaban oficialmente su partido en el triángulo proletariado, campesinos e intelectuales; los mencheviques, como escribía yo en aquel entonces, cogían del brazo al primer intelectual radical que se encontraban al paso, con el fin de demostrar el florecimiento de la democracia burguesa. Ya en aquella época hablé centenares de veces de la impotencia de los intelectuales como grupo social «independiente» y de la importancia decisiva de los campesinos revolucionarios. Pero no se trata aquí de una frase política aislada, que no me dispongo, ni mucho menos, a defender. Lo esencial del fragmento reproducido consiste en que en él acepto enteramente el contenido leninista de la dictadura democrática y reclamo únicamente una definición más precisa de su mecánica política, esto es, la exclusión de una coalición en la cual el proletariado no es más que un rehén de la mayoría pequeño-burguesa.

Tomemos ahora el artículo de Lenin de 1916, que, como hace notar el propio Radek, iba dirigido «*formalmente* contra Trotsky, pero *realmente* contra Bujarin, Piatakov,[47] el autor de estas líneas [esto es, Radek] y otros cuantos camaradas». Es ésta una declaración muy valiosa, que confirma

47. PIATAKOV, Yuri (1890-1937). Bolchevique desde 1910. Comunista de izquierda en 1918. Portavoz de la oposición en 1923 y firmante de la Declaración de los 46. Expulsado del Partido en 1927. Capituló meses después de ser deportado. Vicecomisario para la industria pesada y su organizador hasta 1934. Detenido en 1936 y ejecutado en enero de 1937, tras el segundo proceso de Moscú.

plenamente mi impresión de entonces de que la polémica de Lenin iba dirigida a un falso destinatario, pues, como demostraré, no me atañía en sustancia en lo más mínimo. En dicho artículo hay precisamente esa misma acusación contra mí, relativa a la «negación de los campesinos» (en dos líneas), que constituyó posteriormente el principal patrimonio de los epígonos y de sus secuaces. El «nudo» del mencionado artículo —según la expresión de Radek— lo constituye el pasaje siguiente:

«A Trotsky no se le ocurre pensar —dice Lenin citando mis propias palabras— que si el proletariado arrastrase a las masas no proletarias del campo a la confiscación de las tierras de los grandes propietarios, y derribase la monarquía, esto sería el coronamiento de la «revolución nacional burguesa» en Rusia, es decir, *la dictadura revolucionaria democrática del proletariado y de los campesinos*.» (Lenin, t. XIII, pág. 214.)

Que en el mencionado artículo el reproche de Lenin iba dirigido a «otro destinatario», refiriéndose realmente a Bujarin y Radek, que eran efectivamente los que pretendían saltarse la etapa democrática de la Revolución, lo prueba con claridad no sólo todo lo dicho más arriba, sino también el extracto reproducido por Radek, que él califica con justicia de «nudo» del artículo de Lenin. En efecto, *éste cita directamente las palabras de mi artículo de que sólo una política independiente y audaz del proletariado podía «arrastrar a las masas no proletarias del campo a la confiscación de las tierras de los grandes propietarios, al derrumbamiento de la monarquía»*, etc., etc., y añade: «A Trotsky no se le ocurre pensar que... esto sería la dictadura revolucionaria democrática». Lenin aquí reconoce y certifica, por decirlo así, que Trotsky acepta de un modo efectivo todo el contenido real de la fórmula bolchevista (colaboración de los obreros y campesinos y objetivos democráticos de esta colaboración), pero no quiere reconocer que esto es precisamente la dictadura democrática, el coronamiento de la revolución nacional. Por lo tanto, en este artículo polémico, aparentemente el más «severo» de todos, el debate no gira en torno al programa de la etapa inmediatamente próxima de la revolución y sus fuerzas motrices de clase, sino sobre la *correla-*

ción política de dichas fuerzas, sobre el *carácter de la dictadura desde el punto de vista político y de partido*.

Si los equívocos eran comprensibles e inevitables en aquella época, en parte a causa de que los procesos mismos no aparecieran aún con una claridad completa, y en parte debido a la exacerbación de las luchas intestinas entre las fracciones, es absolutamente incomprensible cómo Radek puede introducir, a unos cuantos años de distancia, una confusión tal en la cuestión.

Mi polémica con Lenin giraba, en sustancia, alrededor de la posibilidad de independencia o del grado de independencia de los campesinos en la revolución, en particular de la posibilidad de un partido campesino independiente. En dicha polémica yo acusaba a Lenin de exagerar el papel *independiente* de los campesinos. Lenin me acusaba a mí de no apreciar en su justo valor el papel revolucionario de los mismos. Esto se desprendía de la lógica de la polémica misma. Pero, ¿acaso no es digno de desprecio aquel que después de veinte años se sirve de viejos textos, haciendo abstracción del fundamento de las condiciones del partido de aquel entonces, y dando un valor absoluto a toda exageración polémica o error episódico, en vez de poner al descubierto, a la luz de la mayor de las experiencias históricas, cuál era el eje real de las divergencias, y su amplitud no verbal, sino efectiva?

Forzado a limitarme en la elección de extractos, aludiré aquí únicamente a las tesis compendiadas de Lenin sobre las etapas de la revolución, escritas por él a fines de 1905, pero publicadas por primera vez en 1926, en el tomo V de la *Antología leninista*,* página 451. Recordaré que la publicación de dichas tesis fue considerada por todos los opositores, Radek inclusive, como el mejor regalo que se podía hacer a la oposición, pues Lenin resultaba en ellas reo de «trotskismo», según todos los artículos del código stalinista. Las acusaciones más importantes de la resolución del VII Pleno del Comité Ejecutivo de la Internacional Comu-

---

* El "Instituto Lenin", de Moscú, publica periódicamente *Antologías leninistas* (*Leninski Sbórniki*) en las cuales reúne trabajos inéditos de Lenin o relacionados con su actividad. (N. del T.)

nista, condenando el troskismo, diríase que están dirigidas consciente y deliberadamente contra las tesis fundamentales de Lenin. Los stalinistas rechinaron los dientes cuando éstas salieron a luz. Kamenev, editor de la *Antología*, con la «llaneza», no muy púdica, que le es propia, me dijo sin ambages que de no haber formado el bloque con nosotros, no habría permitido de ninguna manera la publicación de este documento. Finalmente, en el artículo de la Kostrieva,[48] publicado en *El Bolchevique*, dichas tesis aparecieron malévolamente falseadas a fin de no hacer incurrir a Lenin en el pecado de actitud «trotskista» con respecto a los campesinos en general y a los campesinos medianamente acomodados en particular.

Reproduciré asimismo el juicio que en 1909 merecían a Lenin sus divergencias conmigo:

«El mismo camarada Trotsky, en este razonamiento, admite «la participación de los representantes de la población democrática» en el «Gobierno obrero», esto es, *admite un Gobierno integrado por representantes del proletariado y de los campesinos.* Cuestión aparte es la de saber en qué condiciones se puede admitir la participación del proletariado en el Gobierno de la Revolución, y es muy posible que por lo que se refiere a esta cuestión, los bolcheviques no se pongan de acuerdo no sólo con Trotsky, sino tampoco con los socialdemócratas polacos. Pero la cuestión de la dictadura de las clases revolucionarias no se reduce de ninguna de las maneras a la de la «mayoría» o a la de las condiciones de participación de los socialdemócratas, en tal o cual Gobierno revolucionario.» (Obras, t. XI, parte I, pág. 229. La bastardilla es mía.)

En estas líneas, Lenin vuelve a certificar que Trotsky acepta el Gobierno de los representantes del proletariado y de los campesinos, y, por lo tanto, no se «olvida» de los últimos. Subraya, además, que la cuestión de la dictadura no se reduce a la de la mayoría en el Gobierno. Esto es absolu-

---

48. KOSTRIEVA, Vera. Dirigente comunista polaca. Fue "depurada" después del V Congreso de la Internacional, por haber protestado por los ataques de que había sido objeto Trotsky. Desapareció durante las "purgas" de los años 30.

tamente indiscutible: se trata, ante todo, de la lucha manco-
munada de los obreros y campesinos, y, por consiguiente,
de la lucha de la vanguardia proletaria por la influencia sobre
los campesinos contra la burguesía liberal o nacional. Pero
si la cuestión de la dictadura revolucionaria de los obreros y
campesinos *no se reduce* a la de tal o cual mayoría en el
Gobierno, en caso de triunfo de la revolución, *conduce*
precisamente a ella, dándole una importancia decisiva.

Como hemos visto, Lenin, prudentemente —por lo que
pueda suceder—, hace la reserva de que si se trata del problema de la participación del Partido en el Gobierno revolucionario, es posible que exista una divergencia entre él y yo
de una parte, y de otra, entre Trotsky y los compañeros polacos *acerca de las condiciones* de dicha participación. Se trataba, por lo tanto, de una divergencia *posible*, por cuanto
Lenin admitía teóricamente la participación de representantes del proletariado en calidad de minoría en el Gobierno
democrático. Los acontecimientos se encargaron de demostrar que no había tal divergencia. En noviembre de 1917 se
desarrolló en las esferas dirigentes del Partido una lucha
furiosa en torno a la cuestión del Gobierno de coalición con
los mencheviques y los socialrevolucionarios. Lenin, sin
hacer ninguna objeción de principio a la coalición sobre la
base soviética, exigió categóricamente una mayoría bolchevista firmemente asegurada. Yo me puse decididamente al
lado de Lenin.

* * *

Ahora, veamos a lo que reduce propiamente Radek toda
la cuestión de la dictadura democrática del proletariado y
de los campesinos.

«¿En qué resultó justa en lo fundamental —pregunta—
la vieja teoría bolchevista de 1905? En que la acción manco-
munada de los obreros y campesinos de Petrogrado (soldados de la guarnición de dicha ciudad) derrocó al zarismo
(en 1917. L. T.). Hay que tener presente que, en lo fundamental, la fórmula de 1905 preveía solamente la correlación
de clases, y no una institución política concreta.»

¡No; esto no, perdón! Si califico de «algebraica» la vieja fórmula de Lenin, no lo hago, ni mucho menos, en el sentido de que sea permitido reducirla a una vaciedad, como Radek hace sin reflexionar. «Lo fundamental se realizó: el proletariado y los campesinos conjuntamente derrocaron el zarismo.» Pero este hecho fundamental es el que se ha realizado en todas las revoluciones triunfantes y semitriunfantes sin excepción. Siempre y en todas partes, los reyes, los señores feudales, el clero, viéronse atacados por los proletarios o preproletarios, los plebeyos y los campesinos. Así sucedió ya en el siglo XVI, en Alemania, y aun antes. En China fueron estos mismos obreros y campesinos los que atacaron a los «militaristas». ¿Qué tiene que ver con esto la dictadura democrática? En las antiguas revoluciones no la hubo, ni la ha habido tampoco en la China. ¿Por qué? Porque la burguesía cabalgaba a lomos de los obreros y campesinos que realizaban la labor ingrata de la revolución. Radek se ha abstraído tan considerablemente de las «instituciones políticas», que ha olvidado lo «fundamental» de toda revolución: quién la dirige y quién toma el Poder. Olvida que la revolución no es otra cosa que la lucha por el Poder; una lucha política que las clases sostienen no con las manos vacías, sino por medio de «instituciones políticas concretas» (partidos, etc.).

«Las gentes que no habían pensado en la complejidad del método marxista y leninista —dice Radek—, para aniquilarnos a nosotros, pecadores, concebían la cosa así: todo debía terminar infaliblemente con un Gobierno común de obreros y campesinos, y aun había algunos que pensaban que éste había de ser necesariamente un Gobierno de coalición de partidos, del obrero y del campesino.»

¡Ya veis qué gente más simple!... Pero ¿qué es lo que piensa el propio Radek? ¿Que la revolución victoriosa no debe conducir a un nuevo Gobierno o que éste no debe dar forma y consolidar una correlación determinada de las fuerzas revolucionarias? Radek ha profundizado hasta tal punto el problema «sociológico», que no ha quedado de él más que una cáscara verbal.

Las siguientes palabras, extraídas del informe del propio Radek en la Academia Comunista —sesión de marzo de 1927—, demostrarán mejor que nada cuán inadmisible es abstraerse de la cuestión de las formas políticas de colaboración de los obreros y campesinos.

«El año pasado escribí un artículo para «Pravda» acerca de este Gobierno (el de Cantón), calificándolo de *campesino-obrero*. Pero un camarada de la redacción, creyendo que me había equivocado, lo corrigió en esta forma: *obrero-campesino*. Yo no protesté y lo dejé así: Gobierno obrero-campesino.»

Por lo tanto, Radek, en marzo de 1927 (¡no en 1905!) consideraba posible la existencia de un Gobierno campesino-obrero, distinto de un Gobierno obrero-campesino. El redactor de «Pravda» no comprendió la diferencia. He de confesar que yo tampoco la comprendo, aunque me maten. Sabemos muy bien lo que es un Gobierno obrero-campesino. Pero ¿qué es un Gobierno campesino-obrero, distinto de un Gobierno obrero-campesino y opuesto al mismo? Esforzáos cuanto queráis en aclarar esta enigmática transposición de adjetivos. Es aquí donde llegamos a la médula de la cuestión. En 1926 Radek creía que el Gobierno de Chang-Kai-chek en Cantón era un Gobierno campesino-obrero, y en 1927 lo repetía de un modo que no dejaba lugar a dudas. En la práctica, resultó que era un Gobierno obrero que explotó la lucha revolucionaria de los obreros y campesinos y después la ahogó en sangre. ¿Cómo se explica este error? ¿Es que Radek, sencillamente, se engañó? A distancia es posible engañarse. Entonces, que diga que no lo entendió, que no se dio cuenta, que se equivocó. Pero no; lo que hay no es un error de hecho, resultado de una información deficiente, sino, como se ve claramente ahora, un profundo error de principio. El Gobierno campesino-obrero, por oposición al obrero-campesino, es precisamente el Kuomintang. No puede significar otra cosa. Si los campesinos no siguen al proletariado, siguen a la burguesía. Creo que en mi crítica de la idea fraccionista de Stalin del «partido obrero y campesino» esta cuestión ha quedado suficientemente dilucidada. (Véase la *Crítica del programa de la Internacional Comunista*.) El Gobierno «campesino-obrero» de Cantón, diferente del obrero-campesino, es, en el lenguaje de la política china actual, la única expresión concebible de la «dictadura democrática» por oposición a la dictadura-proletaria; en otros términos, la encarnación de la política «kuomintangista» de Stalin en oposición a la bolchevique, calificacada de «trotskismo» por la Internacional Comunista.

IV

QUÉ ASPECTO PRESENTA EN LA PRÁCTICA LA TEORÍA
DE LA REVOLUCIÓN PERMANENTE

Al criticar la teoría, Radek añade a ésta, como hemos visto, *la táctica que se desprende de la misma.* Es un suplemento muy importante. En esta cuestión, la crítica oficial del «trotskismo» se limitaba prudentemente a la teoría... Pero a Radek no le basta esto. Radek combate una línea táctica determinada (bolchevista) en China. Esta línea tiene necesidad de comprometerla con la teoría de la revolución permanente, y para ello le es preciso demostrar, o, al menos simularlo, que detrás de esta teoría se escondía en el pasado una línea táctica errónea. Radek, en este caso, induce directamente a error a los lectores. Es posible que no conozca la historia de la Revolución, en la cual no tomó nunca una participación directa. Pero, por lo visto, no se ha tomado tampoco la molestia de comprobar la cuestión con ayuda de documentos. Sin embargo, los más importantes de ellos han sido reunidos en el segundo tomo de mis *Obras*: la comprobación es ahora accesible a toda persona que sepa leer.

Que lo tenga presente, pues, Radek: casi en todas las etapas de la primera revolución fui completamente solidario de Lenin en la apreciación de las fuerzas de la revolución y de los objetivos de la misma, a pesar de que todo el año 1905 residí clandestinamente en Rusia, y el de 1906 lo pasé en la cárcel. Aquí me veo obligado a limitarme a la cantidad mínima de pruebas y ejemplos.

En un artículo escrito en febrero de 1905 y publicado en marzo del mismo año, esto es, dos o tres meses antes del primer Congreso bolchevista (que ha pasado a la Historia como III Congreso del Partido), decía:

«Las etapas de la Revolución que objetivamente se dibujan, son: lucha encarnizada entre el pueblo y el zar, que no puede abrigar otras ideas que las de la victoria; alzamiento popular como momento culminante de dicha lucha; Gobierno provisional como coronamiento revolucionario de la victoria del pueblo sobre el enemigo secular; desarme de la reacción zarista y armamento del pueblo por el Gobierno provisional; convocatoria de la Asamblea Constituyente sobre la base del sufragio universal, igual, directo y secreto.» (Tomo II, parte I, página 232.)

Bastará comparar estas palabras con las resoluciones del Congreso bolchevista, reunido en mayo de 1905, para reconocer mi completa solidaridad con los bolcheviques, en lo que se refiere al modo de plantear los problemas tácticos fundamentales. Es más, en Petersburgo formulé unas tesis inspiradas en el espíritu de este artículo, sobre el Gobierno provisional, redactadas de acuerdo con Krassin [49] y publicadas en aquel entonces clandestinamente. Krassin las defendió en el Congreso bolchevista. He aquí cuán favorablemente hablaba Lenin de dichas tesis:

«Comparto, en sus líneas generales, la opinión del compañero Krassin. Es natural que, en mi calidad de escritor, haya fijado la atención en la forma. *La importancia de los objetivos de la lucha está indicada con mucho acierto por el camarada Krassin, y me declaro enteramente conforme con él.* No es posible luchar si no se cuenta de antemano con ocupar el puesto por el cual se lucha...» (*Obras*, tomo VI, pág. 180.)

Una gran parte de la extensa enmienda de Krassin, a la cual remito al lector, se incorporó a la resolución dictada

---

49. KRASSIN, Leonid B. (1870-1926). Principal organizador del aparato clandestino de "Iskra" dentro de Rusia. Asistió al segundo congreso como el principal dirigente del Partido en el interior. Miembro del C.C. entre 1905 y 1906. Rompe con Lenin en 1909 y abandona la militancia durante algunos años. En 1918 fue nombrado presidente del Consejo de Comercio Exterior.

por el Congreso. Y una nota de aquél, que tengo en mi poder, atestigua que la enmienda procedía de mí. Kamenev y otros conocen bien este episodio de la historia del Partido.

La cuestión de los campesinos, del contacto entre éstos y los soviets obreros, del acuerdo con la Alianza Campesina para la acción, absorbía cada día más la atención del Soviet de Petersburgo. Quiero esperar que Radek no ignora que la dirección del Soviet la asumía yo. He aquí una de los centenares de fórmulas dadas por mí respecto a los objetivos de la revolución:

«El proletariado crea Soviets encargados de dirigir las acciones de combate de las masas urbanas y pone a la orden del día la unión combativa con el Ejército y los campesinos.» (*Natchalo*, número 4, 17-30 noviembre 1905.)

Confieso que me da grima reproducir textos demostrativos de que en mis ideas no había nada que se pareciera al «salto» directo de la autocracia al socialismo. He aquí, por ejemplo, lo que escribía en febrero de 1906, a propósito de los objetivos de la Asamblea Constituyente, sin oponer, ni mucho menos, a la misma, los Soviets, como ahora Radek se apresura a hacer, siguiendo a Stalin, con respecto a China, para barrer con la escoba ultraizquierdista las huellas oportunistas de ayer.

«La Asamblea Constituyente será convocada por las fuerzas del pueblo mismo liberado. La labor que tendrá que realizar la Asamblea Constituyente será colosal. Esta deberá transformar el Estado sobre la base democrática, es decir, del poder absoluto del pueblo, deberá organizar una milicia popular, realizar una grandiosa reforma agraria, instaurar la jornada de ocho horas y el impuesto progresivo sobre la renta.» (*Obras*, II, parte I, página 349.)

He aquí algo relativo a la instauración «inmediata» del socialismo, extraído de una hoja popular escrita por mí en 1905:

«¿Es concebible que se pueda instaurar ahora el socialismo en Rusia? No; nuestro campo es aún demasiado atrasado e inconsciente. Hay aún muy pocos socialistas verdaderos entre los campesinos. Ante todo, es necesario derrocar la autocracia, que mantiene al pueblo sumido en las tinieblas.

Hay que liberar a los campesinos pobres de todos los tributos, instaurar el impuesto progresivo sobre la renta, la instrucción general obligatoria; es necesario, finalmente, unir al proletariado y semiproletariado del campo con el proletariado urbano en un solo ejército democrático. Sólo un ejército como·éste es capaz de realizar la magna transformación socialista.» (*Obras*, II, parte I, pág. 228.)

Resulta, pues, que yo distinguía las etapas democrática y socialista de la revolución mucho antes de que Radek, siguiendo a Stalin y Thaelmann, se dedicara a enseñármelo.

Hace veinte años, escribía:

«Cuando se formuló en la prensa socialista la idea de la revolución *permanente, que liga la liquidación del absolutismo y del servilismo con la transformación socialista mediante una serie·de pugnas sociales crecientes, el alzamiento de nuevos sectores de las masas, los·ataques incesantes del proletariado a los privilegios económicos y políticos de las clases dominantes,* nuestra prensa «progresiva» lanzó un aullido unánime de indignación. (*Nuestra Revolución*, 1906, pág. 258.)

Llamo ante todo la atención sobre la definición que se da en estas líneas de la revolución permanente: ésta liga la liquidación de las supervivencias medievales con el socialismo, mediante una serie de pugnas sociales crecientes. ¿Dónde está el salto? ¿Dónde la ignorancia de la etapa democrática? ¿Acaso no fue precisamente así como sucedieron las cosas en 1917?

No puedo dejar de hacer notar de paso que los aullidos de la prensa «progresiva» de 1905, con motivo de la revolución permanente, no se pueden comparar ni de lejos con los aullidos, nada progresivos, de los actuales plumíferos, que han intervenido en el debate con un pequeño retraso de un cuarto de siglo.

¿Qué actitud adoptó con respecto a la cuestión de la revolución permanente, planteada por mí en·la prensa, el que en aquel entonces era órgano de la fracción bolchevista, el «Nóvaya Jizn», que se publicaba bajo la vigilante dirección de Lenin? Convendremos en que esto no carece de interés. Al artículo del periódico burgués «radical» «Nacha Jizn», que intentaba oponer a la «revolución permanente» de Trotsky las concepciones más «razonables» de Lenin, la «Nóvaya Jizn» bolchevista (27 de noviembre de 1905) contestó en los siguientes términos:

«Esta descarada comunicación, ni que decir tiene que es absurda. El camarada Trotsky decía que la revolución proletaria puede, sin detenerse en la primera etapa, continuar su camino, apremiando a los explotadores, y Lenin indicaba que la revolución política no era más que el primer paso. El publicista del «Nacha Jizn» ha querido ver en esto una contradicción... Todo el equivoco ha surgido, primero, del espanto de «Nacha Jizn» ante el nombre mismo de la revolución social; segundo, de su deseo de buscar una divergencia aguda cualquiera entre los socialdemócratas, y, tercero, de la imagen empleada por el camarada Trotsky: «de un solo golpe». En el número 10 de «Natchalo», el camarada Trotsky ha aclarado su pensamiento de un modo completamente inequívoco: «La victoria completa de la revolución —escribe— implica el triunfo del proletariado. Este último, a su vez, implica la ininterrupción ulterior de la revolución. El proletariado realiza los objetivos fundamentales de la democracia, y la lógica de su lucha directa por la consolidación de la dominación política le plantea en un momento determinado problemas puramente socialistas. Entre el programa mínimo y el programa máximo se establece una continuidad revolucionaria. No se trata de un solo «golpe», ni de un día o de un mes, sino de toda una época histórica. Sería absurdo calcular de antemano su duración.»

En cierto sentido, este solo fragmento agota el tema del presente trabajo. ¿Acaso se podía refutar de antemano toda la crítica futura de los epígonos de un modo más claro, preciso e indiscutible que en este artículo mío, citado con manifiesta aprobación por la «Nóvaya Jizn» de Lenin? Mi artículo explicaba que, en el proceso de realización de los objetivos democráticos, el proletariado triunfante, por la lógica de la situación, vería planteados inevitablemente, en una etapa determinada, problemas puramente socialistas. En esto consiste precisamente la *continuidad* entre el programa mínimo y el programa máximo, que surge inevitablemente de la dictadura del proletariado. No es un solo golpe, no es un salto —explicaba yo a los críticos del campo pequeño-burgués de aquel entonces—, es toda una época histórica. Y la «Nóvaya Jizn» de Lenin se asoció plenamente a esta perspectiva. Pero, entiendo que es aún más importante el hecho de que el giro real de los acontecimientos la sometiera a una prueba y la reconociera definitivamente como acertada en 1917.

Eran, sobre todo, mencheviques, además de los demócratas pequeño-burgueses de «Nacha Jizn», los que hablaban en 1905 del fantástico «salto» hacia el socialismo por encima de la democracia. Entre los mencheviques se distinguían particularmente en este aspecto Martinov y el difunto Jordansky. Tanto el uno como el otro, digámoslo de paso, habían de ser más tarde esforzados stalinistas.

En 1906, en un artículo especial, que hoy podría reproducir casi íntegro, contra la crítica de los epígonos, hacia ver a los escritores mencheviques que me atribuían el «salto hacia el socialismo», no sólo lo erróneo, sino lo necio de sus apreciaciones. Pero acaso bastará con decir que la conclusión del artículo se resumía en las siguientes palabras:

«Comprendo perfectamente —me atrevo a asegurárselo a mi contendiente Jordansky— que saltar como publicista por encima de un obstáculo político no significa eliminarlo prácticamente.» (*Obras*, segunda, I parte, pág. 454.)

¿Habrá bastante con esto? En caso negativo, puedo continuar; así los críticos no podrán argüir, como hace Radek, que no «tienen a mano» aquello sobre lo cual razonan con tanto desparpajo.

El folleto *Nuestra táctica*, escrito por mí en la cárcel en 1906 y editado por Lenin, se caracteriza por la conclusión siguiente:

«El proletariado sabrá apoyarse en el levantamiento del campo, y, en las ciudades, en esos centros de la vida política, sabrá llevar a término la obra empezada. Al apoyarse en el movimiento espontáneo de los campesinos y dirigirlo, el proletariado no sólo asestará el último golpe victorioso a la reacción, sino que sabrá consolidar el triunfo de la revolución.» (*Obras*, t. II, I parte, pág. 448.)

¡Y aún hay quien diga que el autor de estas líneas «ignoraba» a los campesinos! En este mismo folleto se desarrolla la idea siguiente:

«Nuestra táctica, basada en un desarrollo irresistible de la revolución, no puede, naturalmente, ignorar las fases y etapas inevitables o posibles, o aunque no sean más que probables, del movimiento revolucionario.» (Tomo II, I parte, pág. 436.)

¿Se parece esto en algo al fantástico «salto»?

En el artículo «Las lecciones del primer Soviet» (1906), trazo del modo siguiente las perspectivas del desarrollo ulterior de la revolución, o, como resultó en la realidad, de la nueva revolución:

«La historia no se repite, y el nuevo Soviet no tendrá que pasar nuevamente por los acontecimientos de esos cincuenta días (octubre-diciembre 1905); pero, en cambio, de ese período puede sacar íntegramente su programa de acción. Este programa es completamente claro. Cooperación revolucionaria con el Ejército, con los campesinos y los elementos plebeyos de la pequeña burguesía urbana. Abolición del absolutismo. Destrucción de su organización material; reorganización parcial y en parte disolución inmediata del Ejército; destrucción del aparato burocrático policíaco. Jornada de ocho horas. Armamento de la población y, en primer lugar, del proletariado. Transformación de los Soviets en órganos de administración local revolucionaria. Creación de Soviets de diputados campesinos (Comités campesinos) como órganos locales de la revolución agraria. Organización de las elecciones a la Asamblea Constituyente y campaña electoral a base de un programa determinado de trabajo de la representación popular.» (*Obras*, t. II, II parte, pág. 206.)

¿Se parece esto en algo a saltar por encima de la revolución agraria o a disminuir la importancia del problema campesino en su conjunto? ¿Se puede decir que yo no viera los objetivos democráticos de la revolución? No. ¿A qué se parece en este caso la pintura política de Radek? A nada.

Radek separa misericordiosamente, pero de un modo muy equívoco, mi posición de 1905, deformada por él, de la de los mencheviques, sin darse cuenta de que, en sus tres cuartas partes, repite la crítica menchevista: si bien el método de Trotsky era el mismo de los mencheviques —dice jesuíticamente—, el fin era otro. Radek, con esta manera subjetiva de

137

plantear la cuestión, compromete definitivamente su propia manera de enfocar el problema. Lassalle[50] sabía ya que los objetivos dependían de los métodos, y que, en fin de cuentas, se hallaban condicionados por ellos. Incluso escribió un drama sobre este tema («Franz von Sickingen»). ¿En qué consiste la identidad de mi método con el de los mencheviques? En la posición adoptada con respecto a los campesinos. Radek aduce como prueba tres líneas polémicas del artículo de Lenin en 1906, ya citado por nosotros, reconociendo, de paso, que, al referirse a Trotsky, Lenin polemizaba con Bujarin y con el propio Radek. Además de esta cita de Lenin, que, como hemos visto, queda refutada por el contenido de tood el artículo, Radek recurre al propio Trotsky. En el artículo de 1916, después de poner al descubierto la vaciedad de la concepción menchevista, preguntaba yo: ¿Si no dirige el movimiento la burguesía liberal, quién lo dirigirá? Vosotros, los mencheviques, en todo caso, no creéis en el papel político *independiente* de los campesinos. Por consiguiente, dice Radek, Trotsky estaba de «acuerdo» con los mencheviques con respecto al papel de los campesinos. Los mencheviques consideraban que era inadmisible «repeler» a la burguesía liberal en gracia a una alianza dudosa e insegura con los campesinos. En esto consistía su «método». El mío consistía en conquistar la dirección de los campesinos revolucionarios arrojando por la borda a la burguesía liberal. Con respecto a esta cuestión fundamental, no me separaba ninguna divergencia de Lenin. Y cuando en la lucha contra los mencheviques, les decía: «en todo caso, no os inclináis a otorgar a los campesinos un papel *directivo*», esto no significaba que estuviera de acuerdo con el «método» de aquellos, como insinúa Radek, sino que era únicamente una manera clara de plantear la alternativa: o la dictadura de la plutocracia liberal o la del proletariado.

Este mismo argumento empleado en 1916 contra los

50. LASSALLE, Ferdinand (1825-1864). Uno de los grandes organizadores del movimiento obrero alemán. Mantuvo amplias divergencias teóricas y políticas con Marx. En marzo de 1863 fundó la Asociación General de Obreros Alemanes. En 1873, en el Congreso de Gotha, los lassalleanos se fusionaron con los marxistas.

mencheviques, completamente exacto, que ahora Radek intenta emplear de una manera desleal contra mí, lo utilicé nueve años antes, en el Congreso de Londres (1907), al defender la tesis de los bolcheviques sobre la actitud frente a los partidos no proletarios. Reproduzco la parte fundamental de mi discurso de Londres, el cual, en los primeros años que siguieron a la Revolución de Octubre, fue más de una vez reproducido en toda clase de recopilaciones y antologías como expresión de la actitud bolchevista frente a las clases y a los partidos en la Revolución. He aquí lo que decía en este discurso, que contiene una exposición compendiada de la teoría de la revolución permanente:

«A los camaradas mencheviques se les antojan extraordinariamente complejas sus propias ideas. Más de una vez les he oído acusar a los demás de tener una idea demasiado simple de la marcha de la revolución rusa. Y, sin embargo, a pesar de su carácter extremadamente indefinido, que se presenta como complejo —y acaso gracias precisamente a esta circunstancia—, las ideas de los mencheviques caben en un esquema completamente simple, accesible incluso a la comprensión del señor Miliukov.

En el epílogo al reciente folleto *Cómo transcurrieron las elecciones a la Segunda Duma de Estado*, el jefe ideológico del partido «cadete», dice: «Por lo que se refiere a los grupos de izquierda en el sentido estricto de la palabra, esto es, a los socialistas y revolucionarios, será más difícil entenderse con ellos. Pero si para ello no hay motivos positivos determinados, hay, en cambio, muchos negativos, que nos ayudarán hasta cierto punto a acercarnos. Su objetivo consiste en criticarnos y desacreditarnos; aunque no sea más que para esto, es necesario que estemos presentes y obremos. Sabemos que para los socialistas, no sólo rusos, sino de todo el mundo, la revolución que se está efectuando es una revolución burguesa, y no socialista, que deberá realizar la democracia burguesa. Además, los socialistas no se han preparado para ocupar el lugar de esta democracia, y si el país los ha mandado a la Duma en gran número no ha sido, naturalmente, para realizar ahora el socialismo o para llevar a cabo con sus manos reformas «burguesas» preparatorias... Por lo tanto, les será mucho más ventajoso cedernos el papel de parlamentarios que comprometerse ellos mismos con este papel.»

Miliukov, como veis, nos lleva sin subterfugios al nudo de la cuestión. En el extracto reproducido hay todos los elementos fundamentales de la idea menchevista de la revolución y de su actitud con respecto a la democracia burguesa y a la socialista.

«La revolución que se está efectuando es una revolución burguesa, y no socialista»; esto en primer lugar. En segundo lugar, la revolución burguesa «debe realizarla la democracia burguesa». En tercer lugar, la democracia social no puede llevar a cabo con sus manos reformas burguesas; su papel debe ser puramente de oposición. Finalmente, para que los socialistas tengan la posibilidad de desempeñar el papel de oposición, «es necesario que nosotros (esto es, la democracia burguesa) estemos presentes y obremos». ¿Y si «nosotros» no lo estamos? ¿Y si no hay una democracia burguesa capaz de ponerse al frente de la revolución burguesa? Entonces, hay que inventarla. Esta es la conclusión a que llega precisamente el menchevismo, el cual edifica la democracia burguesa, sus cualidades y su historia valiéndose de su propia imaginación.

Nosotros, como materialistas, debemos plantearnos ante todo la cuestión de las bases sociales de la democracia burguesa: ¿en qué sectores o clases puede apoyarse?

No se puede hablar de la gran burguesía como de una fuerza revolucionaria: en esto estamos todos de acuerdo. Los industriales de Lyon desempeñaron un papel contrarrevolucionario incluso durante la gran Revolución francesa, la cual era una revolución nacional en el sentido más amplio de esta palabra. Se nos habla de la burguesía media y, principalmente, de la pequeña burguesía como fuerza directiva de la revolución burguesa. Pero ¿qué representa en sí esta pequeña burguesía?

Los jacobinos se apoyaban en la democracia urbana, que había surgido de los gremios artesanos. Los pequeños artesanos y el pueblo urbano íntimamente ligado con ellos constituían el Ejército de los *sans-culottes* revolucionarios, el punto de apoyo del partido dirigente de los «montagnards». Fue precisamente esta compacta masa de población urbana, que había pasado por la prolongada escuela histórica del gremio, la que soportó todo el peso de la transformación revolucionaria. El resultado objetivo de la revolución fue la creación de condiciones «normales» de explotación capitalista. Pero la mecánica social del proceso histórico condujo a que las condiciones de predominio de la burguesía fuesen creadas por el populacho, por la democracia callejera, por los *sans-culottes*. Su dictadura terrorista limpió a la sociedad burguesa de las viejas escorias, y después la burguesía subió al Poder, derribando la dictadura de la democracia pequeñoburguesa.

¿Cuál es la clase social —pregunto yo, y no es la primera vez— que en nuestro país puede levantar sobre sus espaldas a la democracia revolucionaria burguesa, llevarla al Poder y darle la posibilidad de realizar una labor enorme teniendo al proletariado en la oposición? Es ésta la cuestión central, que torno a plantear a los mencheviques.

Tenemos en nuestro país, es verdad, a masas enormes de campesinos revolucionarios. Pero los camaradas de la minoría saben tan bien como yo que los campesinos, por revolucionarios que sean, son incapaces de desempeñar un papel político *independiente*, y mucho menos directivo. Es indiscutible que los campesinos pueden constituir una fuerza enorme al servicio de la revolución; pero no sería digno de un marxista creer que un partido campesino puede ponerse al frente de la revolución burguesa y libertar por iniciativa propia las fuerzas productivas del país de su cadenas arcaicas. La ciudad ejerce la hegemonía en la revolución burguesa (51).

¿Dónde está, en nuestro país, la democracia urbana capaz de arastrar tras sí a la nación? El compañero Martinov la ha buscado ya más de una vez armado de una lupa, y no ha encontrado más que maestros de Saratov, abogados petersburgueses y funcionarios moscovitas de estadística. Martinov, lo mismo que todos los que comparten su posición, se cuida mucho de no advertir que en la revolución rusa el proletariado industrial ocupa el mismo puesto que ocupaba a fi-

(51) ¿Están de acuerdo con esto los críticos trasnochados de la revolución permanente? ¿Están dispuestos a hacer extensiva esta tesis a los países de Oriente: a la China, a la India, etc., etc.? ¿Sí o no? (N. del A.)

nes del siglo XVIII la democracia artesana semiproletaria de los *sans-culottes*. Llamo vuestra atención, camaradas, hacia este hecho, de fundamental importancia.

Nuestra gran industria no ha surgido como un resultado de la evolución natural del artesanado. La historia económica de nuestras ciudades ignora por completo el período de los gremios. La industria capitalista surge en nuestro país bajo la presión directa e inmediata del capital europeo y se apodera de un terreno virgen, primitivo, sin chocar con la resistencia de la cultura corporativa. El capital extranjero influye en nuestro país por los canales de los empréstitos del Estado y las venas de la iniciativa privada y reúne a su alrededor al ejército del proletariado industrial, sin permitir que surja y se desarrolle el artesanado. Como resultado de este proceso, en el momento de la revolución burguesa, la fuerza principal de las ciudades resulta ser un proletariado de tipo social muy elevado. Es un hecho que no se puede negar y sobre el cual tenemos que basar nuestras conclusiones revolucionarias tácticas.

Si los camaradas de la minoría creen en el triunfo de la revolución o aceptan, aunque no sea más que la posibilidad de dicho triunfo, no pueden dejar de reconocer que, en nuestro país, a excepción del proletariado, no hay ningún pretendiente histórico al Poder revolucionario. Del mismo modo que la democracia pequeño-burguesa urbana de la Gran Revolución se puso al frente del movimiento revolucionario nacional, el proletariado, la única democracia revolucionaria de nuestras ciudades, debe hallar un punto de apoyo en las masas campesinas, y subir al Poder, si es que la revolución ha de triunfar.

Un Gobierno que se apoye directamente en el proletariado, y a través de él en los campesinos revolucionarios, no significa aún la dictadura socialista. No me referiré ahora a las perspectivas ulteriores del Gobierno proletario. Es posible que el destino del proletariado sea el de caer, como cayó la democracia jacobina, para dejar el sitio libre a la dominación de la burguesía. No quiero dejar sentado más que lo siguiente: si, de acuerdo con la profecía de Plejanov, el movimiento revolucionario triunfa en nuestro país como movimiento obrero, el triunfo de la revolución en Rusia sólo se concibe como triunfo revolucionario del proletariado; de otro modo, será imposible.

Insisto en esto con toda firmeza. Si se reconoce que las contradicciones sociales entre el proletariado y la masa campesina no permiten al primero ponerse al frente de ésta; si el proletariado mismo no es lo bastante fuerte para alcanzar la victoria, entonces no habrá más remedio que llegar, en términos generales, a la conclusión de que nuestra revolución no está llamada a triunfar. En estas condiciones, el final natural de la revolución debe ser el acuerdo de la burguesía liberal con el antiguo régimen. Es ésta una hipótesis cuya posibilidad no puede descartarse. Pero es evidente que se halla en el camino de la derrota de la revolución, condicionada por su debilidad interna.

En esencia, *todo el análisis de los mencheviques —ante todo su apreciación del proletariado y de sus posibles posiciones con respecto a los campesinos— los conduce inexorablemente a la senda del pesimismo revolucionario.*

Pero se apartan tenazmente de esta senda y desenvuelven el optimismo revolucionario a cuenta... de la democracia burguesa.

De aquí se desprende su actitud frente a los «cadetes». Para ellos, los «cadetes» son el símbolo de la democracia burguesa, y la democracia burguesa el único pretendiente del Poder revolucionario...

¿En qué fundáis vuestra confianza de que los «cadetes» puedan aún levantarse? ¿En las realidades del proceso político? No; en vuestro esquema. Para «llevar la revolución hasta el fin» tenéis necesidad de la burguesía democrática urbana. La buscáis ávidamente y no encontráis nada, excepto los «cadetes». Y a cuenta de ellos, desarrolláis un optimismo sorprendente, les atribuís cualidades que no tienen, queréis obligarles a desempeñar un papel creador que no quieren ni pueden asumir y que no asumirán. A mi pregunta fundamental —que he formulado muchas veces—, no se me ha dado respuesta alguna. No tenéis previsión alguna ante la revolución. Vuestra política carece de grandes perspectivas.

Y como resultado de ello, vuestra posición con respecto a los partidos burgueses se formula con palabras que el Congreso debe guardar en su memoria: «de vez en cuando, según los casos». Así, pues, el proletariado no sostiene una lucha sistemática por la influencia sobre las masas populares, no controla sus pasos tácticos bajo el ángulo de una idea directiva: agrupar a su alrededor a todos los que trabajen y sufran y convertirse en su heraldo y su caudillo.» (V Congreso del Partido. *Actas y resoluciones del Congreso*, págs. 180-185.)

Este discurso, que resume en forma muy compendiada mis artículos, discursos y actuación en el transcurso de 1905-1906, fue acogido con aprobación completa por los bolcheviques, por no hablar ya de Rosa Luxemburg y Tyschko (como consecuencia de este discurso, se estableció un contacto más estrecho entre ellos y yo, que determinó mi colaboración en su revista polaca). Lenin, que no perdonaba mi actitud conciliadora respecto a los mencheviques —y tenía razón—, comentó mi discurso en términos de una sobriedad deliberadamente subrayada. He aquí lo que dijo:

«Sólo observaré que Trotsky, en su folleto *En defensa del Partido*, expresa su solidaridad con Kautsky, quien ha hablado de la comunidad económica de los intereses del proletariado y de los campesinos en la revolución actual. Trotsky acepta la posibilidad y la conveniencia de un bloque de izquierda contra la burguesía liberal. Para mí, son suficientes estos hechos para reconocer el acercamiento de Trotsky a nuestras concepciones. *Independientemente de la cuestión de la revolución permanente*, existe una solidaridad en los puntos fundamentales de la cuestión sobre la actitud frente a los partidos burgueses.» (Lenin. *Obras*, VIII, página 400.)

Lenin, en su discurso, no se detenía a juzgar en términos generales la teoría de la revolución permanente, con tanto mayor motivo cuanto que yo mismo, en mi discurso, no desarrollaba las perspectivas ulteriores de la dictadura del proletariado. Es evidente que Lenin no había leído mi trabajo fundamental sobre esta cuestión; de lo contrario, no hubiera hablado, como de algo nuevo, de mi «acercamiento» a las concepciones de los bolcheviques, pues el discurso de Londres no fue más que una exposición compendiada de mis escritos de 1905-1906. Lenin se expresaba con una reserva extrema, pues yo me hallaba por entonces fuera de la fracción bolchevique. Sin embargo, o mejor dicho, precisamente por esto, las palabras de Lenin no se prestan a ninguna falsa interpretación. Lenin registra la «solidaridad en los puntos fundamentales de la cuestión» de la actitud con respecto a los campesinos y a la burguesía liberal. Esta solidaridad se refiere no a mis *fines*, como aparece de un modo incoherente en Radek, sino precisamente al *método*. Por lo que toca a las perspectivas de transformación de la revolución democrática en socialista, Lenin hace previamente una reserva: «Independientemente de la cuestión de la revolución permanente.» ¿Qué significa esta reserva? No puede ser más clara: Lenin no identificaba, ni mucho menos, la revolución permanente con el desconocimiento de los campesinos o el salto sobre la revolución democrática, como quieren hacerlo creer los ignorantes y poco escrupulosos epígonos. El pensamiento de Lenin es el siguiente: no quiero referirme a la cuestión de hasta dónde llegará nuestra revolución o de si el proletariado podrá subir al Poder antes en nuestro país que en Europa, y de las perspectivas que esto abriría al socialismo; pero en la cuestión fundamental de la actitud del proletariado frente a los campesinos y a la burguesía liberal *existe la solidaridad*. Más arriba hemos visto en qué sentido la «Nóvaya Jizn» bolchevista se refería a la revolución permanente casi al mismo tiempo que ésta estallaba, esto es, en 1905. Recordemos, además, cómo se expresaba la redacción de las *Obras* de Lenin con respecto a dicha teoría después de 1917. En las notas al tomo XIV, II parte, página 481, se dice:

«Ya antes de la Revolución de 1905 preconizó (Trotsky) una teoría especial y *particularmente significativa ahora*, la teoría de la revolución permanente, en virtud de la cual afirmaba que la *revolución burguesa de 1905 se transformaría directamente en socialista*, siendo la primera de una serie de revoluciones nacionales.»

Admito que en estas líneas no se reconozca en general que fuera acertado todo lo escrito por mí sobre la revolución permanente. Pero, en todo caso, se reconoce que no es lo dicho por Radek sobre la misma idea. «La revolución burguesa se transformaría directamente en socialista»: ésta es la teoría de la *transformación* y no del *salto*; de aquí se desprende una táctica realista y no aventurera. Y ¿qué sentido tienen las palabras «la teoría de la revolución permanente, *particularmente significativa ahora*»? Pues que la Revolución de Octubre vino a iluminar con nueva luz los aspectos de dicha teoría, que antes parecían a muchos oscuros o sencillamente «improbables». La segunda parte del tomo XIV de las *Obras* de Lenin apareció en vida de su autor. Millares de miembros del Partido leyeron la nota mencionada. Nadie, hasta 1924, la declaró falsa, y a Radek no se le ocurrió hacerlo hasta 1928.

Sin embargo, por cuanto Radek habla, no sólo de la teoría, sino también de la táctica, el argumento más importante contra él es el carácter de mi participación práctica en las revoluciones de 1905 y 1917. Mi actuación en el Soviet petersburgués de 1905 coincidió con la elaboración definitiva de mis concepciones, contra las cuales los epígonos abren un fuego constante, sobre el carácter de la revolución. ¿Cómo se explica que esas concepciones pretendidamente tan erróneas no se reflejaran en lo más mínimo en mi actuación política, que se desarrollaba a los ojos de todo el mundo y se registraba todos los días en la prensa? Si se admite que una teoría tan errónea se reflejaba en mi política, ¿por qué callaban los cónsules actuales? Y lo que es un poco más importante, ¿por qué Lenin defendió con toda energía la línea del Soviet de Petersburgo, tanto en el momento de apogeo de la Revolución como después de su derrota?

Las mismas cuestiones, pero acaso con una fórmula aún más acentuada, se refieren a la Revolución de 1917. Desde Nueva York juzgué en una serie de artículos la Revolución de Febrero con el punto de vista de la teoría de la revolución permanente. Todos estos artículos han sido reproducidos. Mis conclusiones tácticas coincidían por completo con las que Lenin deducía simultáneamente desde Ginebra, y, por lo tanto, se hallaban en la misma contradicción irreconciliable con las conclusiones de Kamenev, Stalin y otros epígonos.

Cuando llegué a Petrogrado, nadie me preguntó si renunciaba a los «errores» de la revolución permanente. Y no había por qué. Stalin se escondía púdicamente por los rincones, no deseando más que una cosa: que el Partido olvidara lo más pronto posible la política sostenida por él antes de la llegada de Lenin. Yaroslavski * no era aún el inspirador

---

* Secretario de la Comisión de Control del Partido. (N. del T.)

de la Comisión de Control, sino que estaba publicando en Kakutsk, en unión de los mencheviques, de Ordjonikidze ** y otros, un vulgarísimo periódico semiliberal. Kamenev acusaba a Lenin de «trotskismo», y al encontrarse conmigo, me dijo: «Ahora sí que está usted de enhorabuena.»

En vísperas de la Revolución de Octubre escribí sobre la perspectiva de la revolución permanente en el órgano central de los bolcheviques. A nadie se le ocurrió hacerme ninguna objeción. Mi solidaridad con Lenin resultaba completa e incondicional. ¿Qué quieren decir mis críticos, Radek entre ellos? ¿Que yo mismo no comprendía en lo más mínimo la teoría que defendía, y que en los períodos históricos más responsables obré contra ella y con completo acierto? ¿No será más sencillo suponer que mis críticos no han comprendido la teoría de la revolución permanente, como muchas otras cosas? Pues si se admite que estos críticos retrasados se orientan tan bien, no sólo por lo que se refiere a sus ideas, sino también a las de otros, ¿cómo se explica el hecho de que todos sin excepción ocuparan una posición tan lamentable en 1917 y se cubrieran para siempre de oprobio en la revolución china?

* * *

Pero ¿qué me dice usted —preguntará acaso algún lector— de su consigna táctica principal: «Abajo el zar y viva el Gobierno obrero»? En ciertas esferas, este argumento es considerado como decisivo. Alusiones a esta abominable «consigna» de Trotsky las hallaréis en todos los escritos de los críticos de la revolución permanente, en unos como último y decisivo argumento, en otros como puerto de refugio para el pensamiento cansado.

La profundidad mayor de esta crítica la alcanza, naturalmente, el «maestro» de la ignorancia y de la deslealtad, cuando en sus incomparables *Cuestiones del leninismo* dice:

** Presidente de la Comisión de Control hasta hace poco. Actualmente es presidente del Consejo Superior de la Economía Nacional. (N. del T.)

«No nos extenderemos (¡de esto es de lo que se trata! L. T.) en la posición del camarada Trotsky en 1905, cuando se «olvidó» sencillamente de los campesinos como fuerza revolucionaria, preconizando la consigna «abajo el zar y viva el Gobierno obrero», esto es, la consigna de la revolución sin los campesinos.» (I. Stalin, *Las cuestiones del leninismo*, págs. 174-175.)

A pesar de mi situación casi desesperada ante esta crítica aplastante en que no hay para qué «extenderse», intentaré indicar algunas circunstancias atenuantes. Estas circunstancias existen. Solicito un poco de atención.

Aun en el caso de que un artículo cualquiera de 1905 hubiera formulado una consigna ambigua o desacertada, susceptible de dar motivo al equívoco, ahora, después de veintitrés años, dicha consigna debería ser tomada no de un modo aislado, sino en conexión con otros trabajos míos sobre el mismo tema, y, sobre todo, con mi participación activa en los acontecimientos. No es admisible que se indique al lector el título escueto de una obra que no conoce (como no la conocen los críticos), y después se introduzca en dicho título un contenido que se halla en contradicción completa con todo lo que yo he escrito y hecho.

Pero acaso no será superfluo añadir —¡oh, críticos!— que nunca, ni en parte alguna balbuceé, pronuncié o propuse tal consigna: «Abajo el zar y viva el Gobierno obrero». Este argumento clave de mis jueces está basado, entre otras cosas, en un grosero error de hecho. La proclama titulada «Abajo el zar y viva el Gobierno obrero», la escribió y publicó Parvus en el verano de 1905, en el extranjero. En aquel entonces hacía tiempo que yo vivía clandestinamente en Petersburgo y no tuve absolutamente nada que ver, ni de hecho ni de intención, con dicha proclama. Me enteré de ella mucho más tarde por los artículos polémicos. Nunca tuve ocasión ni motivo para pronunciarme sobre el mencionado documento. Nunca lo vi ni lo leí (como no lo vio ni lo leyó, dicho sea de paso, ninguno de mis críticos).

Tales son los hechos, por lo que se refiere a esta notable cuestión. Lamento mucho tener que privar a todos los Thaelmann y Sémard [52] del argumento más cómodo, portátil y convincente. Pero los hechos son más fuertes que mis sentimientos humanitarios.

Es más. La casualidad se mostró tan previsora, que, al mismo tiempo que Parvus publicaba en el extranjero aquella proclama titulada «Abajo el zar y viva el Gobierno obrero», que yo desconocía en absoluto, aparecía en Petersburgo una proclama ilegal, escrita por mí, con el título: «Ni el zar ni los elementos de los *Zemstvos*,[53] sino el pueblo.» Este título, repetido varias veces en el texto en calidad de consigna destinada a agrupar a los obreros y campesinos, parece concebida exprofeso para refutar en forma popular las afirmaciones ulteriores relativas al salto a través de la fase democrática de la revolución. Este manifiesto está reproducido en mis *Obras* (tomo II, parte I, pág. 256). Están reproducidas asimismo en ellas las proclamas del Comité Central bolchevique, escritas por mí, dirigidas a esos mismos campesinos que, según la genial expresión de Stalin, «sencillamente olvidé».

Pero tampoco esto es todo. Recientemente, el famoso Rafes,* uno de los teóricos y directores de la Revolución china, en un artículo publicado en el órgano teórico del Comité Central del Partido Comunista ** hablaba nuevamente de esa abominable consigna, lanzada por Trotsky, *en 1917*. ¡No en 1905, sino en 1917! Hay que decir, sin embargo, que el menchevique Rafes tiene una justificación: hasta casi 1920 fue uno de los «ministros» de Petliura,[54] y, agobiado como

52. SEMARD, Pierre. Sindicalista francés. Miembro del P.C. francés desde sus inicios. Dirigente de la C.G.T.U.

53. Administración autónoma concedida a diferentes gobiernos y distritos bajo el Zar, en 1864, tres años después de la abolición de la servidumbre.

* Uno de los ex líderes del "Bund", partido socialdemócrata judío de tendencia nacionalista y menchevista. Hasta principios de 1928, Rafes fue uno de los directores de la política de la Internacional Comunista en China. (N. del T.)

** *El Bolchevique*, revista quincenal que aparece en Moscú. (N. del T.)

54. PETLIURA, Simón (1879-1926). Oficial general de las fuerzas armadas ucranianas antibolcheviques. En 1919 abandonó el Partido Socialdemócrata ucraniano, encabezando un gobierno nacionalista

estaba por las preocupaciones gubernamentales suscitadas por la lucha constante contra los bolcheviques, ¿cómo podía enterarse de lo que pasaba en el campo de la Revolución de Octubre? Pero ¿y la redacción del órgano del Comité Central? ¡Bah! Un absurdo más o menos no tiene importancia...

Pero, ¡cómo! —volverá a exclamar algún lector de buena fe, educado en la literatura de estos últimos años—. En centenares o miles de artículos se nos ha enseñado que...

Sí, se os ha enseñado; pero no tendréis más remedio, amigos míos, que rehacer vuestra educación. Son los reveses del período reaccionario. Hay que resignarse. La historia no sigue una línea recta. A veces se desliza por las tortuosas callejuelas stalinistas.

---

burgués que intentó obtener ayuda francesa. Logró llegar con sus tropas hasta Kiev. En noviembre de 1919 se refugió en Polonia. Participó en la invasión polaca a Ucrania, en mayo de 1920. Se radicó en París, donde murió asesinado en 1926.

V

¿SE HA REALIZADO EN NUESTRO PAÍS LA DICTADURA DEMOCRÁTICA? ¿CUÁNDO?

Apoyándose en Lenin, Radek afirma que en nuestro país la dictadura democrática se realizó en el período del doble poder.* Sí; convengo en que Lenin, *a veces,* y en forma condicional, plantea la cuestión así. ¿Cómo *a veces?*, dice Radek con indignación, al mismo tiempo que me acusa de atentar contra las ideas fundamentales de Lenin. Pero si se indigna es por el único motivo de que no tiene razón. En *Las lecciones de Octubre,* que Radek somete asimismo a crítica con un retraso de cuatro años, interpreté del siguiente modo las palabras de Lenin sobre la «realización» de la dictadura democrática:

«La coalición obrero-campesina democrática pudo dibujarse únicamente como una forma no madura que no había llegado aún al verdadero Poder; como una tendencia, no como un hecho.» (*Obras,* III, parte I, pág. 21.)

Radek escribe, refiriéndose a esta interpretación: «Esta transcripción del contenido de uno de los capítulos teóricamente más notables del trabajo de Lenin, *no vale nada*». Después de estas palabras sigue una invocación patética a las tradiciones del bolchevismo, y, como coronamiento, un

---

* El Poder del Gobierno provisional y el de los Soviets durante el período comprendido entre la Revolución de Febrero y la de Octubre. (N. del T.)

acorde final: «Estas cuestiones son excesivamente importantes para que se pueda contestar a las mismas refiriéndose a lo que Lenin había dicho *algunas veces.*»

Con todo esto, quiere dar la impresión de que concedo poca importancia a «una de las ideas más notables de Lenin». Pero Radek hace un gasto inútil de indignación y de énfasis. Un poco de buen sentido hubiera estado más en su lugar.

Mi exposición de *Las lecciones de Octubre,* aunque extremadamente compendiada, se funda no en un ataque súbito con extractos de segunda mano, sino en el estudio efectivo de Lenin, y expresa la esencia misma de su pensamiento ante este problema, mientras que la prolija exposición de Radek, a pesar de la abundancia de citas, no deja en pie absolutamente nada del pensamiento leniniano.

¿Por qué empleé el término limitativo «a veces»? Porque así fue en realidad. La afirmación de que la dictadura democrática «se realizó» en la fase del doble poder («en cierta forma y hasta cierto punto»), la hizo Lenin únicamente en el período comprendido entre abril y octubre de 1917, esto es, *antes de que se realizara verdaderamente la revolución democrática.* Radek no se ha dado cuenta de esto, no lo ha comprendido, no lo ha apreciado.

En la lucha contra los actuales epígonos, Lenin hablaba de un modo extremadamente condicional de «realizarse» la dictadura democrática, no en calidad de característica histórica del período del doble poder —en este aspecto habría sido sencillamente un absurdo—, sino como argumento contra los que esperaban una segunda edición, corregida y aumentada, de la dictadura democrática independiente. Las palabras de Lenin tenían el sentido de que no había habido, ni habría, fuera del mísero aborto del doble poder, ninguna otra dictadura democrática, y que, por ello, era necesario «rearmarse», esto es, cambiar la consigna. Afirmar que la coalición de los socialrevolucionarios y de los mencheviques era la «realización» de la consigna bolchevista, significa que se nos quiere dar a sabiendas gato por liebre o que el que lo hace ha perdido completamente la cabeza. Contra los mencheviques se podía emplear un argumento hasta cierto punto análogo al de Lenin contra Kamenev: ¿Esperáis la misión «progresiva» de la burguesía en la revolución? Esta misión se ha realizado ya: el papel político de los Rodzianko, los Guchkov [56] y los Miliukov es el máximo que podía dar de sí la burguesía liberal, del mismo modo que el régimen de Kerensky es el máximo de revolución democrática que podía realizarse en calidad de etapa autónoma. Hay indicios anatómicos indiscutibles —vestigios— que atestiguan que nuestros antepasados tenían cola. Estos indicios son suficientes para demostrar la unidad genética del mundo animal. Pero, hablando francamente, hay que decir que, a pesar de todo, el hombre no tiene cola. Lenin señalaba a Kamenev en el régimen de doble poder los vestigios de la dictadura democrática, advirtiendo que de aquellos vestigios no se podía esperar ningún órgano nuevo. Pero en nuestro país no hubo una revolución democrática independiente, si bien la realizamos de un modo más profundo, radical y decidido que nunca ni en parte alguna.

Radek debería pensar que si la dictadura democrática se hubiera realizado *efectivamente* en abril-octubre, acaso el mismo Molotov la habría reconocido. El Partido y la clase concebían la dictadura democrática como un régimen que venía a destruir implacablemente el viejo aparato estatal de la monarquía y a liquidar definitivamente la gran propiedad agraria. Pero en el período de Kerensky no hubo nada de esto, ni por asomo. Para los bolcheviques se trataba de la *realización práctica de los objetivos revolucionarios*, y no del descubrimiento de «vestigios» sociológicos e históricos determinados. Lenin fijó estos indicios de un modo magnífico, para que sus contradictores vieran las cosas teóricamente claras. Pero nada más que esto. Radek intenta seriamente convencernos de que en el período del doble poder, esto es, de *sin poder*, existía la «dictadura» y se realizó la revolución democrática. Pero la verdad es que se trataba de una «revolución democrática» tal, que hacía falta todo el

56. RODZIANKO. Presidente de la última Duma bajo el zar, mantiene este cargo hasta la disolución de la Duma a principios de octubre de 1917. A este título, juega un papel protagonista, como dirigente de la burguesía liberal, en la Revolución de Febrero.
GUCHKOV, A. I. Líder octubrista. Ministro de la Guerra del primer gobierno provisional presidido por el príncipe Lvov, en febrero de 1917. Dimitió, junto con Miliukov, en abril de 1917.

genio de Lenin para reconocerla. Esto significa precisamente que no se realizó. Una verdadera revolución democrática es algo que puede reconocer sin dificultad cualquier campesino analfabeto de Rusia o de China. Pero, con los indicios morfológicos, resulta un poco más difícil. A pesar de la lección rusa de Kamenev no se puede en ningún momento conseguir que Radek se dé cuenta al fin de que también en China la dictadura democrática se «realizó» en el sentido leninista (a través del Kuomintang) con una forma más completa, más acabada, que en nuestro país por medio del doble poder, y que sólo los espíritus simples pueden esperar una segunda edición, corregida y aumentada, de la «democracia» en China.

Si en nuestro país la dictadura democrática se hubiera realizado únicamente bajo la forma del régimen de Kerensky, que·no era más que un perro faldero de Lloyd George y Clemenceau,[57] sería preciso decir que la historia se había burlado cruelmente de la consigna estratégica del bolchevismo. Por fortuna, no fue así. La consigna bolchevista se realizó efectivamente, no en el sentido de indicación morfológica, sino en el de una magna realidad histórica. Pero se realizó *no antes, sino después de Octubre*. La guerra campesina, según la expresión de Marx, sirvió de punto de apoyo a la dictadura del proletariado. La colaboración de las dos clases se efectuó en una escala gigantesca gracias a la Revolución de Octubre. Entonces, el campesino más ignorante comprendió y sintió, aun sin los comentarios de Lenin, que la consigna bolchevista había encarnado en la realidad. Y el propio Lenin juzgó la Revolución de Octubre —su primera etapa— como la *verda-*

57. Lloyd George, David (1863-1945). Político liberal de "izquierdas" inglés. En 1916 forma el primer gabinete del Partido Liberal. Fue representante de Inglaterra en la Conferencia de Paz de París (enero de 1919).

Clemenceau, Georges (1841-1929). Político radical francés. En 1898, al frente del Bloque Republicano, exige la revisión del proceso Dreyfus. De 1906 a 1909 forma gabinete: rehabilitación de Dreyfus y ampliación de las leyes sociales. Pese a ello, hace uso del ejército para terminar con las huelgas. En noviembre de 1917 forma un gabinete para luchar contra el *derrotismo*. En 1919 pacta con Poincaré, formando el "bloque nacional" que dirige contra las izquierdas, a cuya cabeza se encuentra Edouard Herriot. Pierde las elecciones de 1920.

dera realización de la revolución democrática, y, por lo mismo, como la encarnación, aunque modificada, de la consigna estratégica del bolchevismo. Hay que tomar a Lenin en su *totalidad*, y, ante todo, al Lenin de *después de Octubre*, cuando examinaba y juzgaba los acontecimientos desde una cima más elevada. Finalmente, hay que tomar a Lenin a lo Lenin, y no a la manera de los epígonos.

Lenin examina (después de Octubre) en su libro contra Kautsky la cuestión del carácter de clase de la revolución y de su «transformación». He aquí uno de los pasajes que Radek debería meditar:

«Sí; nuestra Revolución (la de Octubre, L. T.) es burguesa mientras marchamos juntos con los campesinos como un todo. Esto lo hemos visto siempre con claridad, y de 1905 para acá hemos dicho centenares y miles de veces que no podríamos saltar por alto este peldaño necesario del proceso histórico, ni abolirlo con decretos.»

Y más adelante:

«Las cosas han sucedido precisamente tal y como decíamos. La marcha de la revolución ha demostrado que nuestro razonamiento era acertado. En un principio, unidos con "todos" los campesinos contra la monarquía, contra los terratenientes, contra las reminiscencias medievales (por cuanto la burguesía es burguesa, democrático-burguesa). Después, unidos con los campesinos más pobres y los semiproletarios, con todos los explotados, contra el capitalismo, incluso contra los elementos ricos del campo, contra los especuladores (por cuanto la revolución se convierte en socialista).» (*Obras*, XX, pág. 508.)

He aquí cómo hablaba Lenin, no «a veces», sino siempre, mejor dicho, «para siempre», formulando un juicio definitivo, general y completo de la marcha de la Revolución, la de Octubre inclusive. «Las cosas han sucedido precisamente tal y como decíamos.» La revolución democrático-burguesa se realizó bajo la forma de coalición de los obreros y campesinos. ¿Bajo el régimen de Kerensky? No; *en el primer período que siguió a Octubre*. ¿Es cierto? Lo es. Pero se realizó, como ahora sabemos, no en forma de dictadura democrática, sino de dictadura del proletariado. Con ello mismo, desapareció definitivamente la necesidad de la vieja fórmula algebraica.

Si se coloca de un modo crítico el argumento condicional de Lenin de 1917 contra Kamenev al lado de la característica definitiva de la Revolución de Octubre dada por aquél en los años siguientes, resulta que en nuestro país se «realizaron» dos revoluciones democráticas. Esto es ya demasiado, tanto más cuanto que la segunda está separada de la primera por el alzamiento armado de las masas proletarias.

Comparad ahora el pasaje, que acabo de reproducir, del libro de Lenin *El renegado Kautsky*, con el siguiente fragmento de mis *Resultados y perspectivas*, donde en el capítulo sobre el régimen proletario se esboza la primera etapa de la dictadura y las perspectivas de su transformación ulterior.

«La destrucción del régimen semifeudal de casta será apoyado por *todos* los campesinos como clase. El impuesto progresivo sobre la renta será apoyado por la mayoría de los campesinos. Pero las medidas legislativas en defensa del proletariado agrícola no sólo no serán acogidas con el apoyo activo de la mayoría, sino que chocarán con la resistencia activa de la minoría.

El proletariado se verá obligado a llevar la lucha de clases al campo e infringir, de este modo, la comunidad de intereses que existe indudablemente entre todos los campesinos, pero dentro de límites relativamente estrechos. Ya en los primeros tiempos que seguirán a su régimen, el proletariado se verá en la necesidad de buscar un punto de apoyo en la oposición de los elementos pobres a los elementos ricos del campo, del proletariado agrícola a la burguesía agraria.» (*Nuestra Revolución*, 1906, pág. 255.)

¿Se parece esto en algo a la «ignorancia» —que se me achaca— de los campesinos y a la «oposición» completa de las dos líneas, la leninista y la mía?

El extracto de Lenin que hemos citado más arriba no es el único. Por el contrario, como sucedía siempre con él, la nueva fórmula, que dilucida más profundamente los acontecimientos, se convierte en el eje de sus discursos y artículos de todo un período. He aquí lo que decía en marzo de 1919:

«En octubre de 1917 tomamos el Poder con los campesinos como un todo. Fue ésta una revolución burguesa, por cuanto la lucha de clases en el campo no se desarrolló aún.» (*Obras*, XVI, pág. 143.)

He aquí lo que decía Lenin en el Congreso del Partido en marzo de 1919:

«En un país en que el proletariado tuvo que adueñarse del Poder con ayuda de los campesinos, donde le correspondió el papel de agente de la revolución pequeño-burguesa, nuestra revolución, hasta la organización de los Comités de campesinos pobres, esto es, hasta el verano y aun el otoño de 1918, fue en un grado considerable una revolución burguesa.» (*Obras*, XVI, pág. 105.)

Lenin repitió estas palabras con distintas variantes y en distintas ocasiones, muchas veces. Sin embargo, Radek prescinde sencillamente de esta idea capital de Lenin, que resuelve la cuestión debatida.

El proletariado tomó el Poder en octubre, unido a todos los campesinos, dice Lenin. Por ello mismo, la revolución fue burguesa. ¿Es cierto esto? En un cierto sentido, sí. Pero esto significa precisamente que la *verdadera* dictadura democrática del proletariado y de los campesinos, esto es, la que destruyó efectivamente el régimen autocrático-servil y arrebató la tierra a los señores, tuvo lugar no antes, sino después de Octubre; tuvo lugar, para emplear las palabras de Marx, en forma de *dictadura del proletariado apoyada por la guerra campesina*, y ya unos meses después empezó a transformarse en dictadura socialista. ¿Es posible que esto no aparezca claro? ¿Acaso se puede discutir *todavía* sobre este tema?

Según Radek, la teoría «permanente» es culpable de confundir la etapa burguesa con la socialista. Pero, en la práctica, la dinámica de clase «confundió», esto es, *combinó*, de un modo tan profundo estas dos etapas, que nuestro infortunado metafísico no puede, en modo alguno, atar los dos cabos.

Naturalmente, en *Resultados y perspectivas* se pueden encontrar ciertas lagunas y afirmaciones erróneas. Pero no hay que olvidar que, en sus líneas fundamentales, dicho trabajo fue escrito no en 1928, sino antes de Octubre... de 1905. La crítica de Radek no se refiere para nada a la cuestión de las lagunas en la teoría de la revolución permanente, o, mejor dicho, a los motivos en que la fundaba en aquel entonces, pues, siguiendo el ejemplo de su maestros-epígonos ataca no las lagunas, sino los lados fuertes de la teoría, esto es, los que habían de coincidir con la marcha del proceso histórico. Y los ataca mediante conclusiones radicalmente falsas que saca de la posición de Lenin, no estudiada ni meditada a fondo por él.

Los juegos de prestidigitación con las añejas citas se desarrollan, en la escuela de los epígonos, en un plano peculiar que no se cruza en parte alguna con el proceso histórico real. Cuando los adversarios del «trotskismo» se ven obligados a dedicarse seria y concienzudamente —lo cual no sucede nunca con algunos de ellos— al análisis del desarrollo real de la Revolución de Octubre, llegan inevitablemente a conclusiones informadas por el espíritu de la teoría que rechazan. La prueba más elocuente de esto la tenemos en los trabajos de A. Jakovliev consagrados a la historia de la Revolución de Octubre. He aquí cómo formula las relaciones entre las clases de la vieja Rusia este autor, que es actualmente una de las columnas de la fracción dirigente (58), indudablemente más ilustrado que otros stalinistas, y, ante todo, que el propio Stalin:

«...Vemos una limitación doble de la insurrección campesina (marzo-octubre 1917). Al elevarse hasta la categoría de guerra campesina, no superó su limitación ni se salió del marco del objetivo inmediato de destruir al terrateniente vecino, no se convirtió en un movimiento revolucionario organizado, no superó el carácter de revuelta espontánea propia del movimiento campesino.

La insurrección campesina, tomada en sí —insurrección espontánea, limitada por el objetivo consistente en destruir el terrateniente—, no podía triunfar, no podía destruir el Poder estatal, adverso a los campesinos, que apoyaba al te-

(58) Recientemente, Jakovliev fue nombrado comisario del pueblo para Agricultura. (N. del A.)

rrateniente. Por esto, el movimiento agrario sólo podía prevalecer en el caso de que lo acaudillara la clase correspondiente de la ciudad... He aquí por qué el destino de la revolución agraria se resolvió, en fin de cuentas, no en decenas de miles de aldeas, sino en unos centenares de ciudades. Sólo la clase obrera, asestando un golpe decidido a la burguesía en los centros del país, podía dar la victoria a la insurrección campesina; sólo el triunfo de la clase obrera en la ciudad podía hacer salir al movimiento campesino del marco de un combate espontáneo de decenas de millones de campesinos contra decenas de miles de terratenientes; sólo la victoria de la clase obrera, finalmente, podía echar los cimientos para un nuevo tipo de organización campesina que uniera a los campesinos pobres y medios, no con la burguesía, sino con la clase obrera. El problema de la victoria de la insurrección campesina era el problema de la victoria de la clase obrera en la ciudad.

Cuando en Octubre los obreros asestaron un golpe decisivo al Gobierno de la burguesía, resolvieron también, al propio tiempo, el problema de la victoria de la insurrección campesina.»

Y más adelante:

«...La cuestión consiste en que, a consecuencia de las condiciones históricas existentes, la Rusia burguesa de 1917 obró en alianza con los terratenientes. Aun las fracciones más de izquierda de la burguesía, tales como los mencheviques y los socialrevolucionarios, no fueron más allá de la organización de un régimen ventajoso para los terratenientes. En esto radica la diferencia más importante entre las condiciones de la Revolución rusa y las de la Revolución francesa, que tuvo lugar más de cien años antes... La revolución campesina no podía triunfar en 1917 como revolución burguesa (¡Hola! L. T.) Tenía por delante dos caminos: *ser derrotada bajo los golpes de las fuerzas unidas de la burguesía y de los terratenientes, o triunfar en calidad de movimiento que acompañara y auxiliara a la revolución proletaria. La clase obrera de Rusia, al tomar sobre sí la misión de la burguesía de la Gran Revolución francesa, al tomar sobre sí la misión de acaudillar la revolución agraria democrática, obtuvo la posibilidad de la revolución pro-*

letaria triunfante.» («El movimiento campesino en 1917», Edición del Estado, 1927, págs. 10-11-12.)

¿Cuáles son las ideas fundamentales en que se apoya el razonamiento de Jakovliev? La incapacidad de los campesinos para desempeñar un papel político *independiente;* la inevitabilidad, que se desprende de esto, del papel directivo de la clase urbana; la inaccesibilidad para la burguesía rusa del papel de caudillo de la revolución agraria; la inevitabilidad, que se desprende de esto, del papel directivo del proletariado; el advenimiento de éste al Poder en calidad de caudillo de la revolución agraria; finalmente, la dictadura del proletariado, apoyándose en la guerra campesina e iniciando la época de la revolución socialista. Con esto se destruye radicalmente el planteamiento metafísico de la cuestión del carácter «burgués» y «socialista» de la revolución. La esencia de la cuestión consistía en que el problema agrario, que constituía la base de la revolución burguesa, no podía ser resuelto bajo el predominio de la burguesía. La dictadura del proletariado entra en escena, no *después* de la realización de la revolución agrario-democrática, sino como condición *previa* necesaria para su realización. En una palabra, en este esquema retrospectivo de Jakovliev se contienen todos los elementos fundamentales de la teoría de la revolución permanente, tal y como fuera formulada por mí en 1905. Yo hacía un pronóstico histórico. Jakovliev, veintidós años después de la primera revolución, y diez después de la de Octubre, hace el resumen de los acontecimientos de las tres revoluciones apoyándose en la labor de toda una pléyade de jóvenes investigadores. ¿Y qué resulta? Pues que Jakovliev repite casi textualmente las fórmulas empleadas por mí en 1905.

¿Cuál es, sin embargo, su actitud ante la teoría de la revolución permanente? Sencillamente, la que viene obligado a mantener todo funcionario stalinista que quiera conservar su puesto y ascender oportunamente a otro mejor. Entonces, ¿cómo concilia Jakovliev su apreciación de las fuerzas motrices ·de la Revolución de Octubre con la lucha contra el «trotskismo»? Muy sencillo: no preocupándose de ello en lo más mínimo. De la misma manera que en otros tiempos había ciertos funcionarios zaristas-liberales que aceptaban la teoría de Darwin sin dejar de acudir puntualmente a comulgar, los Jakovliev de hoy día compran el derecho de emitir a veces ideas marxistas a costa de la participación en la campaña ritual de ataques contra la revolución permanente. Se podrían citar docenas de ejemplos de este género.

Hay que añadir que Jakovliev llevó a cabo el trabajo sobre la historia de la Revolución de Octubre mencionado más arriba, no por propia iniciativa, sino a consecuencia de una resolución del Comité Central, con la particularidad de que en dicha resolución se me confiaba a mí la tarea de redactar el trabajo de Jakovliev (59). En aquel entonces se esperaba aún el restablecimiento de Lenin y no se le ocurría a ninguno de los epígonos suscitar un debate absurdo sobre la revolución permanente. En todo caso, en calidad de ex redactor, o mejor dicho, de proyectado redactor de la historia de la Revolución de Octubre, puedo comprobar con plena satisfacción que el autor de la misma, consciente o inconscientemente, se sirve, por lo que respecta a todas las cuestiones en litigio, de las fórmulas textuales de mi trabajo más herético sobre la Revolución de Octubre, *Resultados y perspectivas*.

La apreciación definitiva del destino histórico de la consigna bolchevista dada por el mismo Lenin atestigua de un modo indudable que la diferencia existente entre las dos líneas tácticas, la «permanente» y la leninista, tenía una significación secundaria y subordinada; en lo fundamental, eran una y la misma. Y lo que había en ellas de esencial, contrapone hoy de un modo irreconciliable a ambas líneas tácticas definitivamente fundidas por la Revolución de Octubre, no sólo a la línea de Stalin en febrero y marzo, a la de Kamenev, Rykov, Zinoviev en abril-octubre, no sólo a toda la política china de Stalin-Bujarin-Martinov, sino a la actual línea táctica «china» sustentada por Radek.

Y si éste, que ha modificado de un modo tan radical

(59) Extracto del acta de la reunión celebrada por la oficina de organización del Comité Central el 22 de mayo de 1922: "Dar el encargo al compañero Jakovliev de elaborar, bajo la redacción del compañero Trotsky, un manual de historia de la Revolución de Octubre". (N. del A.)

sus apreciaciones entre 1925 y la segunda mitad de 1928, me acusa de incomprensión de la «complejidad del marxismo y del leninismo», contestaré: Entiendo que las ideas *fundamentales* desarrolladas por mí veintitrés años antes en *Resultados y perspectivas* se vieron completamente confirmadas por el curso de los acontecimientos, y precisamente por esto coincidían con la línea estratégica del bolchevismo. No creo, en particular, que haya el menor motivo para renunciar a lo dicho en 1922, respecto a la revolución permanente, en mi prefacio a la obra *1905*, libro que todo el partido, en vida de Lenin, leyó y estudió en ediciones y reimpresiones innumerables y que no «llamó la atención» de Kameñev hasta el otoño de 1924, ni la de Radek hasta el de 1928. He aquí lo que decía en dicho prefacio:

«Fue precisamente en el intervalo comprendido entre el 9 de enero y la huelga de octubre de 1905 cuando el autor formó sus concepciones sobre el carácter del desarrollo revolucionario de Rusia, conocidas bajo el nombre de teoría de la revolución permanente. Esta denominación, un poco capciosa, expresaba la idea de que la revolución rusa, si bien tenía planteados objetivos burgueses inmediatos, no podría detenerse en los mismos. *La revolución no podría cumplir sus objetivos inmediatos burgueses más que llevando al proletariado al Poder.*

Aunque con un intervalo de doce años, esta apreciación se ha visto plenamente confirmada. La revolución rusa no pudo realizarse mediante un régimen democrático-burgués, sino que tuvo que dar el Poder a la clase obrera. *Si en 1905 ésta se mostró demasiado débil para conquistarlo, pudo fortalecerse y madurar no en la república democrático-burguesa, sino en la clandestinidad del zarismo del 3 de junio».* *
(L. Trotsky, *1905*, prefacio, págs. 4-5.)

Citaré, finalmente, una de las apreciaciones polémicas más duras que di de la consigna de la «dictadura democrática».

* El 3 de junio de 1907, Stolypin disolvió la Segunda Duma, acto que fue expresión del triunfo temporal de la autocracia. (N. del T.)
STOLYPIN, P. A. Primer ministro zarista en julio de 1906. Bajo su gobierno se reprimió duramente al campesinado y se persiguió a los partidos políticos. Llamó a elecciones para la II Duma, la cual resultó más radical que la I. Murió asesinado por un terrorista en 1911.

En 1909 escribía en el órgano polaco de Rosa Luxemburg:

«Si los mencheviques, partiendo de la abstracción: "nuestra revolución es burguesa", llegan a la idea de la adaptación de toda la táctica del proletariado a la conducta de la burguesía liberal hasta la conquista del Poder por esta última, los bolcheviques, partiendo de una abstracción no menos vacía: "dictadura democrática no socialista", llegan a la idea de la autolimitación burguesa democrática del proletariado, en cuyas manos se halla el Poder. Claro está que la diferencia que los separa ante este problema es muy considerable: mientras que los aspectos antirrevolucionarios del menchevismo se manifiestan ya con toda su fuerza en la actualidad, los rasgos antirrevolucionarios del bolchevismo sólo significan un peligro inmenso en caso de triunfar la revolución.»

En enero de 1922, añadí la siguiente nota a este pasaje del artículo, reproducido en la edición rusa de mi libro *1905*:

«Esto, como es notorio, no sucedió, pues bajo la dirección de Lenin el bolchevismo efectuó (no sin lucha interior) un reajuste ideológico respecto a esta importantísima cuestión en la primavera de 1917, esto es, antes de la conquista del Poder.»

A partir de 1924, estos textos fueron objeto de una crítica furiosa. Ahora, con un retraso de cuatro años, Radek viene a sumarse a esta crítica. Sin embargo, el que reflexione honradamente sobre las líneas tácticas citadas más arriba, no podrá dejar de reconocer que contenían una importante previsión y una advertencia no menos importante. Nadie podrá negar el hecho de que en el momento de la Revolución de Febrero toda la llamada «vieja guardia» de los bolcheviques estaba colocada en el terreno de la oposición escueta de la dictadura democrática a la dictadura socialista. Los discípulos inmediatos de Lenin hacían de la fórmula algebraica de éste una construcción metafísica pura y la dirigían contra el desarrollo real de la revolución. En el momento histórico más importante, los elementos bolcheviques dirigentes que se hallaban en Rusia ocuparon una posición reaccionaria, y, de no haber llegado a tiempo Lenin, hubieran estrangulado la Revolución de Octubre bajo la enseña de la lucha contra el trotskismo, de la misma manera que más tarde estrangularon la revolución china. Radek describe de un modo piadoso la posición errónea de todo el sector dirigente del Partido, presentándolo como una especie de «casualidad». Pero, es poco probable que esto pueda servir de explicación marxista de la posición democrática vulgar de Kamenev, Zinoviev, Stalin, Molotov, Rykov, Kalinin, Noguin, Miliutin, Krestinsky, Frunze, Yaroslavski, Ordjonikidzé, Preobrazhenski, Smilga,[60] y muchísimos otros viejos bolcheviques. ¿No sería más justo reconocer que en el ca-

60. KALININ, Mijail (1875-1946). Bolchevique desde 1903. Presidente del Comité Ejecutivo de los Soviets de toda Rusia, desde 1919 hasta su muerte.
NOGUIN, Víctor (1878-1924). Bolchevique desde 1903. Miembro del C.C. en abril y agosto de 1917. Adversario de las "Tesis de Abril" y posteriormente partidario de un gobierno de coalición.
MILIUTIN, Vladimir (1878-1942). Economista. Bolchevique desde 1910. Comisario para la Agricultura en 1917. Director de la Oficina Central de Estadística en 1928. Desaparecido durante las purgas en 1942.
KRESTINSKY, Nikolai (1883-1938). Bolchevique desde 1903. Miembro del C.C. desde 1917 hasta 1921. Embajador en Alemania en esta última fecha. Simpatiza con la oposición de 1923 y luego con la de 1926-27. Rompe con la Oposición en 1928. Condenado a muerte y ejecutado tras el tercer proceso de Moscú.
FRUNZE, Mijail (1885-1925). Bolchevique desde 1904. Uno de los primeros jefes del Ejército Rojo. Sustituye a Trotsky en el Comisariado de Guerra en 1925. Su muerte se produce, según Broué, en circunstancias "muy extrañas".
YAROSLAVSKY, Emilian (1878-1943). Bolchevique desde 1903. Comunista de izquierda en 1918. Miembro del C.C. y de la Comisión Central de Control, desde donde realiza los informes contra la Oposición Conjunta. Cae en desgracia a partir de 1932.
ORDJONIKIDZE, Grigori (1866-1937). Bolchevique desde 1903. Miembro del C.C. en 1921 y 1922. Dirige en 1922 la "rusificación" de Georgia, que le vale el que Lenin solicite su expulsión del Partido. Suplente del Buró Político en 1926. Presidente de la Comisión Central de Control que actúa contra la Oposición Conjunta. Se suicida en 1937, tras haber intentado salvar infructuosamente a su hermano, viejo bolchevique, y a Piatakov, ambos ejecutados tras el segundo proceso de Moscú.
SMILGA, Iván (1892-1937). Bolchevique desde 1907. Miembro del C.C. de 1917 a 1925. Economista. Miembro de la Oposición Conjunta, en la que entra como zinovievista para luego hacerse trotskista. Deportado y expulsado en 1927, capitula en 1929. Condenado a cinco años de cárcel en 1932, desaparece posteriormente.

rácter algebraico de la vieja fórmula bolchevista había sus peligros? Como siempre, el desarrollo de los acontecimientos llenaba con un contenido hostil a la revolución proletaria, lo que había de indefinido en la fórmula revolucionaria. Ni que decir tiene que si Lenin hubiera vivido en Rusia y observado el desarrollo del Partido día por día, sobre todo durante la guerra, habría hecho oportunamente las enmiendas y aclaraciones necesarias. Afortunadamente para la Revolución, llegó, aunque con retraso, a tiempo todavía de efectuar el reajuste ideológico que se imponía. El instinto de clase del proletariado y la presión revolucionaria de la masa del Partido, preparada por toda la labor anterior del bolchevismo, permitieron a Lenin, en lucha contra los elementos dirigentes, cambiar de rumbo la política del Partido en un plazo relativamente corto.

¿Deberá acaso deducirse de aquí que, ante China, la India y otros países, debamos adoptar también hoy la fórmula leninista de 1905 en todo su carácter algebraico; esto es, en todo lo que tenía de indefinido, dejando que los Stalin y los Rykov chinos e indios (Tan-Pin-sian, Roy [61] y otros) llenen la fórmula de un contenido nacionaldemocrático pequeñoburgués y esperar después la aparición oportuna de Lenin para efectuar las enmiendas del 4 de abril? Pero, ¿estamos seguros de una enmienda tal en China y la India? ¿No será mejor introducir de antemano en la fórmula la concreción cuya necesidad ha sido demostrada por la experiencia histórica tanto de Rusia como de China?

¿Ha de interpretarse lo que queda dicho en el sentido

61. TAN-PIN-SIAN. Comunista chino. Miembro del Comité Ejecutivo del Kuomintang en 1924. Ministro de Agricultura en el gobierno de Wu-Han, puesto que ocupa como representante comunista en el seno del Kuomintang. Elegido en 1927 miembro del Buró Político del Partido Comunista chino.

Roy, Manabindra Nath (1893-1954). Delegado de la I.C. en América Latina de 1920 a 1922. Representante de la I.C. en China en diciembre de 1926. Principal vocero y fundador del P. comunista indio en 1924. Teórico del imperialismo y de los movimientos nacionalistas. Excluido del partido en 1928, por "desviacionista". Detenido en la India de 1931 al 32. Durante la II Guerra Mundial apoyó a los ingleses. En la Postguerra fundó y dirigió, en la India, el Partido Radical Democrático.

dé que la consigna de la dictadura democrática del proletariado y de los campesinos era sencillamente un «error»? En los Soviets, como es sabido, todas las ideas y las acciones humanas se dividen hoy en dos categorías: absolutamente justas, que son las que forman parte de la llamada «línea general», y absolutamente erróneas, las que se apartan de esta línea. Esto no impide, naturalmente, que lo que hoy es absolutamente justo, sea mañana declarado absolutamente erróneo. Pero el desarrollo real de las ideas, antes de la aparición de la «línea general», conocía asimismo el método de aproximaciones consecuentes a la verdad. Incluso la simple división aritmética obliga a escoger las cifras por adivinación, empezando por las grandes o por las pequeñas, a fin de prescindir de ellas después a medida que la comprobación se va efectuando. En el tiro de artillería el método de aproximaciones se llama «tenedor». En política, el método de las aproximaciones es asimismo inevitable. Toda la cuestión consiste únicamente en comprender oportunamente que el no hacer blanco es no hacer blanco, y, sin pérdida de tiempo, introducir la corrección necesaria.

La gran importancia histórica de la fórmula de Lenin consistía en que llegaba, dentro de las condiciones de una nueva época histórica, hasta el fondo de una de las cuestiones teóricas y políticas, a saber: la cuestión del grado de independencia política alcanzado por los distintos grupos de la pequeña burguesía, ante todo el de los campesinos. Gracias a su plenitud, la experiencia bolchevista de 1905-1917 cerró herméticamente las puertas a la «dictadura democrática». El propio Lenin puso un rótulo en la puerta: «No hay entrada ni salida». Esto lo formulaba con las siguientes palabras: el campesino sigue al burgués o al obrero. Los epígonos ignoran completamente la consecuencia a que llevó la vieja fórmula del bolchevismo y, haciendo caso omiso de esta consecuencia, canonizan una hipótesis temporal, incluyéndola en el programa. En esto consiste, en esencia, la posición de los epígonos.

VI

Radek no se limita a repetir simplemente algunos de los ejercicios críticos oficiales de estos últimos años, sino que aún los simplifica, si cabe.·De sus palabras resulta que, tanto en 1905 como hoy, Trotsky·no establece en términos tales diferencia alguna entre la revolución burguesa y la socialista, entre Oriente y Occidente. Siguiendo el ejemplo de Stalin, Radek me advierte que es inadmisible saltarse una de las etapas históricas.

Ante todo, es cosa de preguntarse: si para mí, en 1905, se trataba sencillamente de la «revolución socialista», ¿por qué suponía que podía empezar antes en la atrasada Rusia que en la avanzada Europa? ¿Por patriotismo, por orgullo nacional? Sea de ello lo que quiera, lo cierto es que en la realidad las cosas han sucedido así. ¿Se da cuenta Radek de que, si la revolución democrática hubiera podido realizarse en nuestro país como etapa *independiente*, no tendríamos actualmente la dictadura del proletariado? Si la conquistamos antes que en Occidente, fue precisa y únicamente porque la historia combinó orgánicamente —y por combinar no entiendo confundir— el contenido sustancial de la revolución burguesa con la primera etapa de la revolución proletaria.

Distinguir la revolución burguesa de la proletaria es el abecé. Pero al abecé sigue el deletreo; esto es, la combinación de las letras. La historia ha efectuado precisamente

167

esta combinación de las letras más importantes del alfabeto burgués con las primeras letras del alfabeto socialista. Radek, de las palabras formadas ya en la práctica nos arrastra hacia atrás, hacia el abecé. Es triste, pero es así.

Es absurdo sostener que, en general, no se pueda saltar por alto una etapa. A través de las «etapas» que se derivan de la división teórica del proceso de desarrollo enfocado en su conjunto, esto es, en su máxima plenitud, el proceso histórico vivo efectúa siempre saltos, y exige lo mismo de la política revolucionaria en los momentos críticos. Se puede decir que lo que mejor distingue al revolucionario del evolucionista vulgar consiste precisamente en su talento para adivinar estos momentos y utilizarlos.

La división marxista del desarrollo de la industria en artesanado, manufactura y fábrica pertenece al abecé de la economía política o, mejor dicho, de la historia de la economía. Pero el caso es que en Rusia la fábrica apareció sin pasar por la etapa de la manufactura y de los gremios urbanos. Un proceso análogo se dio en nuestro país en las relaciones de clase y en la política. Cierto es que no cabe comprender la nueva historia de Rusia si no se conoce el esquema marxista de las tres etapas: artesanado, manufactura, fábrica. Pero quien no sepa más que esto, no sabrá nada de nada. La historia de Rusia, digámoslo sin ofender a Stalin, se ha saltado varias etapas. La diferenciación teórica de dichas etapas, sin embargo, es asimismo necesaria para Rusia, pues de otro modo no se puede comprender en qué consistió el salto ni cuáles han sido sus consecuencias.

También cabe examinar la cuestión desde otro punto de vista —como hizo a veces Lenin con el problema del doble poder— y decir que en Rusia existieron estas tres etapas marxistas, aunque las dos primeras en un aspecto compendiado en extremo, en embrión, y que estos «rudimentos» son suficientes para confirmar la unidad genética del proceso económico. Sin embargo, la reducción cuantitativa de estas dos etapas es tan grande, que engendró una cualidad completamente nueva en toda la estructura social de la nación. La expresión más elocuente de esta nueva «cualidad» en política es la Revolución de Octubre.

Lo que más insoportable se hace en estas cuestiones es ver a Stalin «teorizando» con dos bultos que constituyen su único bagaje teórico: la «ley del desarrollo desigual» y el «no saltarse por alto una etapa». Stalin no ha llegado todavía a comprender que el *desarrollo desigual consiste precisamente en saltarse por alto ciertas etapas.* (O en permanecer un tiempo excesivo en una de ellas.) Stalin opone con una seriedad inimitable a la teoría de la revolución permanente... la ley del desarrollo desigual. Sin embargo, la previsión de que la Rusia históricamente atrasada podía llegar a la revolución proletaria antes que la Inglaterra avanzada, se hallaba enteramente basada en la ley del desarrollo desigual. Lo que hay es que para una previsión de este género era preciso comprender la desigualdad del desarrollo histórico en toda su concreción dinámica y no limitarse sencillamente a rumiar los textos leninistas de 1915 comprendiéndolos al revés e interpretándolos de un modo absurdo.

La dialéctica de las «etapas históricas» se percibe de un modo relativamente fácil en los períodos de impulso revolucionario. Los períodos reaccionarios, por el contrario, se convierten de un modo lógico en tiempos de evolucionismo banal. El stalinismo, esa vulgaridad ideológica concentrada, digna criatura de la reacción dentro del Partido, ha creado una especie de culto del movimiento por etapas como envoltura del «seguidismo» * y de la pusilanimidad. Esta ideología reaccionaria se ha apoderado ahora también de Radek.

Tales o cuales etapas del proceso histórico pueden resultar inevitables aunque teóricamente no lo sean. Y a la inversa: etapas teóricamente «inevitables» pueden verse reducidas a cero por la dinámica del desarrollo, sobre todo durante la revolución, pues no en vano se ha dicho que las revoluciones son las locomotoras de la historia.

Así por ejemplo, en nuestro país el proletariado se «saltó» por alto la fase del parlamentarismo democrático, concediendo a las Cortes Constituyentes unas horas de vida nada

---

* Traducción aproximada de la palabra rusa jvostism, que se aplicaba a los que "siguen" a otras fuerzas políticas o van a la zaga de ls mismas. (N. del T.)

más, y para eso, en el zaguán. En China no se puede saltar de ningún modo por alto la fase contrarrevolucionaria, como fue imposible en nuestro país saltar por alto el período de las cuatro Dumas. Sin embargo, la fase contrarrevolucionaria actual, en China, no era históricamente «inevitable», ni mucho menos, sino un resultado directo de la política funesta de Stalin-Bujarin, que pasarán a la historia con el título de organizadores de derrotas. Pero los frutos del oportunismo se han convertido en un factor objetivo que puede contener por un largo período el proceso revolucionario.

Toda tentativa de saltar por alto las etapas reales, esto es, objetivamente condicionadas en el desarrollo de las masas, significa aventurerismo político. Mientras la masa obrera crea en su mayoría en los socialdemócratas o, admitámoslo, en los elementos del Kuomintang o en los trade-unionistas, no podremos plantear ante ella el derrocamiento inmediato del poder burgués; para esto hay que prepararla. Esta preparación puede ser una «etapa muy larga». Pero sólo un «seguidista» es capaz de suponer que debemos permanecer «junto con las masas» en el Kuomintang, primeramente en el de derecha y después en el de izquierda, o seguir aliados al rompehuelgas Purcell «hasta que la masa se desengañe de los jefes», a los cuales apoyaremos entretanto con nuestra colaboración.

Radek seguramente no habrá olvidado que algunos «dialécticos» calificaban la demanda de salir del Kuomintang y de romper con el Comité anglo-ruso, de salto de etapas, y, además, de divorcio con los campesinos (en China) y con las masas obreras (en Inglaterra). Radek debe acordarse de esto con tanto mayor motivo cuanto que él mismo pertenecía a la categoría de estos tristes «dialécticos». Ahora no hace más que ahondar y generalizar sus errores oportunistas.

En abril de 1919, Lenin en su artículo programático sobre «La Tercera Internacional y su puesto en la historia», decía:

«No creemos equivocarnos si decimos que precisamente... la contradicción entre el atraso de Rusia y el *salto* dado por la misma hacia la forma superior de democratismo, *por en-*

cima de la democracia burguesa, a la forma soviética o proletaria, precisamente esta contradicción ha sido una de las causas... que ha dificultado particularmente la comprensión del papel de los Soviets en Occidente o que ha retrasado dicha comprensión.» (Lenin, *Obras,* XVI, pág. 183.)

Lenin dice aquí lisa y llanamente que Rusia *saltó* «por encima de la democracia burguesa». Naturalmente, Lenin introduce mentalmente en esta afirmación todas las limitaciones necesarias: no hay que olvidar que la dialéctica no consiste en enumerar cada vez de nuevo todas las condiciones concretas; el escritor parte del principio de que el lector tiene algo en la cabeza. Sin embargo, el salto por encima de la democracia burguesa queda en pie, y según la acertada observación de Lenin, dificulta muy mucho la comprensión del papel de los Soviets por los dogmáticos y esquemáticos, y, además, no sólo en «Occidente», sino también en Oriente.

He aquí lo que se dice sobre el particular en ese mismo prefacio al libro *1905* que ahora, inesperadamente, causa tal inquietud a Radek:

«Ya en 1905 los obreros petersburgueses daban a su Soviet el nombre de Gobierno proletario. Esta denominación era corriente en aquel entonces y entraba enteramente en el programa de lucha por la conquista del Poder por la clase obrera. En aquella época *oponíamos al zarismo un amplio programa de democracia política* (sufragio universal, república, milicia, etc.). *No podíamos obrar de otro modo. La democracia política es una etapa necesaria en el desarrollo de las masas obreras,* con la reserva esencial de que en unos casos éstas pasan por dicha etapa en el transcurso de varias décadas, mientras que en otros, la situación revolucionaria permite a las mismas emanciparse de los prejuicios de la democracia política antes ya de que las instituciones de la misma sean llevadas a la práctica.» (L. Trotsky, *1905,* prefacio, pág. 7.)

A propósito, estas palabras, que coinciden completamente con el pensamiento de Lenin, reproducido más arriba, explican suficientemente, a mi parecer, la necesidad de oponer a la dictadura del Kuomintang un «amplio programa de democracia política». Pero precisamente en este punto, Radek se desvía hacia la izquierda. En la época de impulso revolucionario se oponía a la salida del Partido Comunista chino del Kuomintang. En la época de dictadura contrarrevolucionaria, se opone a la movilización de los obreros chinos bajo las consignas de la democracia. Es lo mismo que si le brindasen a uno con un abrigo de pieles en verano y le dejasen en pelota en invierno.

VII

Ya definitivamente perdido en la comprensión stalinista
de las «etapas» históricas —concepción evolucionista y filis-
tea y no revolucionaria—, el propio Radek intenta ahora también canonizar la consigna de la dictadura democrática del
proletariado y de los campesinos para todo el Oriente. Radek hace un esquema superhistórico de la hipótesis del bolchevismo que Lenin adaptó al desarrollo de un país determinado, modificó, concretizó, y en una etapa determinada,
abandonó. He aquí lo que Radek repite incansablemente a
este propósito, en su artículo:
«Esta teoría y la táctica que se desprende de la misma son
aplicables a todos los países de desarrollo capitalista joven,
en los cuales la burguesía no haya liquidado las cuestiones
que le han legado las formaciones sociales y políticas anteriores.»
Reflexionad sobre esta fórmula, y veréis que no es más
que una solemne justificación de la posición de Kamenev
en 1917. ¿Acaso la burguesía rusa «liquidó» a través de la
Revolución de Febrero las cuestiones de la revolución democrática? No; éstas se quedaron sin resolver, y, entre ellas,
la cuestión de las cuestiones: la cuestión agraria. ¿Cómo
Lenin no comprendió que la vieja fórmula era todavía «aplicable»? ¿Por qué la abandonó?
Radek ha contestado antes a esto: sencillamente porque

173

se había «realizado» ya. Ya tuvimos ocasión de examinar esta contestación, completamente inconsistente, aun en labios de Radek, el cual sostiene que la esencia de la antigua consigna leninista no consiste, ni mucho menos, en las formas de poder, sino en la liquidación real de las reminiscencias feudales mediante la colaboración del proletariado con los campesinos. Pero precisamente esto es lo que la etapa de Kerensky no dio. De aquí se deduce que para la solución del problema actualmente más agudo, el problema chino, la excursión de Radek por nuestro pasado no tiene ningún sentido. Había que razonar, no acerca de lo que Trotsky comprendía y no comprendía en 1905, sino acerca de lo que no comprendían Stalin, Molotov y, sobre todo, Rykov y Kamenev en febrero y marzo de 1917 (ignoro cuál fuese la posición del propio Radek, en aquellos días). Pues si se entiende que la dictadura democrática se «realizó» en el doble poder hasta el punto de hacerse inaplazable la sustitución de la vieja consigna, entonces será necesario reconocer que en China la «dictadura democrática» se realizó de un modo más concreto y definitivo en el régimen del Kuomintang, esto es, bajo el mando de Chang-Kai-chek y Van-Tin-vei con la cola de Tan-Pin-sian.* Por consiguiente, con tanto mayor motivo era obligatoria la sustitución de la consigna en China.

Pero ¿acaso la «herencia de las formaciones sociales y políticas anteriores» ha sido liquidada en China? No; no lo ha sido. Pero ¿es que lo había sido en nuestro país el 4 de abril de 1917, cuando Lenin declaró la guerra a todos los elementos dirigentes de la «vieja guardia bolchevique»? Radek se contradice sin remedio, se confunde y va de una parte a otra. Observemos que no es en él accidental el empleo de la compleja expresión relativa a la «herencia de las formaciones» variándola en distintos pasajes y evitando evidentemente una expresión más breve: las supervivencias del feudalismo o del servilismo. ¿Por qué? Porque hace dos días negaba simplemente estas supervivencias, privando con ello

---

* CHANG-KAI-CHEK, jefe del Kuomintang de derecha. VAN-TIN-VEI, jefe del Kuomintang de izquierda. TAN-PIN-SIAN, ministro comunista que realizó en la China la política de Stalin-Bujarin. (N. del T.)

mismo de base a la dictadura democrática. En su informe a la Academia Comunista, decía:

«Las fuentes de la Revolución china no son menos profundas que las de nuestra Revolución de 1905. Se puede decir con firmeza que la alianza de la clase obrera con los campesinos será allí más fuerte de lo que lo fue en nuestro país en 1905, *por la sencilla razón de que en China atacarán no a dos clases, sino a una sola: a la burguesía.*»

Sí; «por esa sencilla razón». Pero si el proletariado junto con los campesinos ataca a una sola clase, a la burguesía —no a la supervivencia del feudalismo, sino a la burguesía—, entonces permita que le pregunte a usted, ¿cómo se llama una revolución tal? ¿Democrática? Observad que Radek decía esto no en 1905 ni en 1909, sino en marzo de 1927. ¿Cómo se pueden atar estos cabos? Muy sencillamente. En marzo de 1927, Radek se desviaba también del buen camino, pero hacia otro lado. En sus tesis sobre la cuestión china, la oposición introdujo una enmienda radical en la actitud unilateral sostenida en aquel entonces por Radek. Pero en las palabras de este último que acabamos de reproducir había, sin embargo, una parte de verdad: en China los terratenientes casi no existen, como clase, los propietarios de tierras están ligados con los capitalistas de un modo incomparablemente más estrecho que en la Rusia zarista; por eso el peso específico de la cuestión agraria en la China es mucho menor que en la Rusia zarista; en cambio, ocupa un lugar inmenso el objetivo de emancipación nacional. De acuerdo con esto, la capacidad de los campesinos chinos en el sentido de la lucha política revolucionaria *independiente* por la renovación democrática del país no puede en ningún modo ser superior a la de los campesinos rusos. Esto halló en parte su expresión en el hecho de que ni antes de 1905, ni durante los tres años de revolución, en Rusia apareció ningún partido populista que inscribiera la revolución agraria en sus banderas. Todo esto en conjunto muestra que para China, que ha dejado ya atrás la experiencia de 1925-1927, la fórmula de la dictadura democrática representa en sí una ratonera reaccionaria, todavía más peligrosa de lo que lo fue en nuestro país después de la Revolución de Febrero.

Otra incursión en el pasado todavía más remoto, efectuada por Radek, se vuelve también sin misericordia contra él. En esta ocasión se trata de la consigna de la revolución permanente lanzada por Marx en 1850.

«En Marx —dice Radek— no había la consigna de la dictadura democrática, pero en Lenin ésta' se convirtió en un eje político desde 1905 hasta 1917 y entró como parte integrante en su idea de la revolución *en todos* (?) *los países* de desarrollo capitalista incipiente (?).»

Apoyándose en algunas líneas de Lenin, Radek explica esta diferencia de posición como sigue: el objetivo central de la Revolución alemana era la *unidad nacional;* en nuestro país, la *revolución agraria.* Si no se mecaniza esta oposición y se observan las proporciones, hasta cierto punto es justa. Pero entonces, ¿qué se puede decir de China?, el peso específico del problema nacional en comparación con el agrario, en China, en su calidad de país semicolonial, es incomparablemente mayor incluso que en la Alemania de 1848-1850, pues en China se trata al mismo tiempo de unificación y de emancipación. Marx formuló su perspectiva de revolución permanente cuando en Alemania se alzaban aún todos los tronos, los «junkers» poseían la tierra y los elementos dirigentes de la burguesía se les permitía que llegaran únicamente hasta la antesala del Poder. En China la monarquía no existe ya desde el año 1911, no hay una clase independiente de grandes terratenientes, está en el Poder el Kuomintang nacional-burgués, y las relaciones feudales se han fundido químicamente, por decirlo así, con la explotación burguesa. Por lo tanto, la comparación establecida por Radek entre la posición de Marx y la de Lenin, se vuelve enteramente contra la consigna de la dictadura democrática en China.

Además, Radek toma incluso la posición de Marx de un modo falto de seriedad, casual, episódico, limitándose a la circular de 1850 en que Marx considera aún a los *campesinos como a los aliados naturales de la democracia pequeño-burguesa urbana.* En aquel entonces Marx esperaba una etapa independiente de la revolución democrática en Alemania, esto es, el advenimiento temporal al Poder de los radicales pequeño-burgueses urbanos, apoyándose en los campesinos. He aquí el nudo de la cuestión. Pero esto fue precisamente lo que no sucedió. Y no casualmente. Ya a mediados del siglo pasado, la democracia pequeño-burguesa se mostró impotente para realizar su revolución independiente. Y Marx tuvo en cuenta esta lección. El 16 de abril de 1856 —seis años después de la circular mencionada— Marx escribía a Engels:

«En Alemania todo dependerá de la posibilidad de respaldar la revolución proletaria sobre una especie de segunda edición de la guerra campesina. Si se logra esto, las cosas marcharán de un modo excelente.»

Estas interesantísimas palabras, absolutamente olvidadas por Radek, constituyen verdaderamente una preciosa clave para la Revolución de Octubre y el problema que nos está ocupando. ¿Es que Marx saltaba por alto de la revolución agraria? No, como hemos visto. ¿Consideraba necesaria la colaboración del proletariado y de los campesinos en la revolución próxima? Sí. ¿Admitía la posibilidad del papel directivo o tan siquiera independiente de los campesinos en la revolución? No; no lo admitía. Marx partía del punto de vista de que los campesinos, que no consiguieron apoyar a la democracia burguesa en la revolución democrática independiente (por culpa de la burguesía democrática y no de los campesinos), podrían apoyar al proletariado en su revolución. «Entonces las cosas marcharán de un modo excelente.» Radek parece no querer observar que esto fue precisamente lo que sucedió en Octubre, y no del todo mal, por cierto.

Las conclusiones aplicables a la China que se desprenden de aquí, son absolutamente claras. Se trata, no del papel decisivo de los campesinos como aliados ni de la inmensa importancia de la revolución agraria, sino de saber si en China es posible una revolución agrario-democrática independiente o si «una nueva edición de la guerra campesina« apoyará a la dictadura proletaria. Sólo así está planteada la cuestión. Quien la plantee de otro modo no ha aprendido ni ha comprendido nada y no hace más que descarriar y confundir al Partido comunista chino.

Para que los proletarios de los países de Oriente puedan abrirse el camino que ha de conducirles a la victoria, es necesario ante todo arrojar por la borda la teoría pedantesca y reaccionaria de las «etapas» y de las fases, inventada por Stalin-Martinov. El bolchevismo ha crecido en la lucha contra este evolucionismo vulgar. Hay que seguir, no una ruta fijada a priori, sino la que nos indique el desarrollo real de la lucha de clases. Abandonad la idea de Stalin y Kuussinen de establecer un turno para los países de distinto nivel de desarrollo proveyéndolos de antemano de bonos para las distintas raciones revolucionarias. Lo repetimos: hay que seguir el camino indicado por el desarrollo real de la lucha de clases. En este sentido, Lenin es un guía inapreciable, pero hay que tomarlo en su conjunto.

Cuando en 1919, sobre todo en relación con la organización de la Internacional Comunista, Lenin reducía a la unidad las consecuencias del período transcurrido y daba a las mismas una fórmula teórica más decidida, interpretaba la etapa de Kerensky y Octubre del siguiente modo: «En la sociedad burguesa con contradicciones de clase ya desenvueltas, puede haber únicamente la dictadura de la burguesía, descarada o encubierta, o la dictadura del proletariado. No cabe ningún régimen transitorio. Toda democracia, toda «dictadura de la democracia» (comillas irónicas de Lenin), no será más que una envoltura del régimen de la burguesía, como lo ha mostrado la experiencia del país más atrasado de Europa, Rusia, en la época de su revolución burguesa, esto es, en la época más favorable para la «dictadura de la democracia». Lenin utilizó esta conclusión como base de sus tesis sobre la democracia, las cuales fueron un resultado de la experiencia conjunta de las Revoluciones de Febrero y Octubre.

Radek, como muchos otros, separa mecánicamente la cuestión de la democracia en general de la dictadura democrática, lo cual constituye una fuente de los mayores errores. La «dictadura democrática» no puede ser más que la dominación encubierta de la burguesía durante la Revolución, como nos lo enseña la experiencia tanto de nuestro «doble poder» (1917) como la del Kuomintang chino.

La impotencia de los epígonos se manifiesta con una evidencia singular en el hecho de que aún actualmente intentan oponer la dictadura democrática tanto a la dictadura de la burguesía como a la del proletariado. Esto significa que

la dictadura democrática debe tener un contenido intermedio, esto es, pequeño-burgués. La participación del proletariado en la misma, no cambia las cosas, pues en la naturaleza no existe entre las distintas clases una línea media. Si no
se trata de la dictadura de la burguesía ni la del proletariado, esto significa que el papel *determinante y decisivo*
debe desempeñarlo la pequeña burguesía. Pero esto nos
vuelve a la misma cuestión, a la cual han contestado prácticamente tres revoluciones rusas y dos revoluciones chinas: ¿es capaz actualmente la pequeña burguesía, en las
condiciones de la dominación mundial del imperialismo, de
desempeñar un papel revolucionario dirigente en los países
capitalistas, aunque éstos sean atrasados y no hayan resuelto aún sus problemas democráticos?

No ignoramos que hubo épocas en que los sectores inferiores de la pequeña burguesía instauraron su pequeña dictadura revolucionaria. Pero eran esas épocas en que el proletariado o preproletariado de aquel entonces no se separaba aún de la pequeña burguesía, sino que, al contrario, en
su aspecto aún no completamente desarrollado, constituía el
núcleo fundamental de la misma. Ahora es completamente
distinto. No se puede ni tan siquiera hablar de la capacidad
de la pequeña burguesía para dirigir la vida de una sociedad
burguesa aunque sea atrasada, por cuanto el proletariado se
ha separado ya de la pequeña burguesía y se levanta hostilmente contra la grande sobre la base del desarrollo capitalista, que condena a la pequeña burguesía a la insignificancia y coloca a los campesinos ante la necesidad de elegir
políticamente entre la burguesía y el proletariado. Cada vez
que los campesinos eligen a un partido exteriormente pequeño-burgués apoyan de hecho al capital financiero. Si durante
la primera Revolución rusa, o en el período comprendido
entre dos revoluciones, podía aún haber divergencias sobre
el *grado de independencia* (únicamente sobre el grado), esta
cuestión ha sido resuelta de un modo definitivo por el curso
de los acontecimientos de los últimos doce años.

Después de Octubre, se ha planteado prácticamente de
nuevo en muchos países, en todos los aspectos y combinaciones posibles, y se ha resuelto siempre de un modo idéntico. Después de la experiencia del kerenskismo, la funda-

mental ha sido, como se ha dicho ya, la del Kuomintang. Pero no tiene menos importancia la experiencia del fascismo en Italia, donde la pequeña burguesía arrebató el Poder a los viejos partidos burgueses con las armas en la mano para transmitirlo inmediatamente, a través de sus directores, a la oligarquía financiera. La misma cuestión se planteó en Polonia, donde el movimiento de Pilsudski fue dirigido de un modo inmediato contra el Gobierno reaccionario de los burgueses y terratenientes y fue la expresión de las aspiraciones de las masas pequeño-burguesas y aun de amplios sectores del proletariado. No es casual que el viejo socialdemócrata polaco Warski, temiendo no «apreciar en su justo valor el papel de los campesinos» identificara el golpe de Estado de Pilsudski con la «dictadura democrática de los obreros y de los campesinos».[62] Nos llevaría demasiado tiempo analizar aquí la experiencia búlgara, o sea, la política vergonzosamente confusa de los Kolarov y Kabakchiev con respecto al Partido de Stambuliski, o el ignominioso experimento hecho con el Partido Obrero y Campesino en los Estados Unidos, o el idilio de Zinoviev con Radich, o la experiencia del Partido Comunista de Rumania, y así hasta el infinito.[63] En mi «Crítica del Programa de la Internacional

62. WARSKI, Adolf. Dirigente comunista polaco. Apartado de cargos dirigentes en 1924, debido a sus protestas, en el V Congreso de la I.C., por los ataques a Trotsky. Expulsado del Partido en 1929. Desapareció en Moscú durante las purgas de los años 30.
En mayo de 1926, el mariscal Pilsudski (1867-1935) realiza un golpe de Estado con el apoyo del Partido Comunista y de la I.C. Pilsudski ejerció tiránicamente el poder en calidad de jefe de gobierno, ministro de la guerra y jefe de Estado Mayor.
63. STAMBULISKI, Alexander (1879-1923). Líder del Partido Agrarista búlgaro, partido radical-campesino. Después de la I Guerra Mundial encabezó los restos del ejército, provocando la abdicación del Rey. En enero de 1919 entró a formar parte del nuevo gobierno, que dirigió de forma absoluta, con apoyo del campesinado, desde octubre de 1919 hasta junio de 1923. Se le opusieron diversos sectores de la burguesía y algunos elementos nacionalistas del ejército. En 1918 pidió apoyo a los comunistas y socialistas. Christo Kabakchiev, el principal teórico comunista búlgaro y representante de la I.C., se negó a dar su apoyo.
Stambuliski realizó una reforma agraria radical, expropiando las tierras de la Iglesia y redistribuyendo tierras entre el campesinado pobre. Confiscó las grandes viviendas y mansiones. El Partido comunista lo calificó de movimiento pequeñoburgués, cuya función era la

Comunista» he analizado algunos de estos hechos en sus elementos sustanciales. La conclusión fundamental confirma y robustece completamente las lecciones de Octubre: la pequeña burguesía, incluyendo en ella a los campesinos, es incapaz de dirigir la sociedad burguesa moderna, aunque sea atrasada, ni en la época de revolución ni en la de reacción. Los campesinos pueden apoyar la dictadura de la burguesía o sostener la del proletariado. Las formas intermedias son una tapadera de la dictadura de la burguesía, ya vacilante o todavía inconsistente después de las sacudidas (kerenskismo, fascismo, pilsudskismo).

Los campesinos pueden ir con la burguesía o con el proletariado. Si éste intenta ir a toda costa con los campesinos, que todavía no están con él, el proletariado va de hecho a la zaga del capital financiero: los obreros partidarios de la defensa nacional en 1917 en Rusia, los obreros del Kuomintang, los comunistas entre ellos, los obreros del P.P.S.,* y en parte los comunistas en 1926 en Polonia, etc., etc. Quien no haya reflexionado sobre esto hasta sus últimas consecuen-

---

de consolidar la posición de los campesinos acomodados. Stambuliski fue derrocado por un golpe militar dirigido por militares nacionalistas y la burguesía, mientras que el Partido comunista se mantuvo neutral. Tres meses después los comunistas intentan una insurrección que terminó aplastada por el gobierno militar.

Aplastada la insurrección, Kabakchiev fue sustituido en la jefatura del Partido por Dimitrov y Kolarov. Este último polemizó, en Pravda, con Lecciones de Octubre, de Trotsky, al que acusó de innumerables errores en torno a la política seguida en Bulgaria.

El Partido Obrero y Campesino de los Estados Unidos fue fundado a finales de 1919. Dominado por los militantes del Partido Comunista, que habían hecho entrismo, el Partido O. y C. se desintegró al abandonarlo sus dirigentes en 1924.

Radich es el fundador del Partido Campesino croata de Yugoslavia.

* P.P.S., iniciales del Partido Socialista Polaco (Dasehinski y C.ª) (N. del T.)

Dasehinski, Ignacy (1866-1936). Socialista de la Polonia austríaca. Dio apoyo a Austria-Hungría durante la I Guerra Mundial. En 1914 apoyó el movimiento de Pilsudski (movimiento de guerrillas contra los rusos). Fue viceprimer ministro de 1920 a 1921 en el primer gobierno de la República. Tras el golpe de Estado de Pilsudski (1926), volvió al gobierno como presidente de la cámara de diputados (1928).

cias, el que no haya comprendido los acontecimientos siguiendo sus huellas vivas, es mejor que no se mezcle en la política revolucionaria.

La conclusión fundamental que Lenin sacaba de las lecciones de Febrero y Octubre en la forma más definida y general rechaza de lleno la idea de la «dictadura democrática». He aquí lo que escribió más de una vez a partir de 1918:

«Toda la economía política, toda la historia de las revoluciones, toda la historia del desenvolvimiento político en el transcurso de todo el siglo XIX nos enseña que el campesino marcha siempre o con el obrero o con el burgués. Si no sabéis por qué, diría yo a los ciudadanos que no lo han comprendido..., reflexionad sobre el desarrollo de cualquiera de las grandes revoluciones de los siglos XVIII y XIX, sobre la historia política de cualquier país en el siglo XIX y obtendréis la respuesta. La economía de la sociedad capitalista es tal, que la fuerza dominante no puede ser más que el capital o el proletariado después de derrocar a aquél. No hay otras fuerzas en la economía de dicha sociedad.» (*Obras*, t. XVI, pág. 217.)

No se trata aquí de la Inglaterra o la Alemania contemporáneas. Basándose en las lecciones de cualquiera de las grandes revoluciones de los siglos XVIII y XIX, esto es, de las revoluciones *burguesas* en los países *atrasados*, Lenin llega a la conclusión de que es posible o la dictadura de la burguesía o la del proletariado. No cabe dictadura «democrática», esto es, intermedia.

* * *

Como hemos visto, Radek resume su excursión teórica e histórica en un aforismo que no puede ser más endeble, a saber, que hay que distinguir la revolución burguesa de la socialista. Después de descender hasta esta «etapa», Radek tiende un dedo a Kuussinen, el cual, partiendo de su único recurso, esto es, del «sentido común», considera inverosímil que tanto en los países adelantados como en los atrasados se pueda propugnar la consigna de la dictadura del proletariado. Con la sinceridad del hombre que no comprende nada, Kuussinen acusa a Trotsky de «no haber aprendido nada» desde 1905. Y Radek, siguiendo el ejemplo de Kuussinen, ironiza: para Trotsky «la peculiaridad de las revoluciones china e india consiste precisamente en que no se distinguen en nada de las de la Europa occidental, y por esto, deben conducir en sus primeros (?) pasos a la dictadura del proletariado.»

Radek olvida un pequeño detalle: la dictadura del proletariado se ha realizado, no en los países de la Europa occidental, sino precisamente en un país atrasado del Oriente europeo. ¿Tiene la culpa Trotsky de que el proceso histórico haya prescindido del carácter «peculiar» de Rusia? Radek olvida, además, que *en todos* los países capitalistas, a pesar de la variedad de su nivel de desarrollo, de sus estructuras sociales, de sus·tradiciones, etc., esto es, a pesar de todas sus «peculiaridades» domina la burguesía, o más exactamente, el capital financiero. De nuevo el poco respeto por las características peculiares parte aquí del proceso histórico, y en modo alguno de Trotsky.

¿En qué consiste entonces la diferencia entre los países avanzados y los atrasados? La diferencia es grande, pero así y todo se trata de una diferencia en los límites de la dominación de las relaciones capitalistas. Las formas y métodos de dominación de la burguesía en los distintos países son extraordinariamente variados. En uno de los polos, su dominación tiene un carácter claro y absoluto: los *Estados Unidos*. En el otro polo —*India*— el capital financiero se adapta a las instituciones caducas del medioevo asiático, sometiéndoselas e imponiendo sus métodos a las mismas. Pero tanto aquí como allí domina la burguesía. De esto se deduce que la dictadura del proletariado tendrá asimismo en los distintos países capitalistas un carácter extremadamente variado, en el sentido de la base social, de las formas políticas, de los objetivos inmediatos y del impulso de actuación. Pero sólo la hegemonía del proletariado, convertida en dictadura de este último, después de la conquista del Poder, puede conducir a las masas populares a la victoria sobre el bloque de los imperialistas, de los feudales y de la burguesía nacional.

Radek se imagina que al dividir a la humanidad en dos

grupos: uno «maduro», para la dictadura socialista; otro, únicamente para la democrática, tiene en cuenta con ello mismo, en oposición a mí, las características «peculiares» de los distintos países. En realidad, no hace más que poner en circulación una fórmula rutinaria y estéril, susceptible únicamente de impedir que los comunistas estudien las peculiaridades características reales de cada país, esto es, el entrelazamiento en el mismo de las distintas fases y etapas del desarrollo histórico.

Un país que no haya realizado o consumado su revolución democrática, presenta peculiaridades de la mayor importancia, que deben servir de base al programa de la vanguardia proletaria. Sólo basándose en un programa *nacional* semejante, puede el Partido comunista desarrollar una lucha verdadera y eficaz contra la burguesía y sus agentes democráticos por la mayoría de la clase obrera y de las masas explotadas en general.

La posibilidad de éxito en esta lucha se halla determinada, naturalmente, en un grado considerable, por el papel del proletariado en la economía del país; por consiguiente, en el nivel de desarrollo capitalista de este último. Pero no es éste ni mucho menos el único criterio. Importancia no menor tiene la cuestión de saber si existe en el país un problema «popular» amplio y candente en cuya resolución esté interesada la mayoría de la nación y que exija las medidas revolucionarias más audaces. Son problemas de este orden el agrario y el nacional, en sus distintas combinaciones. Teniendo en cuenta el carácter agudo del problema agrario y lo insoportable del yugo nacional en los países coloniales, el proletariado joven y relativamente poco numeroso puede llegar al Poder, sobre la base de la *Revolución nacional-democrática*, antes que el proletariado de un país avanzado sobre una base puramente *socialista*. Parece que después de Octubre no debía ser necesario demostrar esto. Pero durante estos años de reacción ideológica y de degeneración teórica epigónica, se han apagado hasta tal punto las ideas más elementales sobre la Revolución, que no hay más remedio que empezar cada vez de nuevo.

¿Significa lo dicho que en la actualidad todos los países del mundo hayan madurado ya, de un modo u otro, para la revolución socialista? No; esto es un modo falso, estéril, escolástico, propio de Stalin-Bujarin, de plantear la cuestión. Indiscutiblemente, toda la economía mundial en su conjunto ha madurado para el socialismo. Sin embargo, esto no sig nifica que haya madurado cada uno de los países. En este caso, ¿cómo se puede hablar de dictadura del proletariado en algunos países, tales como China, India, etc.? A esto contestaremos: la historia no se hace por encargo. Un país puede «madurar» para la dictadura del proletariado sin haber madurado, ni mucho menos, no sólo para una edificación independiente del socialismo, sino ni aun para la aplicación de vastas medidas de socialización. No hay que partir de la armonía predeterminada de la evolución social. La ley del desarrollo desigual sigue viviendo, a pesar de los tiernos abrazos teóricos de Stalin. Esta ley manifiesta su fuerza no sólo en las relaciones entre los países, sino también las interrelaciones de los distintos procesos en el interior de un mismo país. La conciliación de los procesos desiguales de la economía y de la política se puede obtener únicamente en el terreno mundial. Esto significa, en particular, que la cuestión de la dictadura del proletariado en China no se puede examinar únicamente dentro del marco de la economía y de la política chinas. Y aquí llegamos de lleno a dos puntos de vista que se excluyen recíprocamente: la teoría internacional revolucionaria de la revolución permanente y la teoría nacional-reformista del socialismo en un solo país. No sólo la China atrasada, sino, en general, ninguno de los países del mundo, podría edificar el socialismo en su marco nacional: el elevado desarrollo de las fuerzas productivas, que sobrepasan las fronteras nacionales, se opone a ello, así como el insuficiente desarrollo para la nacionalización. La dictadura del proletariado en Inglaterra, por ejemplo, chocaría con contradicciones y dificultades de otro carácter, pero acaso no menores de las que se plantearían a la dictadura del proletariado en China. En ambos casos, las contradicciones pueden ser superadas únicamente en el terreno de la revolución mundial. Este modo de plantear la cuestión elimina la de si China «ha madurado» o no para la transformación socialista. Aparece indiscutible que el atraso de dicho país dificulta extraordinariamente la labor de la dictadura proletaria. Pero lo repetimos: la historia no se hace por encargo, y al proletariado chino nadie le ha dado a elegir.

¿Significa esto, por lo menos, que todo país, incluso un país colonial atrasado, haya madurado ya si no para el socialismo, para la dictadura del proletariado? No. Entonces, ¿qué posición adoptar ante la revolución democrática en general y las colonias en particular? ¿Dónde está escrito, contesto yo, que todo país colonial haya madurado ya para la resolución inmediata y completa de sus problemas nacionales y democráticos? Hay que plantear la cuestión de otro modo. En las condiciones de la época imperialista, la revolución nacional-democrática sólo puede ser conducida hasta la victoria en el caso de que las relaciones sociales y políticas del país de que se trate hayan madurado en el sentido de elevar al proletariado al Poder como director de las masas populares. ¿Y si no es así? Entonces, la lucha por la emancipación nacional dará resultados muy exiguos, dirigidos enteramente contra las masas trabajadoras. En 1905, el proletariado de Rusia no se mostró aún suficientemente fuerte para agrupar a su alrededor a las masas campesinas y conquistar el Poder. Por esta misma causa, la Revolución quedó detenida a medio camino y después fue descendiendo más y más. En China, donde, a pesar de las circunstancias excepcionalmente favorables, la dirección de la Internacional Comunista impidió que el proletariado luchara por el Poder, los objetivos nacionales hallaron una solución mezquina e inconsistente en el régimen del Kuomintang.

Es imposible predecir cuándo ni en qué circunstancias un país colonial ha madurado para la solución verdaderamente revolucionaria de los problemas agrario y nacional. Pero lo que en todo caso podemos ahora decir con completa certeza, es que no sólo China, sino también la India sólo pueden llegar a una democracia verdaderamente popular, esto es, únicamente obrero-campesina, a través de la dictadura del proletariado. En el camino que conduce a esto pueden aparecer aún muchas etapas, fases y estadios. Bajo la presión de las masas populares, la burguesía dará todavía pasos hacia la izquierda con el fin de lanzarse luego sobre el pueblo de un modo más implacable. Son posibles y probables períodos de doble poder. Pero lo que no habrá ni puede haber es una verdadera dictadura democrática que no sea la dictadura del proletariado. Una dictadura democrática «independiente» puede tener únicamente el carácter de régimen del Kuomintang, es decir, dirigido completamente contra los obreros y campesinos. Debemos de antemano comprenderlo y enseñarlo a las masas, no cubriendo las realidades de clase con una fórmula abstracta.

Stalin y Bujarin sostenían que en China, gracias al yugo del imperialismo, la burguesía podría realizar la revolución nacional. Lo ensayaron. ¿Y el resultado? Llevaron al proletariado al matadero. Luego dijeron: ha llegado el turno de la dictadura democrática. La dictadura pequeño-burguesa resultó ser únicamente la dictadura enmascarada del capital. ¿Casualmente? No; «el campesino va con los obreros o con la burguesía». En un caso se obtiene la dictadura de la burguesía; en otro, la del proletariado.

Parece que la lección china es suficientemente clara, incluso para un curso por correspondencia. No —nos objetan—; no fue más que una experiencia fracasada, volveremos a empezar de nuevo, y esta vez crearemos una dictadura democrática «verdadera». ¿Siguiendo qué camino? Sobre la base social de la colaboración del proletariado y de los campesinos, nos dice Radek, ofreciéndonos un descubrimiento novísimo. Pero, permita usted, el Kuomintang se erigió precisamente sobre esta misma base: los obreros y los campesinos «colaboraron» sacándole a la burguesía las castañas del fuego. Decidnos: ¿cuál será la mecánica política de esta colaboración? ¿Con qué reemplazaréis al Kuomintang? ¿Qué Partido subirá al Poder? Designadlo, aunque no sea más que aproximadamente. A esto, Radek contesta (en 1928) que sólo las mentalidades caducas, incapaces de comprender la complejidad del marxismo, pueden interesarse por la cuestión técnica secundaria de qué clase ha de ser caballo y cuál ha de ser jinete. El bolchevique debe «abstraerse» de la superestructura política en provecho de la base de clase. —No, déjese usted de chanzas. Nos hemos «abstraído» ya demasiado. Estamos de ello hasta la coronilla. Nos «abstraímos» en China de la cuestión de la expresión de partido de la colaboración de clase, llevamos al proletariado al Kuomintang, nos entusiasmamos con éste hasta perder el sentido, se ofreció una resistencia a la salida del Kuomintang, se dejaron a un lado las cuestiones políticas combativas para repetir una fórmula abstracta, y cuando la burguesía ha roto el cráneo de un modo muy concreto al proletariado, se nos propone: ensayémoslo otra vez. Y, para empezar, «abstraigámonos» de nuevo de la cuestión de los partidos y del Poder revolucionario. No. Es ésta una broma de mal género. No permitiremos que se nos arrastre hacia atrás.

Todo este equilibrismo se hace, como hemos dicho, en interés de la alianza de los obreros y campesinos. Radek pone en guardia a la oposición contra la subvaloración de los campesinos y evoca la lucha de Lenin contra los mencheviques. Cuando uno ve lo que se hace con los textos de Lenin, a veces uno siente la amarga ofensa que se infiere a la dignidad del pensamiento humano. Sí; Lenin dijo más de una vez que la negación del papel revolucionario de los campesinos era característica de los mencheviques. Y era verdad. Pero, además de estos textos, hubo en el mundo otra cosa que se llamó el año 1917,· con la particularidad de que durante los ocho meses que separaron a la Revolución de Febrero de la de Octubre, los mencheviques formaron un bloque indisoluble con los socialistas revolucionarios. Y en aquel período, estos últimos representaban a la mayoría aplastante de los campesinos despertados por la revolución. Los mencheviques, junto con los socialistas revolucionarios, se aplicaron el calificativo de democracia revolucionaria y lanzaban a la cara de todo el mundo como un reto que eran precisamente ellos los que se apoyaban en la alianza de los obreros y campesinos (soldados). Por lo tanto, después de la Revolución de Febrero, los mencheviques expropiaron, por decirlo así, la fórmula bolchevista de la alianza de los obreros y campesinos. A los bolcheviques les acusaban de tender a divorciar los campesinos de la vanguardia revolucionaria matando con ello la revolución. En otros términos, los mencheviques acusaban a Lenin de ignorar a los campesinos, o, por lo menos, de no apreciar todo su valor. La crítica de Kamenev, Zinoviev y otros contra Lenin, no era más que un eco de la de los mencheviques. La crítica actual de Radek no es más que un eco retrasado de la de Kamenev.

La política de los epígonos en China, la de Radek inclusive, es la continuación y el desarrollo de la mascarada menchevista de 1916. La permanencia del Partido Comunista en el Kuomintang se justificaba no sólo por Stalin, sino también por Radek, en la necesidad de esa misma alianza de los obreros y campesinos. Cuando se aclaró «inesperadamente» que el Kuomintang era un partido burgués, repitióse la experiencia con respecto al Kuomintang de «izquierda». Los resultados fueron los mismos. Entonces, sobre este triste caso concreto, que no justificó las grandes esperanzas que había despertado, se elevó la abstracción de la dictadura democrática en oposición a la dictadura del proletariado. De nuevo se repitió el pasado. En 1917 oímos centenares de veces de los labios de Tseretelli, Dan[64] y otros: «Tenemos ya la dictadura de la democracia revolucionaria, y vosotros nos queréis llevar a la dictadura del proletariado, o sea, a la ruina». Verdaderamente, la gente tiene poca memoria. Decididamente, la «dictadura revolucionaria democrática» de Stalin-Radek, no se diferencia en nada de la «dictadura de la democracia revolucionaria» de Tseretelli-Dan. Sin embargo, esta fórmula no sólo la hallamos en todas las resoluciones de la Internacional Comunista, sino que penetró en el programa de la misma. Es difícil imaginarse una mascarada más cruel y al mismo tiempo una venganza más dura del menchevismo de las ofensas que le fueron inferidas por el bolchevismo en 1917.

Los revolucionarios de Oriente pueden exigir una respuesta concreta, fundada no en viejos textos escogidos *a priori*, sino en los hechos y la experiencia política, a la pregunta sobre el carácter de la «dictadura democrática». A la pregunta de qué es la «dictadura democrática», Stalin ha dado más de una vez una respuesta verdaderamente clásica: para el Oriente es, poco más o menos, lo mismo que «Lenin se

64. Tseretelli, I. Menchevique. Ministro de Correos y Telégrafos en el gobierno provisional de Kerensky. Representante menchevique en la Asamblea Constituyente (enero de 1918).

Dan, Fedor. Nacido en 1869. Menchevique desde el II Congreso del POSDR. Dirigente del Soviet de Petrogrado después de la revolución de febrero de 1917. Su grupo y el de Martov se reunificaron en marzo de 1918, formando el partido de los mencheviques de izquierda. Después de la insurrección de Kronstadt (marzo de 1921) fue detenido, autorizándosele la salida del país poco después.

representaba con respecto a la Revolución de 1905». Esta fórmula se ha convertido en un cierto sentido en oficial. Se la puede encontrar en los libros y resoluciones dedicados a China, a la India o a Polinesia. A los revolucionarios se les remite a lo que Lenin «se representaba» con respecto a unos acontecimientos *futuros* que hace ya tiempo que se han convertido en *pasados*, interpretando, además, arbitrariamente, las «suposiciones» de Lenin, no como este mismo las interpretaba *después* de los acontecimientos.

Muy bien —dice, bajando la cabeza, el comunista de Oriente—; nos esforzaremos en imaginarnos esto exactamente como Lenin; es decir, según vosotros decís que se lo representaba él antes de la revolución. Pero haced el favor de decirnos: ¿qué aspecto tiene esta consigna en la realidad? ¿Cómo se llevó a la práctica en vuestro país?

—En nuestro país se realizó bajo la forma del kerenskismo en la época del doble poder.

—¿Podemos decir a nuestros obreros que la consigna de la dictadura democrática se realizará en nuestro país bajo la forma de nuestro kerenskismo nacional?

—¿Qué decís? ¡De ninguna manera! No habrá ningún obrero que acepte semejante consigna: el kerenskismo es el servilismo ante la burguesía y la traición a los trabajadores.

—Entonces, ¿qué es lo que debemos decir? —pregunta descorazonado el comunista de Oriente.

—Debéis decir —contesta con impaciencia el Kuussinen de guardia— que la dictadura democrática es lo mismo que Lenin se representaba con respecto a la futura revolución democrática.

Si el comunista de Oriente no está falto de sentido, intentará decir:

—Pero es un hecho que Lenin explicó en 1918 que la dictadura democrática sólo halló su realización auténtica en la Revolución de Octubre, la cual estableció la dictadura del proletariado. ¿No será mejor que orientemos al Partido y a la clase obrera precisamente de acuerdo con esta perspectiva?

—De ninguna manera. No os atrevéis ni siquiera a pensarlo. ¡Eso es la r-r-r-evolución per-r-r-rmanente! ¡Eso es el tr-r-r-rotskismo!

Después de este grito amenazador, el comunista de Oriente se vuelve más blanco que la nieve en las cimas más elevadas del Himalaya y renuncia a preguntar ya nada. ¡Que pase lo que pase!

¿Y el resultado? Lo conocemos bien: o arrastrarse abyectamente ante Chang-Kai-chek, o aventuras heroicas.

VIII

Del marxismo al pacifismo.

Acaso lo más inquietante, en un sentido sintomático, del artículo de Radek, sea un pasaje, que, al parecer, se halla al margen del tema central que nos interesa, pero que en rigor está ligado con él por el paso que da el autor hacia los actuales teóricos del centrismo. Se trata de las concesiones hechas, en forma ligeramente disimulada, a la teoría del socialismo en un solo país. Es necesario detenerse en ello, pues esta línea «accesoria» de los errores de Radek puede, en su desarrollo ulterior, pasar por encima de todas las demás divergencias, poniendo de manifiesto que la cantidad de las mismas se ha convertido definitivamente en calidad.

Se trata de los peligros que amenazan a la Revolución desde el exterior. Radek dice que Lenin «se daba cuenta de que *con el nivel de desarrollo económico de la Rusia de 1905*, dicha dictadura (proletaria) sólo podría mantenerse caso de que viniera en su auxilio el proletariado de la Europa occidental.» (La bastardilla es mía. L. T.)

Error sobre error, y, ante todo, grosero quebrantamiento de las perspectivas históricas. En realidad, Lenin dijo, y no sólo una vez, que la dictadura democrática (y no proletaria) no podría mantenerse en Rusia sin la revolución socialista en Europa. Esta idea la hallamos desarrollada en todos sus artículos y discursos de la época del Congreso de Estocolmo

193

de 1906.[65] (Polémica con Plejanov, problemas de la nacionalización, etc.). En aquel período, Lenin no planteaba en general la cuestión de la dictadura proletaria en Rusia anticipándose a la revolución socialista en la Europa occidental. Pero ahora lo principal no es esto. ¿Qué significa: «con el nivel de desarrollo económico de la Rusia de 1905»? Y ¿qué decir con respecto al nivel de 1917? La teoría del socialismo en un solo país se basa en esta diferencia de nivel. El programa de la Internacional Comunista divide todo el globo terráqueo en zonas «suficientes» e «insuficientes» para la edificación independiente del socialismo, creando de este modo una serie de callejones sin salida para la estrategia revolucionaria.

La diferencia de nivel económico puede tener indudablemente una importancia decisiva para la fuerza política de la clase obrera. En 1905, no llegamos a la dictadura del proletariado, como no llegamos tampoco, dicho sea de paso, a la dictadura democrática. En 1917 implantamos la dictadura democrática. Pero, con el desarrollo económico de 1917, lo mismo que con el de 1905, la dictadura sólo puede mantenerse y convertirse en socialismo en el caso de que acuda oportunamente en su auxilio el proletariado occidental. Ni que decir tiene que esta «oportunidad» no está sujeta a un cálculo establecido *a priori*, sino que queda determinado en el transcurso del desarrollo de la lucha. Con respecto a esta cuestión *fundamental*, determinada por la correlación *mundial* de fuerzas, a la cual pertenece la palabra última y decisiva, la diferencia de nivel de Rusia entre 1905 y 1917, por importante que sea en sí, es un factor de segundo orden.

Pero Radek no se limita a esta alusión equívoca a la diferencia de nivel. Después de indicar que Lenin supo comprender el nexo existente entre los problemas internos de la Revolución y los mundiales (¡y tanto que lo supo comprender!), Radek añade:

«Lo único que hay es que Lenin no *exageraba* la idea de este nexo entre la conservación de la dictadura socialista en Rusia y la ayuda del proletariado de la Europa occidental, idea *excesivamente· exagerada en la fórmula de Trotsky*,

<hr>

65. Se refiere al IV Congreso del POSDR, llamado de reunificación.

según la cual, la ayuda ha de partir del *Estado*, es decir, del proletariado occidental ya victorioso.» (La bastardilla es mía L. T.)

He de confesar que al leer estas líneas no daba crédito a mis ojos. ¿Qué necesidad tenía Radek de emplear esa arma inútil sacada del arsenal de los epígonos? ¿No ve que ésta no es más que una repetición tímida ·de las vulgaridades stalinistas, ·de las cuales nos habíamos reído siempre? Entre otras cosas, el fragmento citado demuestra que Radek se representa muy mal los jalones .fundamentales del camino seguido por Lenin. Este no sólo no opuso nuńca, a la manera stalinista, la presión del proletariado europeo sobre el Poder burgués a la conquista del Poder por el proletariado, sino que, a la inversa, planteaba de un modo aún más saliente que yo la cuestión de la ayuda revolucionaria del exterior.

En la época de la primera Revolución repetía incansablemente que no mantendríamos la democracia (¡ni siquiera la democracia!) sin la revolución socialista en Europa. En 1917-1918, y en los años siguientes, Lenin no enfocaba nunca los destinos de nuestra Revolución más que relacionándolos con la revolución socialista iniciada ya en Europa. Decía, por ejemplo, sin más, que «sin la victoria de la Revolución en Alemania, nuestra caída era inevitable». Esto lo afirmaba en 1918, y no con el «nivel económico» de 1905, y con ello no se refería precisamente a las décadas futuras,'sino a plazos muy próximos, de pocos años, por no decir meses.

Lenin explicó docenas de veces que si habíamos podido resistir «era únicamente porque una serie de condiciones *especiales* nos habían preservado por un breve plazo (¡por un breve plazo! L. T.) del imperialismo internacional». Y más adelante: «El imperialismo mundial... en ningún caso ni en ninguna circunstancia podría vivir al lado de la República soviética... Aquí, el conflicto aparece inevitable». ¿Y la conclusión? ¿La esperanza pacifista en la «presión» del proletariado y la «neutralización» de la burguesía? No; la conclusión es la siguiente: «Aquí reside la mayor dificultad de la Revolución rusa..., la necesidad de provocar la revolución mundial». (*Obras*, XV, pág. 126.)

¿Cuándo decía esto? No era en 1905, cuando Nicolás II

se ponía de acuerdo con Guillermo II [66] para aplastar la Revolución y yo preconizaba mi «exagerada fórmula», sino en 1918, en 1919 y en los años siguientes.

He aquí lo que Lenin decía en el III Congreso de la Internacional Comunista,[67] deteniéndose a echar una ojeada retrospectiva:

«Para nosotros, era claro que sin el apoyo de la revolución mundial la victoria de la revolución proletaria (en nuestro país. L. T.) era imposible. Ya antes de la Revolución, así como después de la misma, pensábamos: inmediatamente o, al menos, muy pronto, estallará la Revolución en los demás países más desarrollados desde el punto de vista capitalista o, en caso contrario, deberemos perecer. A pesar de este convencimiento, lo hicimos todo para conservar en todas las circunstancias y a toda costa el sistema soviético, pues sabíamos que trabajábamos no sólo para nosotros, sino también para la revolución internacional. Esto lo sabíamos, y expresamos repetidamente este convencimiento antes de la Revolución de Octubre, lo mismo que inmediatamente después de triunfar ésta y durante las negociaciones de la paz de Brest-Litovsk. *Y esto era, en general, exacto.* Pero en la realidad, el movimiento no se desarrolló en una línea tan recta como esperábamos.» (Actas del Tercer Congreso de la Internacional Comunista, pág. 354, ed. rusa.)

A partir de 1921, el movimiento no siguió una línea tan recta como habíamos creído con Lenin en 1917-1919 (y no sólo en 1905). Pero así y todo, se desarrolló en el sentido de las contradicciones irreconciliables entre el Estado obrero y el mundo burgués. Uno de los dos debe perecer. Sólo el desarrollo victorioso de la Revolución proletaria en Occidente puede preservar al Estado obrero de los peligros mortales, no sólo militares, sino económicos, que le amenazan. Intentar descubrir dos posiciones en esta cuestión, la mía y la de Lenin, es una incoherencia teórica. Releed al menos a Lenin, no lo calumniéis, no queráis alimentarnos con los fiambres insustanciales de Stalin.

66. Se refiere al Zar de Rusia, de 1894 a 1917. Y al Kaiser alemán, de 1888 a 1918. .

67. El Tercer Congreso de la Internacional Comunista se celebró del 22 de junio al 12 de julio de 1921.

Pero el desliz no se detiene aquí. Después de inventar que Lenin había reconocido como suficiente el «simple» apoyo (en esencia reformista, a lo Purcell) del proletariado internacional, mientras que Trotsky exigía la ayuda desde el Estado, es decir, revolucionaria, Radek prosigue:

«La experiencia ha demostrado que, en *este punto*, Lenin tenía también razón. El proletariado europeo no ha podido aún conquistar el Poder, pero ha sido ya lo suficientemente fuerte para impedir que la burguesía mundial lanzara contra nosotros fuerzas considerables durante la intervención. Con esto, nos ha ayudado a mantener el régimen soviético. El miedo al movimiento obrero, junto con las contradicciones del mundo capitalista, ha sido la fuerza principal que nos ha asegurado la paz en el transcurso de los ocho años que han seguido al fin de la intervención.»

Este pasaje, si bien no brilla por su originalidad entre los ejercicios de los escritores de oficio de nuestros días, es notable por la acumulación de anacronismos históricos, confusión política y errores groseros de principio que contiene.

De las palabras de Radek se desprende que Lenin, en 1905, en su folleto *Dos tácticas* (Radek se refiere sólo a este trabajo), había previsto que después de 1917, la correlación de fuerzas entre los Estados y entre las clases sería tal, que excluiría por mucho tiempo la posibilidad de una fuerte intervención militar contra nosotros. Por el contrario, Trotsky no preveía en 1905 la situación que habría de crearse después de la guerra imperialista, y tomaba en cuenta las realidades de aquel entonces, tales como la fuerza de los Ejércitos de los Hohenzollerns y de los Habsburgos,[68] el poderío de la Bolsa francesa, etc. ¿No ve Radek que' esto es un anacronismo monstruoso, complicado, además, por contradicciones internas risibles? Según él, mi error fundamental consistía en que presentaba las perspectivas de la dictadura del proletariado «ya con el nivel de 1905». Ahora se pone de manifiesto un segundo «error»: el de no haber colocado las perspectivas de la dictadura del proletariado, propugnada

---

68. Dinastías reinantes en Alemania y Austria-Hungría, respectivamente, hasta finales de la Primera Guerra Mundial.

por mí en vísperas de la Revolución de 1905, en la situación internacional creada después de 1917. Cuando estos argumentos habituales parten de Stalin, no nos causan ninguna extrañeza, pues conocemos suficientemente bien su «nivel de desarrollo» tanto en 1917 como en 1928. Pero, ¿cómo un Radek ha podido ir a dar en tal compañía?

Sin embargo, no es esto lo peor. Lo peor es que Radek se ha saltado por alto la barrera que separa al marxismo del oportunismo, a la posición revolucionaria de la pacifista. Se trata nada menos que de la lucha contra la guerra, *esto es, de los procedimientos y métodos con que se puede evitar o contener la guerra: mediante la presión del proletariado sobre la burguesía o la guerra civil para el derrocamiento de la burguesía.* Radek, sin darse cuenta de ello, introduce en nuestra discusión este problema fundamental de la política proletaria.

¿No querrá decir Radek que, en general, «ignoro» no sólo a los campesinos, sino también la presión del proletariado sobre la burguesía, y tomo en consideración únicamente la revolución proletaria? Es dudoso, sin embargo, que sostenga un absurdo tal, digno de un Thaelmann, de un Sémard o de un Monmousseau. En el II Congreso de la Internacional Comunista, los ultraizquierdistas de aquel entonces (Zinoviev, Thalheimer, Thaelmann, Sémard, Bela Kun y otros) defendieron la táctica de provocar intentonas y revueltas en los países occidentales como camino de salvación para la Unión de Repúblicas Socialistas Soviéticas. Junto con Lenin, les expliqué del modo más popular posible que la mejor ayuda que nos podían prestar consistía en reforzar de un modo sistemático sus posiciones y en prepararse para la conquista del Poder, y no en improvisar aventuras revolucionarias para nosotros. En aquel entonces, Radek, por desgracia, se hallaba no al lado de Lenin ni de Trotsky, sino de Zinoviev y Bujarin. Supongo que se acordará —y si él no se acuerda, lo recuerdan las actas del Tercer Congreso— de que la esencia de la argumentación de Lenin y mía consistía en la lucha contra la fórmula «irracionalmente exagerada» de los elementos de la extrema izquierda. Sin embargo, al mismo tiempo que les explicábamos que el robustecimiento del Partido y la presión creciente del proletariado era un factor de gran peso en las relaciones internas e internacionales, nosotros, marxistas, añadíamos que la «presión» no era más que una función de la lucha revolucionaria por el Poder, y dependía plenamente del desarrollo de esta última. He aquí por qué en el transcurso de este III Congreso, Lenin, en una gran reunión privada de delegados, pronunció un discurso contra las tendencias de pasividad y de expectativa, discurso que puede resumirse, poco más o menos, en la siguiente moraleja: no queremos que os lancéis a las aventuras, pero no obstante, queridos amigos, daos prisa, porque no es posible sostenerse durante largo tiempo únicamente mediante la «presión».

Radek indica que el proletariado europeo no pudo tomar el Poder después de la guerra, pero impidió que la burguesía nos aplastara. Nosotros mismos hemos tenido ocasión de hablar de esto más de una vez. El proletariado europeo consiguió impedir que se nos destruyera, porque su presión se juntó a las graves consecuencias objetivas de la guerra imperialista y a los antagonismos internacionales exacerbados por la misma. No se puede contestar (ni cabe, además, plantear la cuestión así) cuál de estos elementos, la lucha en el campo imperialista, el desmoronamiento económico o la presión del proletariado tuvo una influencia decisiva. Pero que la presión internacional por sí sólo no basta, lo demostró con excesiva claridad la guerra imperialista, la cual se desencadenó a pesar de todas las «presiones». Finalmente, y esto es lo principal, si la presión del proletariado en los primeros y más críticos años de la República Soviética resultó eficaz, fue únicamente porque se trataba entonces, para los obreros de Europa, no de presión, sino de lucha por el Poder, lucha que además tomó más de una vez la forma de guerra civil.

En 1905 no había en Europa guerra, ni había desmoronamiento económico; el capitalismo y el militarismo se distinguían por una magnífica vitalidad. Y la presión de la socialdemocracia de aquel entonces fue absolutamente impotente para impedir que Guillermo y Francisco-José [69] llevaran sus tropas al reino polaco y acudieran en auxilio del zar.

69. Vuelve a referirse a los emperadores de Alemania y del Imperio Austro-Húngaro, respectivamente.

Es más, aún en 1918 la presión del proletariado alemán no impidió que el Hohenzollern ocupara los países bálticos y Ucrania; y si no llegó hasta Moscú fue únicamente porque no disponía de fuerzas militares suficientes. De no ser así, ¿por qué ni para qué habríamos firmado la paz de Brest?

¡Con qué facilidad se olvida la gente del ayer! Lenin, que no se limitaba a confiar en la eficacia de las «presiones» del proletariado, dijo más de una vez que sin la revolución alemana nuestra caída era segura. Y esto, en sustancia, ha resultado cierto, aunque los plazos se hayan prolongado. No hay que hacerse ilusiones: obtuvimos una moratoria sin plazo fijo. Seguimos viviendo, como antes, en las condiciones creadas por una situación de «respiro».

Una situación tal, caracterizada por el hecho de que el proletariado no puede aún tomar el Poder, pero impide ya a la burguesía utilizarlo para la guerra, es la situación de equilibrio inestable de clase en su forma suprema de expresión. El equilibrio inestable se llama precisamente así porque no puede persistir durante largo tiempo, y ha de resolverse necesariamente en un sentido u otro. O el proletariado llega al Poder, o la burguesía, mediante una serie de represiones consecuentes, debilita la presión revolucionaria en la medida necesaria para recobrar su libertad de acción, ante todo en la cuestión de la guerra y la paz.

Sólo un reformista se puede representar la presión del proletariado sobre el Estado burgués como un factor ascensional constante y como garantía contra la intervención. De esta idea fue precisamente de donde nació la teoría de la edificación del socialismo en un país con la *neutralización* de la burguesía mundial (Stalin). Del mismo modo que los búhos hacen su aparición al atardecer, la teoría stalinista de la neutralización de la burguesía mediante la presión del proletariado hubo de esperar, para surgir, a que desaparecieran las condiciones que la engendraron.

Mientras que la experiencia, erróneamente interpretada, del período de la postguerra conducía a la falsa esperanza de poder prescindir de la revolución del proletariado europeo, sustituyéndola por su «apoyo», la situación internacional sufría modificaciones radicales. Las derrotas del proletariado abrían el camino a la estabilización capitalista. El capitalis-

200

mo superaba el desmoronamiento económico que siguió a la guerra. Aparecieron nuevas generaciones que no habían vivido los horrores de la matanza imperialista. Y el resultado de todo esto ha sido que actualmente la burguesía puede disponer de su máquina militar mucho más libremente que cinco u ocho años atrás.

La evolución de las masas obreras hacia la izquierda reforzará de nuevo, indudablemente, en su desarrollo ulterior, su presión sobre el Estado burgués. Pero ésta es una arma de dos filos. Precisamente el peligro creciente que representen las masas obreras puede impulsar a la burguesía, en una de las etapas próximas, a dar pasos decisivos con el fin de demostrar que manda en su casa e intentar destruir el foco principal de infección, la República Soviética. *La lucha contra la guerra no se resuelve con la presión sobre el Gobierno, sino únicamente con la lucha revolucionaria por el Poder.* La acción «pacifista» de la lucha de clases del proletariado, lo mismo que su acción reformista, sólo representa un producto accesorio de la lucha revolucionaria por el Poder; tiene una fuerza relativa y puede fácilmente convertirse en su extremo opuesto, es decir, impulsar a la burguesía hacia la guerra.

El miedo de la burguesía ante el movimiento obrero, a que se refiere Radek de un modo tan unilateral, es la esperanza fundamental de todos los socialpacifistas. Pero el solo «miedo» a la revolución no resuelve nada; el factor decisivo es la revolución. He aquí por qué Lenin decía en 1905 que la única garantía contra la restauración monárquica, y en 1918 contra la restauración del capitalismo, era, no la presión del proletariado, sino su victoria revolucionaria en toda Europa. Es la única manera justa de plantear la cuestión. A pesar del prolongado carácter del «respiro», la posición de Lenin sigue conservando hoy día toda su fuerza. Yo no me separaba de él en nada, en el planteamiento de la cuestión. En mis *Resultados y perspectivas*, escribía yo en 1906:

«Es precisamente el miedo ante el alzamiento en armas del proletariado lo que obliga a los partidos burgueses, que votan sumas fabulosas para los gastos de la paz, a la creación de cámaras internacionales de arbitraje e incluso de la organización de los Estados Unidos de Europa, declamación vacía que no puede, naturalmente, suprimir ni el antagonismo de los Estados ni las pugnas armadas.» (*Nuestra Revolución, Resultados y perspectivas*, pág. 283.)

El error radical del VI Congreso de la Internacional Comunista consiste en que, para salvar la perspectiva pacifista y nacional-reformista de Stalin y Bujarin, se consagró a formular recetas técnico-revolucionarias contra el peligro de guerra, desglosando la lucha contra esta última de la lucha por el Poder.

Los inspiradores del VI Congreso, que no son, en rigor, más que unos pacifistas llenos de miedo, unos constructores alarmados del socialismo en un solo país, realizaron una tentativa para eternizar la «neutralización» de la burguesía con ayuda de la aplicación intensa de los métodos de «presión». Y como no pueden dejar de reconocer que su dirección anterior condujo a la derrota de la Revolución en una serie de países e hizo dar un gran paso atrás a la vanguardia internacional del proletariado, lo primero que hicieron fue apresurarse a terminar de un golpe con la «fórmula exagerada» del marxismo que une indisolublemente el problema de la guerra al problema de la revolución, y de este modo convirtieron la lucha contra la guerra en un fin en sí. Para que los partidos nacionales no dejaran pasar la hora decisiva, proclamaron permanente, inaplazable, inmediato, el peligro de guerra. Todo lo que se hace en el mundo se hace para la guerra. Ahora la guerra no es ya un instrumento del régimen burgués, sino éste, un instrumento de aquélla. Como resultado de ello, la lucha de la Internacional Comunista contra la guerra se convierte en un sistema de fórmulas rituales que se repiten automáticamente con cualquier motivo y se desnatan, haciéndolas perder su fuerza activa. El socialnacional stalinista tiende a convertir a la Internacional Comunista en un instrumento auxiliar de «presión» sobre la burguesía.

Es precisamente a esta tendencia, y no al marxismo, a lo que Radek sirve con su crítica precipitada, poco meditada e incoherente. Después de perder la brújula, ha ido a parar a una corriente que puede arrastrarlo a riberas completamente insospechadas.

Alma-Ata, octubre de 1928

EPÍLOGO

Constantinopla, 30 de noviembre de 1929

Las predicciones o temores expresados en las palabras finales del capítulo anterior se han visto confirmadas, como es notorio, en el transcurso de unos cuantos meses. La crítica de la revolución permanente sólo sirvió a Radek de garrocha para dar el salto de la oposición al campo gubernamental. Nuestro trabajo atestigua —al menos, así lo creemos— que el paso de Radek al campo de Stalin no ha sido ninguna novedad para nosotros. Pero hasta la apostasía tiene sus grados y sus matices de humillación. En su declaración de arrepentimiento, Radek rehabilita completamente la política china de Stalin. Con esto, no hace más que descender hasta el fondo de la traición. Lo único que me queda por hacer es reproducir aquí un pasaje de mi contestación a la declaración de arrepentimiento de Radek, Preobrazhenski y Smilga, declaración que es un padrón ignominioso de cinismo político.

«Como es de rigor en todo fracasado que se respete en algo, el trío no podía dejar de cubrirse con la idea de la revolución permanente. Para no hablar de lo más trágico que hay en toda la historia reciente de la experiencia de la derrota del oportunismo, la revolución china, el trío de capitulantes se sale del paso con el juramento banal de que no tiene nada de común con esa teoría de la revolución.

Radek y Smilga sotenían tenazmente la subordinación del Partido Comunista chino al Kuomintang burgués, y no sólo antes del golpe de Estado de Chang-Kai-chek, sino también después. Preobrazhenski mascullaba algo incoherente, como le sucede siempre en las cuestiones políticas. Cosa notable: todos aquellos que en las filas de la oposición sostenían la sumisión del Partido Comunista al Kuomintang han abrazado la senda de la capitulación. Ninguno de los opositores que han permanecido fieles a su bandera, tiene esta tara. Una tara evidentemente ignominiosa. Tres cuartos de siglo después de la aparición del *Manifiesto Comunista,* un cuarto de siglo después del nacimiento del Partido de los bolcheviques, esos desdichados «marxistas» consideraban posible defender la permanencia de los comunistas en la jaula del Kuomintang. En respuesta a mis acusaciones, Radek, haciendo ya entonces absolutamente lo mismo que hace hoy en su carta de arrepentimiento, pretendía intimidarnos con el «aislamiento» del proletariado con respecto a los campesinos como resultado de la salida del Partido Comunista del Kuomintang burgués. Poco antes de esto, Radek calificaba el Gobierno de Cantón de Gobierno campesino-obrero, ayudando a Stalin a disimular la mediatización del proletariado por la burguesía. ¿Cómo cubrirse contra estas acciones ignominiosas, contra las consecuencias de esta ceguera, de esta traición al marxismo? ¿Cómo? ¡Muy fácil, acusando a la teoría de la revolución permanente!

Radek, que ya desde febrero de 1928 empezaba a buscar pretextos para la capitulación, adhirióse inmediatamente a la resolución sobre la cuestión china adoptada en dicho mes por el pleno del Comité Ejecutivo de la Internacional Comunista. Esta resolución declaraba «derrotistas» a los trotskistas, porque llamaban derrota a la derrota y no se conformaban con calificar de etapa superior de la revolución china a lo que era una contrarrevolución. En la resolución mencionada se proclamaba el rumbo hacia el levantamiento armado y los Soviets. Para todo aquel que esté dotado de un poco de sentido político, aguzado por la experiencia revolucionaria, aquella resolución aparecía como un modelo de aventurerismo repugnante e irresponsable. Radek se asoció a ella Preobrazhenski enfocó la cosa no menos inteligentemente; pero desde otro punto de vista. La revolución china, decía, ha sido aplastada para mucho tiempo. No es fácil que estalle pronto una nueva revolución. ¿Vale la pena, en este caso, disputar con los centristas a causa de China? Preobrazhenski me envió extensas misivas sobre este tema. Al leerlas en

Alma-Ata, experimenté un sentimiento de vergüenza. ¿Qué es lo que ha aprendido esta gente en la escuela de Lenin?, me pregunté docenas de veces. Las premisas de Preobrazhenski eran antitéticas de las de Radek, pero las conclusiones eran las mismas: ambos querían que Yaroslavski les abrazara fraternalmente por mediación de Menjinski * ¡oh! en beneficio de la Revolución, naturalmente. No son unos arrivistas, no; son, sencillamente, unos hombres impotentes, ideológicamente vacíos.

Ya en aquel entonces oponía yo a la resolución aventurerista del Pleno del mes de febrero de 1928 el curso hacia la movilización de los obreros chinos bajo las consignas de la democracia, incluyendo la de la Asamblea Constituyente. Pero aquí el famoso trío dio un golpe de barra hacia la extrema izquierda; esto costaba poco y no obligaba a nada. ¿Consignas democráticas? De ningún modo. «Es un grosero error de Trotsky.» Sólo Soviets, y ni un uno por ciento de descuento. Difícilmente cabe imaginarse nada más absurdo que esta posición, si cabe llamarla así. La consigna de los soviets para la época de la reacción burguesa es una ficción, esto es, un escarnio a los Soviets; pero aun en la época de la Revolución, o sea en la época de la organización directa de los Soviets, no llegamos a retirar las consignas de la democracia. No las retiramos hasta que los efectivos Soviets, que disponían ya del Poder, chocaron a los ojos de la masa con las instituciones efectivas de la democracia. Esto es lo que en el lenguaje de Lenin (y no en el del pequeño-burgués Stalin y de sus papagayos) significa: no saltarse la etapa democrática en el desarrollo del país. Fuera del programa democrático —Asamblea Constituyente; jornada de ocho horas; confiscación de las tierras; independencia nacional de China; derecho de soberanía para los pueblos que forman parte de la misma, etc., etc.—; fuera de este programa democrático, el Partido Comunista chino se halla atado de pies y manos y se ve obligado a ceder pasivamente el campo a la socialdemocracia china, la cual puede, con ayuda de Stalin, Radek y compañía, ocupar su sitio.

* Presidente de la G.P.U. (N. del T.)

Por consiguiente, cuando iba a remolque de la oposición, Radek no se dio cuenta de lo más importante en la revolución china, pues propugnó la subordinación del Partido Comunista al Kuomintang burgués. Radek no se dio cuenta de la contrarrevolución china, sosteniendo después de la aventura de Cantón el rumbo hacia el levantamiento armado. Radek salta actualmente por encima del período de contrarrevolución y de lucha por la democracia, saliéndose del paso con respecto a los fines del período transitorio mediante la idea abstracta de los Soviets fuera del tiempo y del espacio. En cambio, jura que no tiene nada de común con la revolución permanente. Es consolador...

...La teoría antimarxista de Stalin-Radek lleva aparejada consigo la repetición, modificada, pero no mejorada, del experimento del Kuomintang para China, para la India, para todos los países de Oriente.

Fundándose en la experiencia de las revoluciones rusa y china, en la doctrina de Marx y Lenin, meditada a la luz de estas revoluciones, la oposición afirma:

Que la nueva Revolución china sólo podrá derrocar el régimen existente y entregar el Poder a las masas populares bajo la forma de dictadura del proletariado;

Que la dictadura democrática del proletariado y de los campesinos —por oposición a la dictadura del proletariado, que arrastra detrás de sí a los campesinos y realiza el programa de la democracia— es una ficción, un fraude contra sí mismo, o algo peor, una política a lo Kerensky o a lo Kuomintang;

Que entre el régimen de Kerensky y Chang-Kai-chek de una parte, y la dictadura del proletariado de otra, no hay ni puede haber ningún régimen revolucionario intermedio, y que el que propugne esta forma de transición engaña ignominiosamente a los obreros de Oriente, preparando nuevas catástrofes.

La oposición dice a los obreros de Oriente: Depravados por las maquinaciones intestinas del Partido, los capitulantes ayudan a Stalin a sembrar la semilla del centrismo, os tapan los ojos y os cierran los oídos, llenan de confusión vuestra cabeza. De una parte, os reducen a la impotencia ante la dictadura burguesa descarada, prohibiéndoos desenvolver la lucha por la democracia. De otra parte, os trazan la perspectiva de una dictadura salvadora no proletaria, contribuyendo con ello a una nueva encarnación del Kuomintang, o sea a los desastres sucesivos de la Revolución de los obreros y campesinos.

Los que os predican esto son unos traidores. ¡Aprended a no darles crédito, obreros de Oriente; aprended a despreciarlos, aprended a expulsarlos de vuestras filas!...

¿QUÉ ES LA REVÓLUCION PERMANENTE?

Tesis fundamentales

Constantinopla, 30 de noviembre de 1929

¿QUÉ ES LA REVOLUCIÓN PERMANENTE?

Espero que el lector no tendrá inconveniente alguno en que, como remate a este libro, intente, sin temor a incurrir en repeticiones, formular de un modo compendiado mis principales conclusiones.

1.ª La teoría de la revolución permanente exige en la actualidad la mayor atención por parte de todo marxista, puesto que el rumbo de la lucha de clases y de la lucha ideológica ha venido a desplazar de un modo completo y definitivo la cuestión, sacándola de la esfera · de los recuerdos de antiguas divergencias entre 'los marxistas rusos para hacerla versar sobre el carácter, el nexo interno y los métodos de la revolución internacional en general.

2.ª Con respecto a los países de desarrollo burgués retrasado, y en particular de los coloniales y semicoloniales, la teoría de la revolución permanente significa que la resolución íntegra y efectiva de sus fines *democráticos y de su emancipación nacional* tan sólo puede ·concebirse por medio de la dictadura del proletariado, empuñando éste el Poder como caudillo de la nación oprimida 'y, ante todo, de sus masas campesinas.

3.ª El problema agrario, y con él el problema nacional, asignan a los campesinos, que constituyen la mayoría aplastante de la población de los países atrasados, un puesto excepcional en la revolución democrática. Sin la alianza del proletariado con los campesinos, los fines de la revolución democrática no sólo no pueden realizarse, sino que ni si-

213

quiera cabe plantearlos seriamente. Sin embargo, la alianza de estas dos clases no es factible más que luchando irreconciliablemente contra la influencia de la burguesía liberal-nacional.

4.ª Sean las que fueren las primeras etapas episódicas de la revolución en los distintos países, la realización de la alianza revolucionaria del proletariado con las masas campesinas sólo es concebible bajo la dirección política de la vanguardia proletaria organizada en Partido Comunista. Esto significa, a su vez, que la revolución democrática sólo puede triunfar por medio de la dictadura del proletariado, apoyada en la alianza con los campesinos y encaminada en primer término a realizar objetivos de la revolución democrática.

5.ª Enfocada en su sentido histórico, la consigna bolchevista: «dictadura democrática del proletariado y de los campesinos», no quería expresar otra cosa que las relaciones, caracterizadas más arriba, entre el proletariado, los campesinos y la burguesía liberal. Esto ha sido demostrado por la experiencia de Octubre. Pero la vieja fórmula de Lenin no resolvía de antemano cuáles serían las relaciones políticas recíprocas del proletariado y de los campesinos en el interior del bloque revolucionario. En otros términos, la fórmula se asignaba conscientemente un cierto carácter algebraico, que debía ceder el sitio a unidades aritméticas más concretas en el proceso de la experiencia histórica. Sin embargo, esta última ha demostrado, y en condiciones que excluyen toda torcida interpretación, que por grande que sea el papel revolucionario de los campesinos, no puede ser nunca autónomo ni, con mayor motivo, dirigente. El campesino sigue al obrero o al burgués. Esto significa que la «dictadura democrática del proletariado y de los campesinos» sólo es concebible como *dictadura del proletariado arrastrando detrás de sí a las masas campesinas.*

6.ª La dictadura democrática del proletariado y de los campesinos, en calidad de régimen distinto por su contenido de clase de la dictadura del proletariado, sólo sería realizable en el caso de que fuera posible un partido revolucionario *independiente* que encarnara los intereses de la democracia campesina y pequeño-burgués en general, de un partido capaz, con el apoyo del proletariado, de adueñarse del Poder y de implantar desde él su programa revolucionario. Como lo atestigua la experiencia de toda la historia contemporánea, y sobre todo, la de Rusia durante el último cuarto de siglo, constituye un obstáculo invencible en el camino de la creación de un partido campesino la ausencia de independencia económica y política de la pequeña burguesía y su profunda diferenciación interna, como consecuencia de la cual las capas superiores de la pequeña burguesía (de los campesinos), en todos los casos decisivos, sobre todo en la guerra y la revolución, van con la gran burguesía, y los inferiores, con el proletariado, obligando con ello al sector intermedio a elegir entre los polos extremos. Entre el kerenskismo y el Poder bolchevista, entre el Kuomintang y la dictadura del proletariado, no cabe ni puede caber posibilidad intermedia, es decir, una dictadura democrática de los obreros y campesinos.

7.ª La tendencia de la Internacional Comunista a imponer actualmente a los pueblos orientales la consigna de la dictadura democrática del proletariado y de los campesinos, superada definitivamente desde hace tiempo por la historia, no puede tener más que un carácter reaccionario. Por cuanto esta consigna se opone a la dictadura del proletariado, políticamente contribuye a la disolución de este último en las masas pequeño-burguesas y crea de este modo las condiciones más favorables para la hegemonía de la burguesía nacional, y, por consiguiente, para el fracaso de la revolución democrática. La incorporación de esta consigna al Programa de la Internacional Comunista representa ya de suyo una traición directa contra el marxismo y las tradiciones bolchevistas de Octubre.

8.ª La dictadura del proletariado, que sube al Poder en calidad de caudillo de la revolución democrática, se encuentra inevitable y repentinamente, al triunfar, ante objetivos relacionados con profundas transformaciones del derecho de propiedad burguesa. La revolución democrática se transforma directamente en socialista, convirtiéndose con ello en *permanente*.

9.ª La conquista del Poder por el proletariado no significa el coronamiento de la revolución, sino simplemente su iniciación. La edificación socialista sólo se concibe sobre la

base de la lucha de clases en el terreno nacional e internacional. En las condiciones de predominio decisivo del régimen capitalista en la palestra mundial, esta lucha tiene que
conducir inevitablemente a explosiones de guerra interna, es
decir, civil, y exterior, revolucionaria. En esto consiste el
carácter permanente de la revolución socialista como tal,
independientemente del hecho de que se trate de un país
atrasado, que haya realizado ayer todavía su transformación
democrática, o de un viejo país capitalista que haya pasado
por una larga época de democracia y parlamentarismo.

10.* El triunfo de la revolución socialista es inconcebible dentro de las fronteras nacionales de un país. Una de las
causas fundamentales de la crisis de la sociedad burguesa
consiste en que las fuerzas productivas creadas por ella no
pueden conciliarse ya con los límites del Estado nacional.
De aquí se originan las guerras imperialistas, de una parte,
y la utopía burguesa de los Estados Unidos de Europa, de
otra. La revolución socialista empieza en la palestra nacional, se desarrolla en la internacional y llega a su término y
remate en la mundial. Por lo tanto, la revolución socialista
se convierte en permanente en un sentido nuevo y más
amplio de la palabra: en el sentido de que sólo se consuma
con la victoria definitiva de la nueva sociedad en todo el
planeta.

11.* El esquema de desarrollo de la revolución mundial,
tal como queda trazado, elimina el problema de la distinción
entre países «maduros» y «no maduros» para el socialismo,
en el sentido de la clasificación muerta y pedante que establece el actual programa de la Internacional Comunista. El
capitalismo, al crear un mercado mundial, una división mundial del trabajo y fuerzas productivas mundiales, se encarga
por sí sólo de preparar la economía mundial en su conjunto
para la transformación socialista.

Este proceso de transformación se realizará con distinto
ritmo según los distintos países. En determinadas condiciones, los países atrasados pueden llegar a la dictadura del proletariado antes que los avanzados, pero más tarde que ellos
al socialismo.

Un país colonial o semicolonial, cuyo proletariado resulte
aún insuficientemente preparado para agrupar en torno suyo

216

a los campesinos y conquistar el Poder, se halla por ello mismo imposibilitado para llevar hasta el fin la revolución democrática. Por el contrario, en un país cuyo proletariado haya llegado al Poder como resultado de la revolución democrática, el destino ulterior de la dictadura y del socialismo dependerá, en último término, no tanto de las fuerzas productivas nacionales como del desarollo de la revolución socialista internacional.

12.ª La teoría del socialismo en un solo país, que ha surgido como consecuencia de la reacción contra el movimiento de Octubre, es la única teoría que se opone de un modo consecuente y definitivo a la de la revolución permanente.

La tentativa de los epígonos, compelidos por los golpes de la crítica, de limitar a Rusia la aplicación de la teoría del socialismo en un solo país en vista de las peculiaridades (extensión y riquezas naturales) de esta nación, no mejora, sino que empeora las cosas. La ruptura con la posición internacional conduce siempre, inevitablemente, al *mesianismo* nacional, esto es, al reconocimiento de ventajas y cualidades inherentes al propio país, susceptibles de permitir a éste desempeñar un papel inasequible a los demás.

La división mundial del trabajo, la subordinación de la industria soviética a la técnica extranjera, la dependencia de las fuerzas productivas de los países avanzados de Europa respecto a las primeras materias asiáticas, etc., etc., hacen imposible la edificación de una sociedad socialista independiente en ningún país del mundo.

13.ª La teoría de Stalin-Bujarin no sólo opone mecánicamente, contra toda la experiencia de las revoluciones rusas, la revolución democrática a la socialista, sino que divorcia la revolución nacional de la internacional.

A las revoluciones de los países atrasados les asigna como fin la instauración de un régimen irrealizable de dictadura democrática que contrapone a la dictadura del proletariado. Con ello, introduce ilusiones y ficciones en la política, paraliza la lucha del proletariado por el Poder en Oriente y retrasa la victoria de las revoluciones coloniales.

Desde el punto de vista de la teoría de los epígonos, el hecho de que el proletariado conquiste el Poder implica el triunfo de la Revolución («en sus nueve décimas partes», según la fórmula de Stalin) y la iniciación de la época de las reformas nacionales. La teoría de la evolución del kulak hacia el socialismo * y la de la «neutralización» de la burguesía mundial, son, por este motivo, inseparables de la teoría del socialismo en un sólo país. Estas teorías aparecen juntas y juntas caen.

La teoría del nacionalsocialismo reduce a la Internacional Comunista a la categoría de instrumento auxiliar para la lucha contra la intervención militar. La política actual de la Internacional Comunista, su régimen y la selección del personal directivo de la misma responden plenamente a esta reducción de la Internacional al papel de destacamento auxiliar, no destinado a la resolución de objetivos independientes.

14.ª El programa de la Internacional Comunista, elaborado por Bujarin, es ecléctico hasta la medula. Dicho programa representa una tentativa estéril para conciliar la teoría del socialismo en un solo país con el internacionalismo marxista, el cual, por su parte, es inseparable del carácter permanente de la revolución internacional. La lucha de la oposición comunista de izquierda por una política justa y un régimen saludable en la Internacional Comunista está íntimamente ligada a la lucha por el programa marxista. La cuestión del programa es, a su vez, inseparable de la cuestión de las dos teorías opuestas: la de la revolución permanente y la del socialismo en un solo país. Desde hace mucho tiempo, el problema de la revolución permanente ha rebasado las divergencias episódicas, completamente superadas por la historia, entre Lenin y Trotsky. La lucha está entablada entre las ideas fundamentales de Marx y Lenin de una parte, y el eclecticismo de los centristas, de otra.

---

* En el período de florecimiento de la política derechista sostenida por el bloque del centro y de la derecha, Bujarin, teorizante de dicho bloque, lanzaba a los campesinos la consigna "¡enriquecéos!", y entendía que, en las condiciones creadas por la economía soviética, el kulak, en vez de evolucionar hacia el capitalismo, evolucionaba "pacíficamente" hacia el socialismo. Esta fue la política oficial del Partido desde 1924 hasta principios de 1928, cuando el kulak, al declarar la "huelga del trigo", hizo ver a los dirigentes del Partido que continuaba la lucha de clases en el campo. (N. del T.)

APÉNDICE
BIOGRÁFICO

BUJARIN, Nikolai Ivanovitch (1888-1938)

Nació en Moscú. Sus padres eran profesores. Su padre, matemático, graduado en la Facultad de Física y Química de la Universidad de Moscú, influyó enormemente en su afición por la literatura clásica. Fue un alumno brillante en el Instituto de Moscú, donde realizó sus estudios de secundaria.

En los últimos años de estudiante de bachillerato se organizó en los círculos de estudiantes revolucionarios, entre los socialistas revolucionarios y socialdemócratas. Al poco tiempo comenzó a estudiar la teoría económica marxista y pasó definitivamente al campo marxista. El movimiento revolucionario de 1905, en el que participó activamente, le decantó definitivamente hacia el POSDR. En 1906 se convirtió oficialmente en miembro del Partido e inició el trabajo político clandestino. Al presentar sus exámenes con los que finalizaba sus estudios de bachillerato era uno de los dirigentes de una huelga en una fábrica de papel.

Durante su permanencia en la Universidad fue elegido, en 1908, a los veinte años, para el Comité de Moscú del POSDR. Simpatizó durante un tiempo con el Empiriocriticismo de Bogdanov, que había suscitado un gran debate entre los bolcheviques. Entre 1909 y 1910 fue detenido en dos ocasiones; por último fue detenida toda la organización de Moscú del Partido y Bujarin también como miembro de las organizaciones legales. Después de pasar unos meses en prisión logró huir al extranjero. Durante todo el período de su actividad en Rusia permaneció ligado a la fracción bolchevique.

En la emigración en Suiza se dedicó en principio a profundizar sus conocimientos marxistas, especialmente en lo referente a la cuestión agraria, y se familiarizó con el movimiento obrero europeo. Conoció a Lenin en 1912 en Cracovia. En la emigración

221

en Suiza empezó su actividad literaria colaborando con «Pravda» y «Neue Zeit». Antes de comenzar la Iª G.M. fue detenido en Austria y expulsado a Suiza. En la polémica que se suscitó entre los socialdemócratas acerca de la actitud del movimiento obrero frente a la Gran Guerra, Bujarin encarnó la izquierda más consecuente; fue un derrotista convencido desde 1914. Su internacionalismo le atrajo muchas dificultades en Suiza y tuvo que marchar a Suecia, de donde tuvo que trasladarse a Noruega. Después de vivir un tiempo en Noruega se vio obligado a viajar clandestinamente a Estados Unidos, desde donde siguió haciendo propaganda antibelicista en la revista «Novy Mir» de la que era redactor jefe, y en la que colaboraban Trotsky y Kollontai. Al iniciarse la Revolución de 1917 regresó a Rusia a través de Japón.

Dos datos importantes a tener en cuenta de este período, como muestras de su pensamiento político, serían las polémicas que mantuvo con Lenin en 1915 y 1916. En 1915, junto a Piatakov, se opone a las tesis leninistas sobre la autodeterminación nacional y en 1918, siguiendo este planteamiento, se opone a la autodeterminación nacional en nombre de la autodeterminación de los trabajadores. En 1916 polemiza con Lenin sobre el Estado, que denuncia en general.

A su llegada a Moscú fue elegido miembro del Comité Ejecutivo del Soviet de Moscú y del Comité Central del Partido, en el que permaneció hasta poco antes de su muerte.

Siguiendo consecuentemente sus posiciones anteriores, Bujarin fue en 1918 uno de los dirigentes de la tendencia de los «comunistas de izquierda», partidario del «comunismo de guerra» y de la continuación de la guerra antes que de la firma del tratado de Brest-Litovsk. Como la gran mayoría de los dirigentes bolcheviques de la época (1917-1923) no concebía la Revolución Rusa más que como un momento de la revolución europea, y la paz de Brest-Litovsk le pareció una traición al proletariado europeo. Bujarin se opone a cualquier medida que implique un compromiso, ya sea la firma de una paz condicionada o el establecimiento de relaciones comerciales con cualquiera de las potencias capitalistas. En nombre de los principios marxistas más puros rechaza cualquier táctica de compromiso que se le aparece como una capitulación moral frente a la burguesía internacional. Los comunistas de izquierda fundan un órgano de fracción, «Kommunist», del que Bujarin y Radek son editorialistas. Durante un breve tiempo la fracción pensó en reemplazar a Lenin, en un gobierno de coalición entre comunistas de izquierda y socialrevolucionarios de izquierda, por Piatakov. El levantamiento de los socialrevolucionarios de Izquierda en Moscú, en agosto de 1918, provocó la paulatina disolución de la fracción que se solidarizó plenamente con el Partido al iniciarse la guerra civil.

En la primavera de 1921, al suscitarse el debate sobre la cuestión sindical, Bujarin adoptó una posición intermedia entre las de Lenin y Trotsky, para finalmente mostrarse partidario de la relativa autonomía sindical que propugnaba Lenin.

Desde octubre de 1922 empieza a producirse un brusco y radical viraje en sus planteamientos políticos. El progresivo aislamiento de Rusia, junto con el reflujo de la revolución europea, son las dos causas inmediatas de su cambio de posiciones. En octubre de 1922 se opone en el Ç.C. al mantenimiento del monopolio del comercio exterior, medida que hubiera profundizado la política nepista. Hasta esta época Bujarin había estado bastante ligado a Trotsky; a partir de la «crisis de las tijeras» y del fracaso de la Revolución alemana en octubre de 1923 cada uno de ellos se sitúa en los dos polos extremos del Partido: Bujarin sostiene y teoriza la política de su ala derechista, y Trotsky la del ala izquierdista.

Es difícil de explicar el desplazamiento de Bujarin desde la extrema izquierda del bolchevismo a la extrema derecha. Tal como afirma J. J. Marie (Ver: *Les bolcheviks par eux-mêmes*, Maspero, 1969, págs. 33-37) no se explica como una inconsecuencia teórica, ni como una debilidad de carácter, ni siquiera como una maniobra política oportunista. En cada uno de los momentos, incluso el de su alianza con Stalin, Bujarin hace gala de rigor teórico y honestidad personal. Siguiendo al mismo autor habría que intentar comprender el pensamiento de Bujarin como dotado de una cierta incapacidad para las transigencias: el aislamiento de la Revolución Rusa por el fracaso de la revolución europea le hizo transferir a Rusia la pasión que la revolución europea suscitaba en él. De esta manera, Bujarin se convirtió en el teorizador del «socialismo en un solo país»: la edificación del socialismo «a paso de tortuga» fundamentado en la integración pacífica, voluntaria, y lenta, del kulak (el único productor de excedentes) al socialismo. Desde fines de 1924 debatió contra los oposicionistas de izquierda, partidarios de la industrialización acelerada, y contra la teoría de la «acumulación socialista primitiva» de Preobrazhenski. Durante cuatro años, de 1924 a 1929, será el ideólogo de la línea oficial del Partido. Desde su puesto de director del Instituto de Profesores Rojos influye en un sector del Partido; desde este organismo se teoriza la llamada Neo-NEP, que no es más que llevar hasta sus últimas consecuencias la lógica de la NEP: la alianza del proletariado con el campesinado.

Con la misma pasión con que había defendido la revolución europea y se opuso al tratado de Brest-Litovsk, se oponía ahora a la Oposición Conjunta: en el XV Congreso del Partido lanzó un terrible discurso contra la Oposición, ya expulsada del Partido.

Sustituyó a Zinoviev como presidente de la Internacional Comunista desde fines de 1926 hasta julio de 1928, en el momento cumbre de la política centrista de la Internacional. Bajo su presidencia culminó la política de «bolchevización» de la Internacional y se produjeron hechos tan significativos como el fracaso de la revolución china (levantamiento de Cantón de diciembre de 1927), el apoyo del P.C. polaco al golpe de Estado de Pilsudski, y el fracaso de la huelga inglesa de 1926 en el que tanto contó la labor del Comité sindical Anglo-Ruso. Al iniciar su viraje izquierdista, Stalin prescindió de Bujarin tanto dentro del Partido como en la Internacional. Al iniciarse el «tercer período», de política ultraizquierdista en la Internacional (a partir del VI Congreso, en julio de 1928), se le excluyó de su presidencia. En noviembre del mismo año se le aparta del Buró Político después de diez años de permanencia en él.

Poco tiempo antes de ser apartado de los cargos directivos hizo un intento tímido de aproximación a la antigua Oposición Conjunta, ya entonces dividida, a través de Kamenev. En aquellos momentos, la mayoría de la Oposición todavía estaba más esperanzada con el grupo de Stalin que con los derechistas de Bujarin.

En 1933 fue nombrado director de «Izvestia». En 1936 fue miembro de la Comisión redactora de la nueva Constitución de la URSS, de la que parece que fue el principal redactor.

Fue detenido en 1937 y condenado a ocho años de cárcel. Fue, en 1938, el principal acusado del Tercer Proceso de Moscú: por intento de asesinato de Lenin en 1918, por trabajar con Trotsky y la Gestapo para restaurar el capitalismo en la URSS, y por haber participado en los asesinatos de Kirov, Gorki, entre otros. Sus declaraciones, aunque reconocían su culpabilidad, eran ambiguas e irónicas, con un doble sentido que inculpaba a su contrario. Fue condenado a muerte y ejecutado.

KAMENEV, Lev Borisovitch (1833-1936) (Rosenfeld, llamado).

Nació en Moscú. Hijo de una familia de la pequeña burguesía de origen judío. Su padre trabajaba como ingeniero de los ferrocarriles y tanto él como su esposa habían frecuentado, en sus tiempos de estudiantes, los medios radicales estudiantiles. La infancia de Kamenev transcurrió en contacto con la población obrera en Vilno, cerca de donde trabajaba su padre.

En 1896 la familia se trasladó a Tiflis donde el padre trabajaba en los ferrocarriles caucasianos. En esta ciudad Kamenev entró en relación con círculos marxistas y profundizó su interés por el movimiento obrero. Se afilió al POSDR en 1901 y, aunque las numerosas detenciones que se produjeron este año no le alcanzaron, se le prohibió la entrada en la Universidad de Tiflis. Pudo ingresar en la Universidad de Moscú para seguir la carrera de Derecho.

En Moscú fue elegido representante de su curso en el Consejo de la unión estudiantil. Tuvo una participación de primer orden en el movimiento estudiantil, siendo encargado de establecer contacto con la Universidad de Petrogrado, y preconizando la unión del movimiento estudiantil con el movimiento obrero. Fue detenido en una manifestación en 1902 y, después de pasar unos meses en prisión, se le deportó a Tiflis bajo libertad vigilada. En Tiflis militó como propagandista entre los obreros de los ferrocarriles. En otoño de ese año marchó a París para familiarizarse con las corrientes teóricas existentes.

En París conoció a Lenin y a otros dirigentes del grupo «Iskra» al que se adhirió inmediatamente. Pasó una temporada en Ginebra estudiando marxismo y escribiendo sus primeros artículos para «Iskra». En París conoció a su futura esposa, Olga Davydovna (hermana de Trotsky). Asistió al II Congreso del POSDR y se adhirió a las posiciones de los bolcheviques. En septiembre de 1903 regresó a Rusia.

En Rusia tomó parte, en calidad de propagandista y agitador, en la preparación de la huelga de los ferrocarriles del Cáucaso. La persecución de la policía le obligó a escapar a Moscú. En Moscú trabajó bajo la dirección del Comité de Moscú del Partido, donde defendió el punto de vista bolchevique con Zemliatchka, representante del Comité Central bolchevique. La Ojrana le detuvo en febrero de 1904 y, tras cinco meses de prisión, le mantuvo bajo libertad vigilada en Tiflis. En los meses que estuvo en prisión escribió un artículo en el que criticaba la línea política de la nueva «Iskra» (menchevique).

En Tiflis se integró al Comité de la Unión del Cáucaso, con

Stalin y Knunianz, que mantenía unas posiciones bolcheviques contra los mencheviques georgianos Jordania y Tseretelli. Al mismo tiempo Kamenev era corresponsal del periódico bolchevique «Vperiod». Fue enviado como representante del Comité de la Unión al Buró de los comités de la Mayoría constituido en el Norte del país, donde se le encargó la organización de una serie de comités locales en Kursk, Orel, Kharkov, Ekaterinoslav, Rostov y el Cáucaso con vistas a la preparación del III Congreso del POSDR. El Comité del Cáucaso le envió como delegado suyo al III Congreso que se iba a celebrar en Londres en abril de 1905.

El Comité Central surgido de este Congreso le nombró agente encargado de propagar la táctica bolchevique en todos los centros del Partido: el boicot a la Duma de Buliguin y la preparación de la insurrección.

La huelga general de los ferrocarriles de octubre de 1905 le sorprendió en Minsk. A su regreso a Petersburgo militó en la organización local y se convirtió en uno de los más cercanos colaboradores de Lenin para las publicaciones, legales e ilegales, del Partido. Continuó colaborando con Lenin durante los años 1905, 1906 y 1907. En 1907 permanece en Moscú y Petersburgo continuando sus actividades propagandísticas; como miembro del Centro bolchevique trabajó en permanente contacto con Zinoviev, iniciando así una relación política que duraría muchos años. Fue detenido en abril de 1908 y a su salida de la cárcel en julio marchó a Ginebra.

En Ginebra fue nombrado redactor del órgano central de la fracción bolchevique, «Proletari», con Lenin y Zinoviev. A propuesta de Lenin fue nombrado representante del POSDR ante el Congreso de la Internacional en Copenhague en 1910. En 1912, bajo la dirección de Lenin, escribió un libro: *Dos partidos*, que marcó la ruptura definitiva con los mencheviques. A comienzos de 1914 fue enviado por el C.C. en misión especial a Petersburgo para dirigir «Pravda» y la fracción bolchevique de la Duma. En 1915 fue detenido y condenado a la deportación. Permaneció en Siberia hasta que se produjo la Revolución de Febrero de 1917.

Llegó a Petrogrado, al iniciarse la Revolución, unos días antes que Lenin. Siguiendo la misma línea del pensamiento que en 1915, durante su proceso, le hizo manifestarse contra el «derrotismo» de Lenin frente a la I G.M., desde «Pravda» ahora combatía las *Tesis de abril*. Kamenev se manifestó partidario de apoyar la «revolución» contra los alemanes y en consecuencia también partidario de la defensa del Gobierno provisional del príncipe Lvov; estas tesis fueron aceptadas por Stalin y determinaron la orientación del Partido hasta la llegada de Lenin.

A partir de octubre del 17 la historia ha asociado los nombres de Zinoviev y Kamenev de forma muy estrecha, y es que, a pesar de sus características personales muy distintas, mantuvieron unas posiciones políticas coincidentes durante los últimos trece años de su vida política. El 10 de octubre del 17, cuando el Comité Central votó a favor de la resolución que ponía en la orden del día la insurrección armada, Zinoviev y Kamenev votaron en contra. Poco después ambos publicaron en el periódico de Gorki, «Novaia Jizn», una carta condenando la insurrección, que hizo que Lenin exigiera su expulsión del Partido. Kamenev dimitió del Comité Central y días después desde la presidencia del Comité Ejecutivo Central de los Soviets (puesto para el que acababa de ser elegido) animó, con Zinoviev, una nueva oposición de derecha conciliadora que exigía la formación de un gobierno de coalición de todos los partidos socialistas. Posteriormente las continuas crisis revolucionarias barrieron estos desacuerdos con la línea política del Partido.

Kamenev fue miembro de la delegación negociadora rusa en Brest-Litovsk y apoyó en un principio la posición de Trotsky frente al tratado. Al llegar a Petrogrado se adhirió a la propuesta de Lenin.

Durante la guerra civil, en 1919, fue responsable del aprovisionamiento del frente sur. Poco antes, en 1918, había sido encargado de una misión diplomática en Francia e Inglaterra, de donde fue expulsado. Detenido en Finlandia por el ejército Blanco, fue intercambiado por prisioneros finlandeses detenidos en Moscú en el mes de agosto de 1918. A su regreso a Moscú fue elegido presidente del Soviet de Moscú.

Fue reelegido miembro del C.C. y del Buró Político en 1919, cargos que desempeñó hasta 1927. En 1922, durante la enfermedad de Lenin, era uno de los vicepresidentes del Consejo de Comisarios del Pueblo y del Consejo de Trabajo y de la Defensa. Después de la muerte de Lenin fue presidente del Consejo de Trabajo y de la Defensa. En vida de Lenin, y con su consentimiento, emprendió la publicación de sus obras completas. Lenin le había confiado sus archivos personales, que fueron el origen del Instituto Lenin, del cual Kamenev fue director.

Al constituirse tras la muerte de Lenin el triunvirato de Zinoviev, Kamenev y Stalin, Kamenev dirigía la organización del Partido en Moscú, mientras Zinoviev dominaba la de Petrogrado; ambos creían estar utilizando el secretariado de Stalin para sus propósitos, y que con su prestigio en el Partido podían contrarrestar la influencia del aparato manejado por Stalin, tal como había venido ocurriendo cuando Lenin dirigía el Partido. Quizá no midieron de forma adecuada sus perspectivas, valorando exactamente los cambios ocurridos después de Octubre en el Partido y en el país.

Dirigió la Oposición de Leningrado con Zinoviev después de romper con Stalin en 1925. De resultas de esta oposición, Kamenev perdió la dirección de la organización en Moscú. Posteriormente, a partir de abril de 1926, se constituyó la Oposición Conjunta con Kamenev, Zinoviev y Trotsky.

El XV Congreso del Partido marcó el fin de la existencia política de Kamenev y Zinoviev. Kamenev afirmaba que Trotsky se había convertido en un peso muerto para los que no deseaban otra cosa que reingresar en el Partido, y, después de solicitar su readmisión, en una carta publicada en «Pravda» el 27 de enero de 1928 denunció el trotskismo.

En 1932 fue expulsado de nuevo del Partido, y fue readmitido en 1933. En 1935 un tribunal le juzgó, con Zinoviev, responsable de la muerte de Kirov y le condenó a cinco años de cárcel. En julio del mismo año, tras un nuevo juicio fue condenado a cinco años más. Acusado de formar parte de un centro terrorista relacionado con la Gestapo, fue condenado a muerte en el proceso de los Dieciséis, en agosto de 1936, y ejecutado.

RADEK, Karl Bernardovitch (Sobelsohn llamado) (1885-1940).

Nació en Lvov, en la Galia Oriental austro-húngara. Desde muy niño tomó conciencia de los problemas sociales de su pueblo y se interes5 por las causas de la división de Polonia. A la temprana edad de 14 años se adhirió al Partido socialista polaco, y formó un círculo de estudiantes patriotas, lo que le valió su expulsión del Instituto de enseñanza media por actividades subversivas en 1901. Después de su expulsión marchó a Cracovia donde conoció la revista marxista «Przeglad Socjaldemokratyczny» de R. Luxemburg, Warski y Jogiches, que hizo cambiar sus posiciones políticas. En el verano de 1902, al terminar su bachillerato, publicó sus primeros artículos en varias revistas socialistas. Ya ingresado en la Universidad siguió militando en la socialdemocracia polaca hasta 1908, en cuyas filas conoció a Dzerjinski. Viajó a Suiza donde trabajó de forma continuada en la revista «Glos», e inició una larga correspondencia con R. Luxemburg. También en Suiza conoció a Lenin y trabó relación con la socialdemocracia rusa. Al estallar la Revolución rusa de 1905 regresó a Polonia para tomar parte en la publicación del primer semanario legal de la socialdemocracia polaca, «Trybuna», y participar directamente en el movimiento de masas como agitador. En esta época reconoce que «Tyszko» (Jogiches) tuvo una gran influencia sobre su formación política; de él dice que «fue el mejor redactor jefe que jamás haya encontrado en mi vida» (Les bolcheviks par euxmêmes, G. Haupt y J. J. Marie, París, Maspero, 1969, pág. 324). Detenido en abril de 1906, en la cárcel se dedicó a estudiar marxismo y a escribir su primer artículo para la «Neue Zeit» alemana. Durante este período se aproximó a los bolcheviques cuyas ideas contra una coalición con la burguesía liberal apoyaba la socialdemocracia polaca.

En invierno de 1907 partió hacia Berlín y allí comenzó a trabajar con la socialdemocracia alemana de izquierda, con la que colaboró hasta 1913. Radek ya se había manifestado como internacionalista convencido desde 1910, adhiriéndose a la tendencia de Luxemburg y Anton Pannekoek. El período de 1910 a 1913 lo llenó el debate dentro del Partido socialdemócrata alemán entre los internacionalistas y los defensistas; en medio de él Radek estudió a fondo el imperialismo alemán.

En 1912 la escisión de la organización polaca lo alejó de R. Luxemburg, pero permaneció en estrecha relación con Liebknecht y Mehring para formar un grupo de «radicales» en Hamburgo. Por consejo de Liebknecht marchó a Suiza para establecer contacto con los internacionalistas italianos y franceses.

En Suiza estuvo en contacto con el grupo de Zimmerwald. Compartía las ideas de Lenin acerca de la caracterización de la guerra y sobre la II Internacional, pero no·en lo relativo a la transformación de la guerra imperialista en guerra civil; sus posiciones eran semejantes a las de Trotsky con quien mantuvo estrechas relaciones. Regresó· de nuevo a Alemania durante un corto espacio de tiempo para trabajar con Liebknecht en la redacción de la declaración que éste iba a pronunciar en el Parlamento alemán contra la guerra. Al celebrarse la Conferencia de Zimmerwald en 1915 se adhirió por completo al grupo de izquierda constituido por los bolcheviques.

Al estallar la Revolución de Febrero, Radek y Martov se ocuparon de tramitar con R. Grimm el permiso ante el gobierno alemán para que los bolcheviques pudieran pasar a través de Alemania hacia Rusia. Radek se quedó en Estocolmo para servir de enlace con el extranjero, como delegado del C.C. ruso, durante varios meses.

Poco después de celebrarse en Estocolmo la Conferencia del grupo de Zimmerwald (septiembre de 1917), en la que Radek fue delegado de la tendencia de izquierda, partió para Rusia. Desde su llegada a Petrogrado empezó a militar en el Partido Bolchevique. Su trayectoria política desde la revolución fue brillante, desempeñando cargos de relevancia en el Partido y en el Gobierno Soviético: fue miembro de la delegación rusa de Brest-Litovsk con Trotsky; miembro del Comité de Defensa de Petrogrado; como director del Departamento de Europa Central en el Comisariado para Asuntos Exteriores fue el organizador de la propaganda entre los prisioneros alemanes durante lo que restó de guerra. Fue elegido miembro del C.C. desde 1919. A comienzos de la revolución alemana fue nombrado con Rakovski, Joffé, Bujarin e Ignatov, para la delegación que asistió al I Congreso de los Consejos Obreros alemanes, e igualmente para la organización del I Congreso del KPD. Después del asesinato de Luxemburg y Liebknecht permaneció clandestinamente en Alemania colaborando en la dirección del KPD; allí fue detenido en febrero de 1919, pero a petición de las autoridades soviéticas, fue puesto en libertad en diciembre del mismo año.

Su trayectoria política dentro del PCUS estuvo ligada por mucho tiempo a las de las tendencias izquierdistas: en 1918 formó parte de la oposición de los «comunistas de izquierda»; en 1924 fue firmante de la Declaración de los 46 y como tal fue excluido del Comité Central; desde 1924 formó parte de la Oposición de Izquierda y luego de la Oposición Conjunta. Su posición se correspondía durante estos años a la que mantuvo en el Komintern: en marzo de 1920 fue nombrado secretario del Komintern, y en octubre del mismo año asistió clandestinamente al congreso del KPD en el que se unificaron los independientes y espartaquistas; posteriormente fue delegado en 1923 a Alemania para preparar la insurrección; pero a partir del V Congreso del Komintern atacó la orientación táctica propuesta por considerarla centrista, y ya no fue reelegido en su Ejecutivo. Como miembro de la Oposición Conjunta fue uno de los elementos partidarios de un ataque frontal al bloque de Stalin-Bujarin durante todo 1927, y defensor a ultranza de la teoría de la revolución permanente frente al socialismo en un solo país. Después de su expulsión del Partido, en diciembre de 1927, fue desterrado a Tobolsk en enero del 28. Durante muchos meses desde su destierro se mantuvo en su posición de intransigencia frente al ala centrista-derechista del Partido. El proceso mediante el cual llegó a una actitud conciliadora y, finalmente, a su capitulación, fue lento y tortuoso.

Cuando en la primavera de 1928 se inició el debate en las colonias de deportados de la oposición entre «conciliadores» e «irreconciliables», en medio de los cuales se hallaba Trotsky, Radek mantenía su intransigencia a pesar de que Stalin había ya iniciado la revisión de su política económica neo-nepista. Todavía en mayo criticaba a Preobrazhenski, que proponía la celebración de una Conferencia de la Oposición para reconsiderar su actitud frente al Partido.

Paulatinamente la confusión que se había introducido entre los miembros de la Oposición hizo presa en él. Los dos factores que influyeron de forma determinante en su crítica a la Oposición fueron el viraje izquierdista de Stalin (que parecía que iba a adoptar la política económica de la Oposición), y el replanteamiento del análisis sobre las causas de la derrota de la Revolución china. La cuestión de la Revolución china le llevó a criticar la teoría de la revolución permanente en marzo de 1928, afirmando que, aunque Trotsky en 1906 previó el desarrollo de la revolución rusa más correctamente que Lenin, esto no significaba que el esquema de la revolución permanente fuera válido para otros países; concluía que en China era más adecuada la fórmula de «la dictadura democrática del proletariado y el campesinado» de Lenin porque establecía una separación entre la revolución burguesa y la revolución proletaria. Esta revisión eliminaba uno de los puntos de desacuerdo con el bloque Stalin-Bujarin.

En junio de 1928 ya participaba de las tesis conciliadoras de Preobrazhenski. Con él preparó un Memorándum para ser presentado al VI Congreso de la Internacional (julio-septiembre de

1928), en el que hacían un balance devastador de la política del Komintern durante los últimos años. En su conclusión declaraban que muchas de las diferencias que llevaron a la Oposición a enfrentarse a Stalin y al Komintern ya habían desaparecido como consecuencia del cambio en la política de la Internacional. Sin embargo, el Memorándum no fue presentado al Congreso, sino que con su consentimiento fue sustituido por una declaración de Trotsky en nombre de toda la Oposición.

El distanciamiento de Radek y Preobrazhenski de Trotsky, y aún más de los ultrarradicales, fue progresivo e irreversible. Radek y Preobrazhenski pensaban que, después del viraje de Stalin, sólo les separaba de su fracción «la cola derechista» del grupo de Bujarin, y que, una vez Stalin se desprendiera de ella, podrían reingresar en el Partido sin haber abjurado de sus principios. A tono con esta argumentación, Radek protestó contra los ataques de Trotsky a Kamenev y Zinoviev.

El proceso teórico de Radek se aceleró: entre septiembre y octubre de 1928 escribió *Razvitie i Znachenie Lozunga Proletarskoi Diktatury*, para refutar la teoría de la revolución permanente de Trotsky. Pero la presencia de Trotsky todavía frenaba su discurso teórico y mantenía unida a la mayoría de la Oposición.

Después de la expulsión de Trotsky de Rusia (enero de 1929), los acontecimientos se precipitaron: Stalin se reafirmó en su línea izquierdista y provocó un conflicto en el Comité Central en el que quedaron marginados los bujarinistas; la conflictividad en el campo fue la causa inmediata que precipitó la actuación de Stalin. La consecuencia de esto en la Oposición fue inmediata: en el mismo mes Preobrazhenski hizo un llamamiento «A todos los camaradas de la Oposición», al que se adhirió Radek. En este llamamiento se decía que la única diferencia política con Stalin se hallaba en lo relativo a la democracia dentro del Partido, y que esta cuestión merecía la pena dejarla para un debate posterior ya que la situación por la que atravesaba el país necesitaba de la colaboración de los oposicionistas. En mayo de ese mismo año se entablaron en Moscú negociaciones entre Stalin y los oposicionistas dispuestos a claudicar. Al mes siguiente, Radek fue readmitido en el Partido.

A partir de entonces Radek fue director de la oficina de información del Comité Central, es decir, de alguna forma secretario personal de Stalin y su consejero en política exterior. En 1936, participó, con Bujarin, en la redacción de la Constitución de la URSS. Ese mismo año reclamó, al igual que Piatakov, la pena de muerte para Zinoviev y Kamenev. Meses más tarde él mismo fue acusado de haber mantenido relaciones secretas con Trotsky

232

y de haber constituido un «centro de reserva» en sustitución del de Zinoviev y Kamenev. Su actitud durante el proceso, que comenzó en enero de 1937, fue ambigua, insolente y cínica a la vez: tanto admitía las acusaciones contra él y contra otros (como Tujachevski) como hacía caer en contradicciones a la acusación y al régimen en general. Fue condenado a diez años de cárcel. Hay varias versiones sobre su muerte; la mejor fundamentada es la que afirma que fue asesinado hacia 1940 en el campo de Iakutsk por otro detenido.

STALIN (Josef Vissarionovitch Djujashvili, llamado) (1879-1953)

Nació en Gori, en la provincia georgiana de Tiflis. Hijo de un campesino que trabajaba en una fábrica de zapatos. Cursó los estudios primarios en una escuela religiosa, y en 1893 ingresó en el seminario ortodoxo de Tiflis, que en aquella época difundía toda·clase de ideas liberales, tanto neopopulistas como marxistas. En 1897 dirigía uno de los círculos marxistas de estudiantes y estaba relacionado con la organización socialdemócrata clandestina de Tiflis. Ingresó en el POSDR el año de su fundación, 1898, trabajando como propagandista entre los obreros de la ciudad. Ese mismo año fue expulsado del seminario por sus actividades políticas.

En 1900 entró a formar parte del Comité del POSDR de Tiflis, que estaba entonces en un período de reestructuración. Stalin apoyó a Kurnatovski, defensor de las ideas de Lenin e impulsor de esta reorganización. Al ser desmantelado por la policía el Comité de Tiflis en 1901, Stalin marchó a Batum, donde se integró al Comité del POSDR, ayudando a su reestructuración. En marzo de 1903 fue detenido y deportado a Siberia Oriental por tres años.

Probablemente se adhirió a los bolcheviques después del II Congreso del POSDR (1903). En enero de 1904 huyó de Siberia y regresó a Tiflis,. integrándose al Comité de la Unión del Cáucaso, donde se convirtió en el organizador del aparato del Partido en la clandestinidad.

A finales de 1905 asistió como delegado del Cáucaso a la Conferencia de Tammerfors, en Finlandia, en la que se definió definitivamente como bolchevique. También como delegado de Tiflis asistió al Congreso de Estocolmo en 1906. A su regreso se instaló en Bakú, continuando con su acción clandestina. En 1907 asistió como delegado de Bakú al Congreso de Londres.

Fue detenido en 1908 y 1910, deportado no lejos de Petrogrado, y en ambas ocasiones escapó. En 1912 fue cooptado por el Comité Central elegido en la Conferencia de Praga, y se le nombró miembro del buró ruso. A finales .de 1912 estaba en la dirección de «Pravda» con Molotov. Desde el periódico llevó una política conciliadora con los mencheviques. Fue sustituido en la dirección de «Pravda» por Sverdlov, propuesto por Lenin.

Detenido en la primavera de 1913, tras unos meses de prisión fue deportado a la región de Turukhansk, donde permaneció hasta la Revolución de febrero de 1917.

En calidad de miembro del Comité Central, y como director de «Pravda», desempeñó un papel protagonista en el Partido hasta la llegada de Lenin en abril. Durante aquellos meses, Stalin, como toda la redacción de «Pravda», que reflejaba la posición mayoritaria de la organización bolchevique dentro de Rusia, proponía un apoyó crítico al gobierno provisional en la misma ·medida en que adoptara medidas progresistas, y se manifestaba favorable a tender a la unificación con los mencheviques. Después de la llegada de Lenin, mantuvo durante algunas semanas una posición divergente de las «Tesis de abril», apartándose luego del centro de la polémica. En mayo fue elegido para el Buró Político, cargo que ya no abandonaría.

Durante la preparación de la insurrección de octubre formó parte del Centro Militar Revolucionario, organismo dependiente del Comité Militar Revolucionario del Soviet de Petrogrado. Después de Octubre fue miembro del Comité Ejecutivo Central de los Soviets, Comisario del Pueblo para las Nacionalidades hasta 1923, y de 1919 a 1922 Comisario del Pueblo para la Inspección Obrera y Campesina. En 1922, en el XI Congreso, al decidirse el nombramiento de un miembro del Comité Central para encabezar el secretariado del Comité Central, fue elegido primer secretario, cargo que desempeñó hasta su muerte. Desde 1925 fue miembro del Comité Ejecutivo del Komintern.

La guerra civil ocupó a Stalin, al igual que al resto de los dirigentes bolcheviques, excepto algunos como Lenin, Zinoviev, Sverdlov, Bujarin, en las tareas militares. En el frente de Tsaritsyn (luego Stalingrad, hoy Volgograd), donde actuó como comisario político, se puso al frente de las operaciones militares con la ayuda de Vorochilov, tras destituir a varios oficiales de alta graduación que habían pertenecido, en muchos casos, al antiguo ejército zarista. Algunos indicios apuntan a que en aquella época Stalin actuara como impulsor de la llamada «Oposición Militar», de la que Vorochilov era una de las cabezas visibles, y cuyos postulados se orientaban hacia la formación de un ejército organizado según criterios de clase, con exclusión de los puestos de mando de los ex oficiales zaristas, en oposición a la política del Comisariado de Guerra, dirigido por Trotsky, que estaba organizando un ejército profesional, con máximo aprovechamiento de los militares de carrera, criterio apoyado por la posición mayoritaria dentro de la dirección del Partido.

En 1919, en calidad de Comisario del Pueblo para las Nacionalidades, fue elegido por el Comité Central para ir a combatir a los comunistas de izquierda en Ucrania. Tras su intervención el dirigente bolchevique ucraniano Skripnik fue llamado a Moscú, donde, atacado por Stalin, hubo de responder de una política excesivamente favorable a las tendencias centrífugas en Ucrania.

Tanto por su intervención en Ucrania como, sobre todo, por su actitud frente a las tendencias autonomistas de su país natal, Georgia, ha podido juzgarse que en el desempeño del Comisariado para las Nacionalidades Stalin realizó una función centralizadora, calificada por muchos autores de panrusista. Posteriormente, una de las acusaciones más constantes contra Stalin, en la época de su mayor poder, ha sido la de haber aplicado una política panrusa sobre las naciones no rusas integradas en la URSS.

En 1920, tuvo el mando del ala derecha del ejército que, bajo el mando de Tujachevski, invadió Polonia y fue derrotado frente a Varsovia.

Lenin, que en los textos conocidos como su *Testamento* le consideraba el hombre más eminente del Partido después de Trotsky, le calificaba sin embargo de demasiado brutal, y llegaba a sugerir la conveniencia de sustituirle en el cargo de secretario general, aludiendo también a la excesiva concentración de poder que ponía en sus manos el secretariado general del Partido. Preobrazhenski, por su parte, denunció ya en el XI Congreso el cúmulo de puestos administrativos que recaían en manos de Stalin con el secretariado general.

En las polémicas desarrolladas durante la NEP, iniciada en 1921, Stalin ocupó una posición intermedia entre la derecha y la izquierda. Tras la muerte de Lenin, Zinoviev y Kamenev, tratando de ocupar el lugar dejado vacío por Lenin, formaron bloque con Stalin para aislar a Trotsky, al que consideraban el antagonista más peligroso. Stalin, manejando hábilmente los resortes del secretariado general, y aliándose con la derecha (Bujarin, Rykov), separa del liderazgo del partido a Zinoviev y Kamenev en 1925. En 1926, la Oposición de Izquierda de Trotsky forma bloque con los grupos opositores de Zinoviev y Kamenev. A partir de entonces, la persecución de Stalin contra los opositores empieza a sistematizarse; en 1927, Trotsky, Zinoviev, Kamenev, Preobrazhenski, Radek, etc., son expulsados del Partido, y en 1928 son deportados en masa los dirigentes oposicionistas. En ese mismo año se produce un brusco giro político de la fracción dirigente hacia la izquierda: los intentos de conseguir inversiones extranjeras no tienen perspectivas de éxito tras once años de no producirse; los kulaks se han fortalecido con la NEP: el sector estatal de la economía está asediado por la economía pequeñoburguesa campesina, y la actitud de los kulaks frente al régimen se hace cada vez más hostil. En 1928 se toman ya medidas antikulak, y al año siguiente, con el inicio del primer plan quinquenal, se desencadena una lucha a vida o muerte entre el régimen y el campesinado, que termina en 1933 con el resultado del paso del control del campo al Estado mediante la colectivización casi total en forma de koljoses y sovjoses. Este giro a la izquierda atrae hacia el Partido a buen número de antiguos opositores, que consideran que de alguna forma el Partido está aplicando las tesis de la Oposición. Los propios Zinoviev y Kamenev reingresan en el Partido y son reexpulsados otras dos veces antes de ser ejecutados. Trotsky queda aislado y, coincidiendo con la victoria del I Plan Quinquenal y el control del Estado sobre toda la economía del país, el poder de Stalin se convierte en prácticamente absoluto.

La represión política se endureció a partir de entonces; en 1934, tras el asesinato de Kirov por un militante comunista de base, se aplicaron las primeras penas de muerte contra miembros del Partido por delitos políticos. Esta primera oleada de represión coincide, en política exterior, con un giro derechista en relación al izquierdismo del período del I Plan, iniciándose una política de acercamiento de los partidos comunistas de los distintos países a las demás organizaciones obreras, política que desemboca poco después en la creación de «frentes populares», que abarcan a los partidos burgueses de izquierda.

Al mismo tiempo que esta política de promoción de formas gubernamentales no-antisoviéticas alcanza su máximo desarrollo con las victorias electorales en Francia y en España, se está ya gestando por el equipo dirigente de Stalin, con Molotov como principal ejecutor en política externa, un nuevo y brusco giro hacia la izquierda: frente al ascenso del fascismo y el nazismo en Europa, el P.C. ruso pasa a denunciar a la socialdemocracia como «ala izquierda» de la burguesía, y como el principal «aliado objetivo» del nazismo y el fascismo, en contra de los postulados de la mayoría de las organizaciones obreras de formar un frente unido contra la reacción; al mismo tiempo, y correlativamente, el gobierno soviético inicia negociaciones con Hitler y Mussolini, que culminan en un pacto de no agresión con Alemania, pacto que se renueva en el tratado de 1939.

Es en este contexto político cuando se produce la segunda, y mayor, oleada de represión política dentro de Rusia, concretada, en cuanto a la persecución de elementos del Partido, en los sucesivos Procesos de Moscú, tras los cuales son ejecutados o desaparecen en la deportación una gran parte de los que habían sido los cuadros más prestigiosos del bolchevismo: Zinoviev, Kamenev, Bujarin, Preobrazhenski, Tomsky, Rykov, Radek, Schliapnikov, Ienukidze, etc.; Trotsky muere asesinado en México en 1940. Fuera del Partido, la represión afecta principalmente a nacionalidades no rusas, produciéndose erradicaciones masivas de pueblos de sus territorios y enviándose a los campos de concentración a un número imposible de calcular de campesinos.

La esperanza de que Hitler no abra su frente norte se demuestra equivocada en 1941, al producirse un ataque sorpresa de las tropas alemanas contra la URSS. Los alemanes ocupan rápidamente gran parte del territorio. Para resistir, se desmantelan y trasladan hacia el norte las industrias de las ciudades en peligro de ocupación, instalándose la línea de resistencia industrial en Siberia.

La línea izquierdista es a partir de entonces sustituida por otra de acercamiento a las democracias burguesas que luchan contra Hitler. En 1943, en signo de buena voluntad hacia Occidente, es disuelta la Internacional Comunista.

Tras la derrota de Hitler, y al cabo de pocos años de relativa tregua con las potencias capitalistas, Stalin da la señal de un nuevo giro hacia la izquierda: en 1948 se inicia el período de la «guerra fría», planteada, en el terreno teórico, en base a la inevitabilidad de una crisis económica mundial que derivaría en un enfrentamiento, en un futuro no lejano, entre las grandes potencias capitalistas, enfrentamiento que se centraría en la irreconciliabilidad de intereses entre los USA y el Japón: la URSS permanecería fuera del enfrentamiento mientras los países capitalistas se debilitarían en lucha entre ellos. La ya muy cercana victoria del PC chino pudo hacer sido un factor importante en esta nueva ruptura con Occidente. La disuelta Internacional es reemplazada por el Kominform; se firma el pacto militar de Varsovia, al que Occidente replica con la NATO, y se llega a los acuerdos económicos del Comecon.

Los resultados más evidente de la «guerra fría» fueron el afianzamiento y la perdurabilidad del control soviético sobre los territorios que, al finalizar la Guerra Mundial, quedaron en su zona de ocupación (Polonia, Hungría, Checoslovaquia, Alemania Oriental, Bulgaria, Rumanía), y la revitalización, gracias en gran parte a los recursos industriales de estos países, de la industria rusa. Este proceso implicó una nueva oleada de depuraciones políticas, tanto en la misma Rusia como en los países que quedaban englobados en lo que a partir de entonces se denominó «bloque del Este», siendo los hechos quizá más resonantes de este período represivo el proceso Slansky, tras el que fueron ejecutados nueve ministros y altos dirigentes del Partido en Checoslovaquia, en 1951, y la ejecución de Lozovski y otros dirigentes comunistas de origen hebreo en un proceso contra determinado «Centro Hebreo Filoamericano».

Stalin murió en 1953, en unos momentos en que era pensable un nuevo giro de la política soviética hacia la derecha, giro que realizaron los diez dirigentes que, colectivamente, y con Malenkov como inicial cabeza visible, le sucedieron. El hecho de que, poco antes de su muerte, se hubiera anunciado un aumento numérico de alguno de los máximos organismos del Partido, con una correlativa pérdida de peso político de los elementos que los integraban y el eventual peligro de su eliminación física, ha permitido a algunos autores insinuar la posibilidad de que en su muerte intervinieran factores conspirativos; pero no hay datos concretos que permitan suponer que su muerte no fuera natural.

ZINOVIEV, Grigori Evseevitch (Radomylski, llamado) (1883-1936).

Nacido en Elizabethgrad, provincia de Kherson, en el seno de una familia pequeño-burguesa de origen judío. Su formación fue totalmente autodidacta, ya que a los catorce años tenía que vivir de su trabajo.

A fines de los años 90 empezó a frecuentar círculos de educación política y se integró en los grupos que organizaron las primeras huelgas en el sur de Rusia. A causa de ello fue objeto de persecución policíaca en 1901, y un año más tarde se vio obligado a emigrar.

Estuvo en Berlín, París y Berna. En las tres ciudades se puso en contacto con los grupos socialdemócratas rusos. En Suiza encontró por vez primera a Lenin y Plejanov en 1903. Asistió al II Congreso del POSDR y se organizó con los bolcheviques. Inmediatamente después de la celebración del Congreso partió hacia Rusia para organizar a los partidarios de «Iskra» y dirigir la lucha contra los economistas.

A fines de 1904 cayó enfermo y regresó a Berna. Durante su estancia en Suiza formó parte del Comité de organización bolchevique en el extranjero y colaboró con la primera revista bolchevique, «Vperiod». Al estallar la Revolución en 1905 regresó a Petrogrado con un grupo de camaradas, llegando justo en medio de la huelga general. Se integró de lleno a las actividades locales del Partido, mas recrudeció su enfermedad y tuvo que marchar a Suiza por consejo de los médicos. Sin embargo, su estancia fue muy corta; en 1906 ya estaba de nuevo en Petrogrado donde se dio muy pronto a conocer por su actividad de agitador entre los obreros metalúrgicos. En esta ocasión fue elegido miembro del Comité del Partido en Petersburgo, del que formó parte hasta su detención en 1908.

Durante este tiempo todavía trabajaban juntos los bolcheviques y mencheviques en el Comité de Petersburgo. Cuando los mencheviques obtuvieron la mayoría en el Comité Central del POSDR en el Congreso de Estocolmo (Congreso de Unificación de 1906), el Comité de Petersburgo se convirtió en el más importante órgano de los bolcheviques y su dirección práctica inmediata correspondía a Zinoviev en permanente contacto con Lenin. Desde el Comité, Zinoviev dirigió la agitación contra los mencheviques y contra los cadetes durante la primera Duma. También desde este organismo fue el organizador de la campaña bolchevique para las elecciones a la segunda Duma, colaborando al mismo tiempo en los periódicos bolcheviques legales.

Fue elegido miembro del Comité Central en el Congreso de

Londres de 1907 y formó parte de su «Centro bolchevique». Desde entonces fue miembro del C.C. sin interrupción hasta 1927. A poco de terminar el Congreso volvió a Rusia y se encargó de la publicación del órgano central del Partido, «Sotzialdemokrat», del que fue redactor.

Combinando las actividades legales del Partido con su actividad clandsetina se encargó de la dirección de la campaña electoral del Partido para la III Duma. En este tiempo fue detenido por la Ojrana durante una reunión de la redacción de un periódico clandestino, pero pronto quedó en libertad vigilada. A fines de 1908 el C.C. le llamó al extranjero, a Ginebra, donde se encontraba Lenin, y se le encargó con Kamenev la dirección de «Proletari». Desde Ginebra mantuvo estrechas relaciones con Rusia, principalmente con la organización de Petersburgo, en la que continuó teniendo gran influencia. Asistió como delegado del POSDR al Congreso Internacional de Copenhague de 1910 y, en la histórica Conferencia panrusa bolchevique de Praga de 1912, fue elegido miembro del Comité Central del Partido Bolchevique.

Al estallar la I G.M. se encontraba con Lenin en Galicia y con él regresó a Suiza para emprender la lucha contra los social-chovinistas. En la Conferencia de Zimmerwald fue, junto con Lenin, representante del Partido Bolchevique.

Zinoviev regresó con Lenin en el «tren blindado» a Rusia en abril de 1917, en los inicios de la Revolución. Defendió las «Tesis de abril» de Lenin, pero, sin embargo, en octubre del 17 encabezó la oposición de derecha conciliadora que se oponía a la insurrección y que, a cambio, proponía un gobierno de coalición socialista. Su actitud le llevó a dimitir del C.C. y de toda responsabilidad en la acción de octubre. El propio Lenin llegó a pedir su expulsión y la de Kamenev del Partido al haber denunciado, desde el periódico de Gorki, el proyecto insurreccional bolchevique. Pero al producirse la insurrección tanto Zinoviev como Kamenev regresaron al Partido.

Superadas las diferencias con el Partido, después de Octubre, se convirtió en uno de los hombres clave del régimen y del Partido: presidente del Soviet de Petrogrado, presidente del Ejecutivo de la Internacional, y miembro del Buró Político del Partido entre 1919 y 1926.

Desde 1922 se opuso, siguiendo la línea propuesta por Lenin con la NEP, a los proyectos de planificación económica y de industrialización. La alianza de la «troika» (Zinoviev, Kamenev, Stalin) cristalizó en torno a la política inmediata más que en una coincidencia teórica: en el debate del XII Congreso del Partido (1923) estaban a favor del mantenimiento del *statu quo*, de la continuación de la NEP.

El temor del trunvirato a que Trotsky con su prestigio lograra imponer en el Partido sus planteamientos en lo referente a la política económica, hace que Zinoviev emprenda la campaña que se desarrollará en «Pravda» entre noviembre de 1923 y marzo de 1924. En un principio Zinoviev debate contra las posiciones de la oposición y de Trotsky, defendiendo al aparato del Partido como su «brazo' derecho» en contra de las demandas de democracia obrera y contra la burocracia; pero su defensa de la burocracia le hace atacar el pasado menchevique y conciliador de Trotsky y su teoría de la «revolución permanente». La respuesta de Trotsky en *Lecciones de Octubre* llevó el debate a una mayor profundidad teórica y lo hizo mucho más duro.

Zinoviev, como presidente de la Internacional, propugnó, a partir del V Congreso (1924) la «bolchevización» de la organización. El resultado de esta política fue el desplazamiento de los miembros simpatizantes de la oposición democrática rusa (como Souvarine del P.C. francés y Warski y Walecki del P.C. polaco) de la dirección de sus partidos y su sustitución por elementos afectos a la troika. La bolchevización de la Internacional la fue convirtiendo en un conjunto de organizaciones subordinadas a su Ejecutivo.

Siendo Zinoviev presidente de la Internacional tuvo lugar la segunda oleada revolucionaria en Alemania. Su indecisión respecto a la transformación del movimiento huelguístico alemán de julio de 1923 en una insurrección revolucionaria hizo permanecer al KPD en la pasividad (Brandler, su secretario general, permanecía en Moscú esperando instrucciones), y, cuando en octubre se tomó la decisión de que el KPD lanzara la insurrección, ya era demasiado tarde, el movimiento huelguístico estaba en recesión. Trotsky hizo recaer la responsabilidad del fracaso de la insurrección alemana en Zinoviev, éste la declinó en Brandler, quien fue sustituido en la dirección del KPD por los miembros de su ala izquierdista, Ruth Fischer y Maslow.

Dentro del Partido ruso se acrecentó el debate, la campaña anti-trotskista. Zinoviev, en *Bolchevismo y trotskysmo*, definió el significado del trotskismo contraponiéndolo al leninismo.

La ruptura del triunvirato empezó con la XIV Conferencia del Partido (abril de 1925) en la que fueron adoptadas las tesis neonepistas de Bujarin, que Zinoviev consideraba excesivamente favorecedoras para el kulak. La ruptura se manifestó en la Internacional donde Zinoviev apoyó la candidatura de R. Fischer y Maslow, que propugnaban la alianza electoral con la socialdemo-

242

cracia, para la dirección del KPD mientras Stalin logró imponer a Thaelmann, partidario de una candidatura comunista. Zinoviev rompe abiertamente con Stalin a partir de que escribe *El Leninismo* (septiembre de 1925), donde ataca la teoría de la revolución permanente de Trotsky, las tesis económicas de Bujarin y la teoría del «socialismo en solo país» de Stalin, que éste había pretendido introducir en la XIV Conferencia del Partido) apoyándose para ello en numerosas citas de Lenin.

El XIV Congreso del Partido (diciembre de 1925) registró el primer ataque directo a Stalin por parte de Zinoviev, apoyado todavía por Krupskaia, y el inicio de la formación de la Oposición Conjunta. En abril de 1926 Zinoviev llegó a un acuerdo con Trotsky y su oposición en base a que: la Oposición Conjunta no defendería las tesis de la revolución permanente, pero Zinoviev y Kamenev reconocerían que Trotsky tenía razón en 1923 y que ellos mismos fueron quienes fabricaron el «trotskismo» como ideología contrapuesta al bolchevismo para desembarazarse de un obstáculo en su camino hacia el poder.

La Oposición Conjunta se cohesionó en torno a la crítica de la política de la Internacional; la política de Frente Unico llevada a cabo a partir del V Congreso significaba una fuerte variación respecto a los cuatro anteriores congresos y la Oposición le atribuyó el fracaso de varios proyectos revolucionarios. Como el caso de la revolución alemana en 1923 se constataban otros: el apoyo dado por los comunistas polacos a Pilsudski, con el apoyo del Komintern; la formación del Comité Sindical Anglo-Ruso, que en 1926 rompió la huelga general; y, sobre todo, el caso de China, donde el Komintern forzó al P.C. a permanecer ligado al Kuomintang, al que por otra parte integró en la I.C. como «partido asociado», y que después, en marzo de 1926, reprimió la insurrección de Cantón. Los hechos de Cantón reafirmaron a la Oposición en su crítica, hasta el punto de que Zinoviev reconoció sus pasadas responsabilidades.

Zinoviev aportó a la Oposición Conjunta el apoyo de la organización del Partido en Leningrado, que le había apoyado en el XIV Congreso. Sin embargo, las maniobras de Stalin invirtieron la correlación de fuerzas en Leningrado a favor suyo y con ello la Oposición perdió una gran base.

El fracaso de la Oposición Conjunta abre un gran campo de investigación. Los más importantes dirigentes de la Revolución de Octubre unidos no lograron ni convencer al Partido ni ganarse a las masas. La explicación del por qué sería muy compleja, pero habría que adelantar dos factores: el cambio sufrido por el Partido, dominado ahora por la burocracia stalinista, y el cansancio de las masas obreras.

En el XV Congreso del Partido, Stalin pidió la exclusión de los oposicionistas del Buró Político (octubre-noviembre de 1926) y Zinoviev fue sustituido por Bujarin en la presidencia de la Internacional.

En agosto de 1927 la Oposición Conjunta elaboró su *Plataforma*, en cuya redacción participó Zinoviev.

Después de la manifestación de la Oposición en Moscú con ocasión del X aniversario de la Revolución de Octubre, Stalin pidió la expulsión de la Oposición del Partido (octubre de 1927). Zinoviev y cientos de miembros de la Oposición fueron expulsados días después, antes de celebrarse el XV Congreso del Partido.

En noviembre de 1927, ante el XV Congreso, Zinoviev pidió su readmisión en el Partido por boca de Kamenev, que habló por aquellos miembros de la Oposición que no deseaban separarse del Partido. El Congreso decidió que la Comisión Central de Control estudiaría su propuesta seis meses después. A mediados de 1928 se le permitió reintegrarse al Partido, tras abjurar de todos sus planteamientos políticos anteriores.

En 1932 fue de nuevo expulsado del Partido, y readmitido de nuevo en 1933 después de una feroz autocrítica. En 1935 un tribunal le consideró, con Kamenev, responsable moral del asesinato de Kirov y le condenó a diez años de prisión. En el proceso de los Dieciséis (1936) fue acusado de haber constituido un centro terrorista relacionado con la Gestapo alemana y fue condenado a muerte. Fue ejecutado en este mismo año.

ÍNDICE GENERAL

Colección
rgumentos

editorial
fontamara

serie Fontamara / editorial fontamara

Títulos marcados con asterisco: agotados

DOCTRINA JURÍDICA CONTEMPORÁNEA   editorial **fontamara**

Dirigida por
José Ramón Cossío y Rodolfo Vázquez

67. JURIS PRUDENTIA : MORE GEOMETRICO.
Dogmática, teoría y meta teoría jurídicas
Rolando Tamayo y Salmorán
68. EL MÉTODO DE ESTUDIO
DEL DERECHO MERCANTIL
Alfonso Jesús Casados Borde
69. INTERPRETACIÓN Y ARGUMENTACIÓN
JURÍDICA EN MÉXICO
Juan Antonio Cruz Parcero,
Ramiro Contreras Acevedo
y Fernando Leal Carretero (coords.)
70. ¿DEMOCRACIA O POSDEMOCRACIA?
Problemas de la representación política en las
democracias contemporáneas
Luis Salazar Carrión (coord.)
71. DEMOCRACIA
Ensayos de filosofía política y jurídica
Francisco M. Mora Sifuentes (coord.)
72. CONSUMO, CONSUMIDORES DE DROGAS
Y LAS RESPUESTAS ESTATALES
EN AMÉRICA LATINA
Catalina Pérez Correa (coord.)
73. LAS RELACIONES INTERGUBERNAMENTALES
Y LA DESCOMPENSACIÓN DE LOS
DESEQUILIBRIOS TERRITORIALES
Jaime Espejel Mena (coord.)
74. LA CONSTRUCCIÓN JUDICIAL
DE LA DEMOCRACIA EN MÉXICO (1997-2014)
Jesús Ibarra Cárdenas
75. JUSTICIA GLOBAL Y AGENCIA POLÍTICA
DE VANGUARDIA
Lea Ypi
76. LA FILOSOFÍA DEL DERECHO
Homenaje a Riccardo Caracciolo
María Cristina Arredondo
Pablo Navarro (coords.)
77. MANUAL PARA ELABORAR UN
LIBRO DE TEXTO JURÍDICO
Jorge Alberto Silva
78. INTERPRETACIÓN JUDICIAL
INTERNACIONAL
Guillermo Enrique Estrada Adán
79. PROBLEMAS CONSTITUCIONALES
CONTEMPORÁNEOS
Ramón Ortega García (Coord.)

*Esta obra se imprimió bajo el cuidado de Ediciones Coyoacán, S. A. de C. V.,
Av. Hidalgo No. 47-B, Colonia Del Carmen, Deleg. Coyoacán, 04100,
México D. F., en septiembre de 2017
El tiraje fue de 1000 ejemplares más sobrantes para reposición.*